名师工程 教研提升系列

语文课堂教学『典型困惑』例析

魏小娜◎主编

西南师范大学出版社
国家一级出版社 全国百佳图书出版单位

图书在版编目(CIP)数据

语文课堂教学“典型困惑”例析 / 魏小娜主编. —
重庆 ：西南师范大学出版社，2018.4

ISBN 978-7-5621-9204-6

Ⅰ. ①语… Ⅱ. ①魏… Ⅲ. ①中学语文课－课堂教学
－教学研究 Ⅳ. ①G633.302

中国版本图书馆 CIP 数据核字(2018)第 052395 号

名师工程系列丛书

编委会主任： 马　立　宋乃庆

总策划： 周安平

策　划： 李远毅　卢　旭　郑持军　郭德军

语文课堂教学“典型困惑”例析

魏小娜　主编

责任编辑： 尤国琴

封面设计： 闰江文化

出版发行： 西南师范大学出版社

地址：重庆市北碚区天生路 1 号

邮编：400715　市场营销部电话：023-68868624

http：//www.xscbs.com

经　销： 新华书店

印　刷： 重庆市国丰印务有限责任公司

开　本： 720mm×1030mm　1/16

印　张： 22.25

字　数： 373 千字

版　次： 2018 年 4 月　第 1 版

印　次： 2019 年 7 月　第 2 次印刷

书　号： ISBN 978-7-5621-9204-6

定　价： 54.00 元

《名师工程》

系列丛书

本书编委会

主　编： 魏小娜

副主编：（按姓氏笔画排序）

马倩倩　王　婷　公　丽　刘斌竹

张满毅　岳紫玲　谭诗韵

前　言

一万种关于花的描述抵不过一朵真实的花。语文课例对语文课堂教学的启示，也许超过很多关于语文课堂教学的理论描述。正因如此，语文课例的研究，尤其是名师的语文课例研究一直深受语文教师的欢迎。不少语文教师渴望通过对名师课例的研读、学习、模仿来做好课堂教学工作。

然而这一美好的愿望有时候并没得到很好的实现。一线语文教师怀揣着各种教学困惑走进名师课例，企图从中找到解决的办法，但是走进去却发现“乱花渐欲迷人眼”！本来是想得到答案，可事实上，非但问题没有得到解决，反倒平添新的困惑。比如遭遇“文言文串讲”困惑的教师，原本想通过名师课例研究得到答案，但是猛读几位名师课例后却发现：这些名师好像很少串讲，甚至还在批判串讲，那么自己还要不要串讲？串讲是不是就是错误的文言文教学方法？我相信很多一线语文教师都有过类似的经历。语文名师课例怎样才能更有效地解决教师的实践困惑？

本书的编写就是针对这个问题而进行的。

解决这一问题之前，首先需要澄清一个事实：目前大多语文名师课例书籍的编写，或者以选文的文体分类（散文、诗歌、小说、戏剧、实用文等）为线索进行，或者以教学流派（情感派、语感派、导学派等）为线索进行，或者以名师自身（名师的姓名、名师的年代、名师的知名度等）为线索……这些编写线索各有侧重，但是有一个共同的特点：基于名师课例自身的一些要素（选文、课例、名师等）来组编，而非基于教师的教学实践困惑来组编——这就导致很多名师课例类书籍无论编写得如何精美，都不能直接对应教师的实践困惑，不能为解决某类困惑提供充足的课例。换句话说：教师有了教学实践困惑，无论阅读怎样精美的名师课例书籍，都无法直接获取“对症下药”的课例，必须自己重组、补充课例，才能探究到答案。这对于手头案例资源有限、科研能力有限的一线教师而言，无疑是有难度的，所以大多数情况下，教师往往只能就眼前的一本名师课例书籍做出有限的思考，获得偏狭的理解和认识，导致新的疑惑产生。上述提及的“文言文串讲”困惑便是真实的例证。如果我们能够围绕“文言文串讲”困惑为老师提供有针对性的足量名师课例，问题也许就会得到很好的解决。

明白了这一事实，我们就可以尝试新的语文名师课例编写理念：打破基于名师、基于课例、基于选文的课例编写体例，代之以“基于教学实践困惑”的名师课例编写体例。本书就是基于这种理念编写的，具体的突破点和创新点是：

精心筛选“教学困惑”点。

本书基于编者多年的语文教学经历和多年的语文教师教育培训工作经验，搜集了大量语文课堂教学的实践困惑，并最终通过调查问卷和访谈的方式，筛选出24个典型的实践困惑，分为“备课困惑”“教学技能困惑”“语言训练困惑”“文学作品教学困惑”“文言文教学困惑”和“实用类文本教学困惑”六大类，作为本书的基本构架。值得强调的是，这24个困惑是正统“语文教育教学”类专业理论上很少提及，但实践中却经常遇到的困惑。比如“如何进行文本重组”“如何开展‘概括段落和文章大意’类语言训练”“如何进行有效的文言文串讲”“如何引导学生快速背诵经典文言作品”“如何教新闻作品”“如何教抽象难懂的学术随笔”“如何让说明文教学不再枯燥”等。相信读者看了之后，一定会被这些“熟悉而又陌生”的“教学困惑”所吸引。

深入研究“教学困惑”点。

本书紧扣所筛选的“教学困惑”点，进行了前期的“问题分析”研究工作，即研究这些困惑在课堂教学实践中的具体“症结”出现在哪里，具体的问题表征是什么，为下一步精准匹配教学奠定基础。这部分研究体现在书中的“教学困惑”板块，并细分为“困惑描述”和“典型误例”两部分，从理论描述和具体实践两方面揭示问题，使读者能够更好地链接自己的教学实践困惑，以便有效地使用本书。

名师课例的“精准匹配”。

本书针对具体“教学困惑”，组织大量编写人员对语文名师课例进行拉网式的匹配、搜集、整理，以期“精准匹配”到最能解决“教学困惑”的名师课例片段。这是本书最为耗费精力的部分，也是最有价值的部分。尤其是一些不为其他书籍涉猎的“教学困惑”，如“如何教抽象难懂的学术随笔”“如何运用

‘可视化策略’教学实用类文本”等，为了匹配到有效的名师课例片段，大量的编写人员要进行穷尽式的文献翻阅，“踏破铁鞋”去寻觅课例。这部分研究成果主要体现在书中的“名师范例”板块，这一板块根据真实的匹配情况，再现了3～7个名师课例片段，每个课例片段的小标题是对课例教学策略的高度概括，值得读者关注；同时每个课例片段还配有“名师教学点拨”，有助于读者深入理解课例，也请读者关注。

名师经验的“理论提升”。

本书围绕“教学困惑”还精心挑选了语文名师的经验之谈，替读者做了大量的文献综述工作，让读者能直接了解语文名师对特定教学困惑所做过的思考和研究，以从理论的高度进一步认识“教学困惑”的可能解决策略。这部分研究成果呈现在书中的“名师支招”板块。

本书的编写充满了创造的快乐和艰辛，希望读者能获得全新的收获和体验。我们期待读者的阅读和评价。

魏小娜

2017年1月13日

目录
CONTENTS

第一章　备课困惑 …… / 1

第一节　如何进行文本解读？ …… / 1

第二节　如何进行"长文短教"与"短文长教"？ …… / 10

第三节　如何进行文本重组？ …… / 23

第二章　教学技能困惑 …… / 39

第一节　如何有效导入？ …… / 39

第二节　如何让教学语言"亮"起来？ …… / 50

第三节　如何对学生回答做出灵活多元的回应？ …… / 67

第四节　如何让语文教学与生活产生联系？ …… / 82

第三章　语言训练困惑 …… / 96

第一节　如何开展"概括段落和文章大意"类语言训练？ …… / 96

第二节　如何开展"语言鉴赏和品评"类语言训练？ …… / 109

第三节　如何开展多元"读写结合"训练？ …… / 121

第四节　如何开展"朗读教学"的语言训练？ …… / 139

第四章　文学作品教学困惑 …… / 156

第一节　如何教"意象"和"意境"？ …… / 156

第二节　如何教"情景交融"和"借景抒情"？ …… / 171

第三节　如何进行"炼字"教学？ …… / 186

第四节　如何让文学理论介入文学作品？ …… / 202

第五章　文言文教学困惑 …………………………………… / 214

第一节　如何教文言文基础知识? ………………………… / 214

第二节　如何让文言诗文教学渗透现代元素? ……………… / 229

第三节　如何进行有效的文言文串讲? ……………………… / 244

第四节　如何开掘文言文的文化内涵? ……………………… / 260

第五节　如何引导学生快速背诵经典文言作品? …………… / 269

第六章　实用类文本教学困惑 ……………………………… / 284

第一节　如何教新闻作品? ………………………………… / 284

第二节　如何教抽象难懂的学术随笔? ……………………… / 299

第三节　如何让说明文教学不再枯燥? ……………………… / 316

第四节　如何运用"可视化策略"教学实用类文本? ………… / 324

西南师范大学出版社《名师工程》系列丛书目录 …………… / 336

第一章 备课困惑

第一节 如何进行文本解读?

文本,是指书面语言的表现形式,从文学角度来说,通常是指具有完整、系统含义的一个句子或多个句子的组合。一个文本可以是一个句子、一个段落或者一个篇章。在教学过程中,文本通常指由语言文字组成的文学实体。

文本解读则是一项针对文本的语言、内容、情感等方面的理解,分析和感悟活动。

文本解读至关重要,在文本解读中,对教材独特的理解是课堂教学神之所在,教师操作是课堂教学形之所在,神形兼备方乃成功。教师只有透彻地解读文本,才知道教什么,学生学什么;只有透彻地解读文本,才知道教多少,学生学多少;只有透彻地解读文本,才好决定怎么教,怎么学;只有透彻地解读文本,才能胸有成竹地应对生成。一句话:只有文本解读得好,课堂教学才会落实得好。

一、教学困惑

(一)困惑描述

困惑1:面对不同文体的文本,教师如何找到解读的切入点?

文本解读是我们理解和把握作品的重要步骤,它不仅要求教师对语言文字有较好的理解能力,同时能熟悉和分清不同文体的文体特征,这对教师的专业素质要求非常高。而在实际教学过程中,一些教师往往先阅读各种参考资料,导致自身缺乏对文本解读初步的锻炼和实践,那么面对不同文体的文本,教师又该如何进行文本解读呢?

困惑 2:文本解读的标准是什么?

长期以来,在文本解读的过程中形成了三种倾向:一种是“作者中心论”,认为文本解读应该从作者的角度出发,挖掘作者的创作意图,找出作者与文本之间的关系;一种是“文本中心论”,认为文本的意义仅限于文本之内,而将文本与其时代背景等因素割裂开来;一种是“读者中心论”,认为文本的生命是作者赋予的,但文本的意义由读者创造和延伸,读者才是解释文本的最终力量。那么文本解读的标准究竟是什么呢?

困惑 3:教师如何避免“创造性解读”和“多元化解读”的误区?

创造性解读是课程改革后阅读教学所追求的目标。但由于一味求新求异,张扬个性,创新的诉求过于强大,出现了超越文本、拔高文本的思想价值、忽视文本的存在、误读文本、曲解文本的现象。另一方面,文本解读的多元性,并不意味着文本解读的随意性,多元解读应当是在把握文本内涵的基础上所进行的合理的多元解读。在阅读教学过程中,我们既不能把学生的读书收获当作是对文本的理解,全然不顾文本的价值取向;也决不能漠视文本的客观存在和教学内容的价值导向,无原则地认同学生不成熟甚至错误的文本解读。那么,如何避免“创造性解读”和“多元化解读”的误区呢?

(二)典型误例

《槐乡的孩子》教学片段

师:同学们,学完了课文,你有什么话想说吗?

生 1:槐乡的孩子真幸福,可以天天去爬树。

师(给予高度评价):你说出了自己的感受,真好!

生 2:我真希望自己是槐乡的孩子,这样就可以天天跟他们一块儿玩。

师:你说出了自己的心愿,真不错!

生 3:槐乡的孩子生活真自由,我真羡慕他们!

师:说得不错!

生 4:槐乡孩子的生活真令人羡慕,他们自由自在,想干什么就干什么,不像我们,像被关在笼子里的小鸟,走出一步,爸爸妈妈都要时时刻刻盯着。

师:你将自己的生活和槐乡的孩子进行了对比,说出的感受就更丰富了。

生5：是啊，我们多可怜，哪有他们自由啊！

……

问题指瑕：从这个教学片段中可以看出，老师让学生们针对课文内容自由发言，尊重了学生的主体性。而学生的回答大多是吐苦水，埋怨自己生活的无聊、乏闷，羡慕槐乡孩子们自由自在的生活。当脱离对文本的尊重和解读后，学生的感悟与体会往往会偏离课文本身的主题与价值取向。比如《槐乡的孩子》这篇课文的主题是：“槐乡的孩子过着勤劳的童年生活。”槐乡的孩子天天在山里跑，采槐米是为了生活，而非学生所言的单纯的玩乐。遗憾的是教师无法基于文本的解读对学生的回答进行及时的引导，反而推波助澜，大加肯定，使得学生对文本本身的主题产生了偏离，导致误读。

二、名师范例

例1

文本细读是关键

——以窦桂梅的《卖火柴的小女孩》教学片段为例①

师：现在就让我们走进课文的第一自然段，读读第一句话。（重点品味第一句）

生（齐读）：天冷极了，下着雪，又快黑了。

师：瞧，读到一个“冷”字，就自然会想到这个“冷”字背后的信息，这是告诉我们——

生：天气冷极了，“冷”字，交代了天气。

师：再往下读，我们会发现还有一个字——“雪”呢，（课件突出“雪”）它也告诉我们一个信息：季节。

师：这是什么季节？（学生说冬天）

师：那“黑”呢？

生：这个“黑”字交代了故事发生的时间。

师：瞧，当你细读每句话，读到重点词的时候，你就会发现词背后传递给

①窦桂梅.窦桂梅的阅读课堂[M].桂林：广西师范大学出版社，2015：152.

我们的信息。现在,再读这句话,味道就不一样了,来,读读。

师:还是这句话,我们再读到"冷"字时,有什么感觉?

生:我们感觉到冷,再加上"冷极了",说明真的很冷。

师:注意紧跟着"冷"字后面又出现了一个"雪"字呢?

生:这两个字放在一起,就让人感觉更冷了。

师:再注意,这两个字后面又多了一个"黑"字,又是什么感觉呢?

生:让我感到那不是一般的冷,那是冷极了!

师:如果我们在"冷"的前面加上一个字,才能体现这不一般的冷呢。

生:加一个"极"字,就是"极冷"。

生:不,我觉得加一个"寒"字更好,"极冷"是说冷的程度,而"寒冷"的"寒",不仅能让我们体会到冷的程度,更能让我们感到寒气逼人,令人觉得冷得可怕。(师板书:寒)

师:你看,还是这句话,我们又读到了一层意味,再读就更不一样了。来,我们把读到的滋味融入句子中去读读。

师:现在我们回过头来再看,这一句并没有写小女孩,可以去掉吗?

生:不可以,这是环境描写,很重要。通过细读,我们可以知道故事发生的环境如此恶劣,预示着故事的悲惨,小女孩的不幸。

师:是啊,就这样慢慢地读啊,细细地品味,小女孩就这样向我们走来。让我们细读这段后面几句话的描写,哪个词语触动了你?把你读到的信息分享给我们。

生:我觉得"光着头、赤着脚"说明了小女孩的穷苦,大冬天却光着头,赤着脚。

师:是啊,小女孩从头冷到脚。

生:我还想补充,这里说的是"大年夜","大年夜"本来应该一家人快快乐乐温暖地在一起,而光着头、赤着脚的小女孩还在街上走着,我仿佛看到这可怜的小女孩就这样光着头、赤着脚向我们走来。

生:"一向是她妈妈穿的"也说明小女孩非常穷,没有属于自己的一双鞋。

师:(因势利导)那就是说,小女孩一向没有自己的鞋穿啊。我们就这样细细地读,慢慢地品。

生：本来小女孩“光着头”“赤着脚”就已经很冷了，再加上我又读到的“又冷又黑”，我体会到，天简直冷到了极点。

生：小女孩已经够可怜的了，“她穿过马路的时候，两辆马车飞快地冲过来，吓得她把鞋都跑掉了”。我从这个“吓”字看出小女孩当时一定很害怕，所以她拼命地跑，把鞋都跑掉了。

生：“两辆马车飞快地冲过来”，这“吓”是因为“冲”，可以想象小女孩心里恐惧的程度。

名师教学点拨：文本细读的起点一定是文章的语言。触摸文本，咀嚼语言，悉心体味，发掘内蕴——作为语文教师，一定要有这个耐心，当然更要有这个能力，用一双敏锐的眼睛，发现文章字词句段、标点修辞上的亮点，并且将自己解读到的亮点变成课堂上学生学习的着眼点。在本课例中，窦桂梅老师所有的教学都紧扣文本的语言，以“细读”为支撑，引导学生走进文本世界，感悟小女孩悲惨的遭遇。

例2

抓住关键词句，找准切入点

——以王崧舟的《草船借箭》教学片段为例①

生(齐读)：诸葛亮笑着说：“雾这样大，曹操一定不敢派兵出来。我们只管饮酒取乐，天亮了就回去。”

师：同学们，诸葛亮是怎么说的？

生：笑着说的。

师：他是笑着说的。我觉得这篇课文挺有意思，写诸葛亮说的地方一共有十一处，比如前面诸葛亮说水上交战“用弓箭最好”；诸葛亮说“既然就要交战，十天造好，必然误了大事”；诸葛亮说“怎么敢和都督开玩笑？我愿立下军令状，三天造不好，甘愿受罚”，都是“诸葛亮说”。但是我发现，只有这个地方在诸葛亮说的前面加了一个“笑”字，诸葛亮笑着说。

师：诸葛亮在笑谁呢？

生1：我觉得诸葛亮是在笑曹操，因为雾这么大，他笑曹操不敢出来迎战。

---

①王崧舟.王崧舟教学思想与经典课堂[M].太原：山西教育出版社，2010：123.

师：说明诸葛亮对曹操的性格怎么样？

生1：了如指掌。

师：了如指掌，是啊，这叫什么笑？这叫讽刺的笑。曹操，哼！生性多疑，这种天气，有敌人突然来攻，自然不敢派兵。你把这种感觉读出来。

生1（轻蔑地朗读）：诸葛亮笑着说：“雾这样大，曹操一定不敢派兵出来。我们只管饮酒取乐，天亮了就回去。”

师：对诸葛亮的笑，你们还有别的体会吗？

生2：我觉得他是在笑他自己的神机妙算，笑他自己有这么大的本领，对所有人都了如指掌。

师：这叫自信的笑。来，把这种感觉读出来。

生2（自信地朗读）：诸葛亮笑着说：“雾这样大，曹操一定不敢派兵出来。我们只管饮酒取乐，天亮了就回去。”

生3：他还在笑鲁肃，鲁肃前面吃惊地问诸葛亮，说：“如果曹兵出来，怎么办？”诸葛亮后面回答了鲁肃。

师：他是在宽慰鲁肃，是不是？鲁肃啊鲁肃，你真是个老实人，你怎么到现在还没明白我的用意呀！是吧？这是一种幽默的笑。来，读读看，把这种感觉读出来。

生3（幽默地朗读）：诸葛亮笑着说：“雾这样大，曹操一定不敢派兵出来。我们只管饮酒取乐，天亮了就回去。”

师：谁还有别的发现吗？

生5：我觉得诸葛亮还在笑周瑜呢！之前周瑜想害诸葛亮，而现在诸葛亮马上就要把十万支箭“借”回来了，马上就会有十万支箭了，他就觉得周瑜肯定想不到这点。

师：所以诸葛亮怎么说的？

生5：他说，雾这样大，曹操一定不敢派兵出来，我们只管饮酒取乐，天亮了就回去。

师：对啊！回去干吗？

生5：回去交箭。

师：交了箭，周瑜的阴谋还能得逞吗？

生5：不能了。

师：诸葛亮心里默默地说：“周瑜、周公瑾呀，你要跟我斗，还嫩了点儿！”是吧？这叫什么笑？这叫胜利的笑。你再读读看，把这种感觉读出来。

生5(充满喜悦地朗读)：诸葛亮笑着说：“雾这样大，曹操一定不敢派兵出来。我们只管饮酒取乐，天亮了就回去。”

师：诸葛亮这一笑，笑得多么自信、多么自豪、多么喜悦啊！咱们一起再来读读诸葛亮这一充满智慧、充满胜利的笑！

名师教学点拨：通过这个教学片段，我们可以看出王崧舟老师在备课过程中的“文本解读”功夫。他慧眼独具地设计了诸葛亮的“三笑”，用一个“笑”字统领全篇课文。正是基于这样的文本解读，课堂教学才能用“以读代讲”的方式，让学生充分体会语言文字的魅力，更好地解读文本。从这个意义上看，教师在文本解读上能走多远，学生才能跟着走多远。

例3

带着情感进入文本
——以于永正的《秋天的怀念》教学片段为例①

出示文本：那天我又独自坐在屋里，看着窗外的树叶“刷刷拉拉”地飘落。母亲进来了，挡在窗前。

师：母亲为什么挡在窗前？

生：因为一片片树叶落下，就意味着它的生命到了尽头。母亲不想让儿子伤感。

师：从“挡”字可以看出母爱是什么？

生：母爱是让孩子看到希望。

师(小结)：母爱是让儿子看到希望，是挡住绝望。母爱是呵护。

聚焦“笑”字。

师：一起把儿子的话读一读。儿子对母亲态度好吗？

生：不好。

师：(看课文中的语气)母亲反而笑了。母爱是什么？

---

①于永正.于永正课堂教学教例与经验[M].北京：人民日报出版社，1995：34.

生:母爱是忍耐。

师:还有更好的吗?

生:母爱是宽容。

师:掌声。只有母亲对子女才会这么宽容啊!再来读一读。

聚焦“?”。

师:再来聚焦一个很不起眼的“?”(“你要是愿意,就明天?”她说)母亲是什么样的语气?

生:试探。

生:商量。

师:母爱是小心翼翼,母爱是平等,母爱是尊重。

聚焦母亲临死前。

师:母亲奄奄一息,还想着她的孩子,母爱是什么?

生:母爱是无尽的爱!

师:母爱是博大的,是很难用语言来形容的。作家正是抓住一个个细节来描写伟大的母爱……

名师教学点拨:古人讲:情动而辞发,披文以入情。文字是情感、智慧的外衣。阅读文本,就是进入语言,设身处地;就是透过语言,身临其境;就是内化语言,情境再现。只有我们用整个心灵去感受文本,才有创造性地解读和处理文本的可能。① 从上述课例我们可以真切感受到执教者投入自己的情感,用整个心灵去感受文本的过程。

三、名师支招

(一)正确引导学生解读文本,避免误读②

窦桂梅老师认为:想要正确引导学生阅读文本,不发生误读状况,应该注

①庄华涛.从名师课堂看文本的解读——以于永正的《秋天的怀念》为例谈[EB/OL]. http://blog.sina.com.cn/s/blog_5e23cc070100mcih.html,2010-09-21.

②七色小雨.窦桂梅老师文本细读之课堂解读——听《宋定伯捉鬼》[EB/OL].http://blog.sina.com.cn/s/blog_56c7665a0100f5jc.html,2009-09-13.

意以下三个方面：

1.给学生读的时间——当学生面对文本时，应给予学生充分阅读文本的时间，并使学生能够达到诵读的基本要求，观其大略，不求甚解。这是防止学生误读的一个有力保障。

2.给学生读的方法——解读文章要从文本的语言文字入手，并让学生了解有关作家风格、写作技巧、结构方式等文学知识。有法可循之后，学生解读文本方可水到渠成。

3.培养学生读的习惯——课堂是有限的，培养学生的读书习惯，可以帮助学生日后进行文本解读。如：文言文作批注的习惯、散文标段落的习惯……

（二）要学会细读文本

叶圣陶说：“一字未宜忽，语语悟其神。”

叶圣陶先生的话就是告诉我们在进行文本细读时，不要忽视每一个字、每一个词，要读出每个字词背后的意蕴和味道。“细读”的根本是立足于文本，也就是“充分阅读”，就是要对文本所蕴含的丰富内涵进行充分的发掘。尊重文本，从文本出发，注重细节的解读和结构的分析，通过细致和反复的阅读，对文本所蕴含的深厚意蕴做出“丰沛的阐释”。

（三）个性化解读文本，实现文本的审美价值

张晓霞说：“文学作品欣赏是对作品提供的艺术形象的再创造，一千个读者心中就有一千个哈姆莱特。学生的性格、生活经验、心境、兴趣，对文学作品的阅读也因此呈现出多元化的理解。”①

在解读文本时，要引导学生读出自己的感悟，嚼出文本的味道，引发自己的思考。学生面对不同文体的文本解读时，可以通过结合自己的独特经验、性格等不同元素，得出自己独特的个性化解读，充分实现不同文本所体现出的不同审美价值。

（四）对文本进行“反复阅读”

窦桂梅说：“所谓‘反复’绝不是‘重复’，而是要用全新的眼光去审视文

①张晓霞.例谈在教学中如何进行个性化解读文本[J].考试周刊(语文教学与研究)，2015(63)：32.

本，发掘新的意义。”①

优秀的文学作品总是经得起反复阅读的，也只有经过反复阅读才能对文本做出丰富、深刻、个性化的解析。所以，在进行文本解读时，应在充分阅读背景资料的基础上，就文本本身进行反复、深入、全面、细致的阅读，并通过反复阅读从不同的角度、用不同的眼光去解读文本。

（五）文本解读的视角应该多元化

孙双金说：“上好语文课，解读文本是第一步。”②

1.读者视角，陌生阅读，读出自己的独特理解。

2.作者视角，智慧阅读，把握文本的价值取向。

3.教者视角，立体阅读，凸显学科的本体特征。

4.学生视角，个性阅读，遵循教学的基本规律。

5.文题看中心词，文脉梳理线索，文意着重概括，文法清晰，文体把握准确。

（张芸菁　国星俐）

第二节　如何进行“长文短教”与“短文长教”？

在语文教学中，所谓“长文”，就是篇幅长、文字多的课文。一般来说，现代文课文在2000字以上、文言文课文在500字以上的，就可以视作长文。长文在教材中所占的比例为30%左右。长文有着信息量大的优点，但同时也有占用课时多、容易引起学生厌倦、教学上难以处理等弱点。所以，研究长文短教，在提高教学效率上就有比较重要的意义。

在语文教材中，篇幅短小的课文也占了一定的比例，古代的诗、词、曲、文，现代的应用类、童话寓言类作品等，都是短文。它们具有字数少、结构简单、主旨相对单一的特点。我们经常说“浓缩的都是精华”，短文虽短，但“五

①窦桂梅.窦桂梅的阅读课堂[M].长春:长春出版社,2009:56.

②孙双金.教师要做文本和学生的知音[J].复印报刊资料(小学各科教与学),2009(8):58-60.

脏俱全”，而且往往有“超群脱俗”之处。所以如何做到短文长教、浅文深教，把这些文章教得有滋有味，让学生能在短文的学习中同样真正获得语文滋养，很值得语文教师去研究。

一、教学困惑

（一）困惑描述

困惑1：长篇课文的篇幅很长，让教学内容清晰化、层次化很困难。

篇幅较长的文章，内容丰富，学生爱读，但是由于课时的限制，教师们常常感到顾此失彼、无从下手。那么，要处理好长篇课文，怎样才能做到抓住重点，达到长文短教、提高教学效率的目的呢？

困惑2：短文的篇幅较短小，在教学时感到无从下手，找不到教学点；教学流于表面，缺乏深度。

面对篇幅短小的文章，老师往往不知道该教点什么，常常感到无话可说，或者是为了教学而教学，陷入依葫芦画瓢的模式化教学方式：比如在诗歌教学中，常常死板硬套“朗读—明确字词—翻译—分析情感—背诵”的模式，流于表面的教学，缺乏深度。那么，在进行短文教学时，如何才能有效利用课内外资源，延伸和挖掘教学内容呢？

（二）典型误例

例1

短文长教

——《望海潮》教案片段

五、欣赏“文字图画”（引导学生畅所欲言，能说出大体意思）

1.提问：哪些词语最能体现出杭州的特征？

明确：从词的构思上看，“形胜”和“繁华”是词眼。“形胜”是自然环境的美，“繁华”是经济的繁荣发达。“烟柳画桥，风帘翠幕”“云树绕堤沙，怒涛卷霜雪，天堑无涯”表现的是杭州优美的自然景观。“市列珠玑，户盈罗绮，竞豪奢”“参差十万人家”表现的是杭州经济的繁荣。

2.提问:试说说作者是从哪些方面描写杭州(钱塘)的繁华与美丽的。(学生讨论完成此题)

明确:

(1)居民区繁华;

(2)钱塘湖雄伟壮丽;

(3)人民富有;

(4)总括湖山之美;

(5)民众悠闲的生活;

(6)钱塘长官休闲的生活;

(7)歌颂地方官政绩;

教师延伸归纳讲解:用一个词来概括杭州的特征,那便是“人间天堂”。

3.提问:这首词包含了诗人怎样的思想感情?(概括主题)

明确:描写钱塘的繁华,展现国泰民安风貌,借以歌颂地方长官政绩显著,借以寻找自身晋升的途径。

4.思考:最后一句,寄托了词人怎样的祝愿?(帮助加深理解全词感情)

提示:结合我们上面对于背景的分析,就很容易得出答案。

明确:“好景”值得夸耀——祝愿早日回到京城升官(文中对“凤池”的解释:代指朝廷),照应投赠之作。(深化主题)

5.提问:作为一首投献之作,这首词是否表现出低三下四的奴颜婢膝?

明确:没有,在歌咏太平盛世、湖光胜景的作品中,此词的气格较高。(其婉约派的词风体现得不够明显)

问题指瑕:教师在短文教学过程中所讲解的内容过于匮乏,这是短文教学中的常见问题。例如这篇教案中,教学内容始终停留在诗歌的表层,所提问的答案要么显而易见,要么就是在前面讲解中已经透露出来,无法激发学生的学习兴趣,也无助于学生语文能力的提升。

例2

长文短教

——《祝福》教学片段

三、鲁镇的环境

(1)作者将环境描写置于“祝福”的特定背景下,有什么作用?

明确:揭示祥林嫂悲剧的社会根源,预示祥林嫂悲剧的必然性;推动情节发展,增强人物形象的真实性和感染力;首尾呼应,深化主题。

(2)小说为什么以“祝福”为题?

明确:小说起于祝福,终于祝福,中间一再写到祝福,“祝福”是小说的中心事件,情节的发展与祝福密切相关,作者围绕它叙述祥林嫂的生死际遇;作者把祥林嫂的死置于祝福的欢乐气氛中,以乐写哀,用反衬的手法深化小说主题,使读者看到封建礼教是如何将一个人活活吞噬的。

四、鲁四老爷的面孔

(1)书房摆设。

(2)三次皱眉。

思想僵化,维护帝制,反对社会革新;以读书人自居,道貌岸然,实则虚伪迂腐;封建伦理观在思想上根深蒂固,对死去的祥林嫂也不宽容,足见其冷漠残忍。

五、祥林嫂的惨状

结合学生作业“祥林嫂小传”梳理小说情节。

倒叙的作用:设置悬念,使读者急于追根溯源;写祥林嫂在祝福声中死去,形成了浓厚的悲剧氛围,突出了小说的主题。

序幕:祝福景象与鲁四老爷

结局:祥林嫂寂然死去

开端:祥林嫂初到鲁镇

发展:祥林嫂被卖改嫁

高潮:祥林嫂再到鲁镇

尾声:祝福景象和我的感受

提出本文核心问题——祥林嫂的“生”与“死”:祥林嫂是怎样生存的?祥林嫂是怎样走向死亡的?

问题指瑕：在长文中，尤其是《祝福》这样的经典长文中，值得教师选取讲解的点实在是太多了。一旦没有一条明确的主线作为指导，长文教学就会变得冗长而松散。上面的教学片段中，虽然老师能够敏锐发现系列语言教学点，然而教学逻辑不明确，没有层层推进，教学内容堆砌空泛、主次不分。

二、名师示范

例1

拓展深化教学重点
——以万金党的《念奴娇·赤壁怀古》教学设计为例①

教学步骤如下：

一、播放《念奴娇·赤壁怀古》和王维《鸟鸣涧》的配乐朗读录音。

二、对比这两首诗词的朗读及配乐音乐的风格，了解《念奴娇·赤壁怀古》的风格是"豪放"。

三、提问：从什么地方体会出这两首诗词在风格上的区别？

（师生一起对两首诗词的意象特征给人的审美印象作了比较分析：从形象的力度感上引导学生归纳出我国古典美学的两个审美范畴：阴柔与阳刚。）

四、出示小黑板，让学生抄下姚鼐的一段话：

其得于阳与刚之美者，则其文如霆，如电，如长风之出谷，如崇山峻崖，如决大川，如奔骐骥。其光也，如杲日，如火，如金镠铁；其于人也，如凭高视远，如君而朝万众，如鼓万勇士而战之。其得于阴与柔之美者，则其文如升初日，如清风，如云，如霞，如烟，如幽林曲涧，如沦，如漾，如珠玉之辉，如鸿鹄之鸣而入寥廓。其于人也，漻乎其如叹，邈乎其如有思，暖乎其如喜，愀乎其如悲。

五、教师向同学们简要地讲解"阳刚""阴柔"的理论内涵。

六、指导学生举一反三，从所学过的诗词中举例分析，使之初步学会从一个侧面去欣赏古诗词的方法。

名师教学点拨：短文长教的主要技巧在于抓住文章重点，进一步拓展，丰富教学的解析维度，加强学生对课文的理解。这篇课例用一篇与《念奴娇·赤

①万金党.念奴娇·赤壁怀古[J].中学语文教学，1993(3).

壁怀古》风格迥然不同的《鸟鸣涧》与其进行对比，使教学有了一个很好的切入点。与常用的诗歌教学模式相比，这个课例运用的对比教学法更能提升学生的语文能力。此外，学生通过抄写姚鼐的一段话，拓展了视野，丰富了审美认知。

余映潮老师将该课例进一步分析为：“此教例有‘一波三折’之妙。作者简介、诠释、讲解这一套诗歌教学中常用的方法被改革一新。教师在教学过程中先听录音，让诗词的文学风格沉淀于学生的感知中。此一‘折’。再添加一笔，作比较。《鸟鸣涧》严格说来不与《念奴娇·赤壁怀古》构成比较，引入它的作用是鲜明地烘托出课文的‘豪放’风格，让学生的审美感知愈加深刻。此为二‘折’。再引申一笔，抄美文。姚鼐的一段话不仅仅是扩大视野，它在激动学生的心绪方面起了重要作用。此为三‘折’。”①

例2

创设丰富的学习活动

——以余映潮的《记承天寺夜游》教学片段为例②

五、有味地分析

师：请试将课文进行变形。课文是否只有一个段落？思考一下你如何将课文进行变形，而且要讲出道理来。什么是变形呢？老师先不作解释。（老师语音强调“变形”二字）

一分多钟后。

师：我要请问同学们，你们理解这个“变形”的意义吗？需要老师解释吗？

生：需要。（学生一起小声地说）

师：我太高兴了，你们需要我解释。悄悄地告诉大家，这一篇课文，别看它只有一段，其实是可以重新编排的，可以分为两段，可以分为三段，也可分为四段。你们选一种分一分，尝试一下。（学生认真阅读思考，一分多钟后）

师：同桌之间交流看法。

（生热烈讨论，一分钟后）

师：好吧，把我们的议论纷纷转变为各抒己见吧。

---

①余映潮.创设审美氛围——《〈念奴娇·赤壁怀古〉教例评析》[EB/OL].http://www.xiexingcun.com/mingshi/HTML/55825.html.

②余映潮，徐杰.《记承天寺夜游》课堂实录及点评[J].新语文学习(教师版)，2009(2):9-13.

生1:我按事情的起因、经过、发展将课文分为三段。第一段,“元丰六年”到“相与步于中庭”,这里写整件事的背景和人物;第二段,“庭下如积水空明,水中藻荇交横,盖竹柏影也”描写事情发展的经过;第三段,“何夜无月”到“如吾两人者耳”是作者抒发感慨。

师:很好,分析有条有理,但我希望有同学对他的分析说出不同的看法。

生2:我认为整篇文章可以分为两段。第一段,“元丰六年”到“相与步于中庭”,这里写作者月夜难以入睡,夜游的起因和经过。第二段“庭下如积水空明”到最后,邀朋友赏月,写的是承天寺夜游的风景。

师:好的,我也希望别的同学对她的看法提出挑战。

……

生6:第一段“元丰六年”到“相与步中庭”,这段是记叙;第二段“庭下如积水空明”到“盖竹柏影也”,这段是描写;最后一句为抒情。

师:嗯,很好。我们用的是人教版的课本,在苏教版的课本里面,就把它分为了这位同学刚才说的3段。原来,这85个字是这样的有味道。它的组合竟然是这样的奥妙,可以是两个部分,可以是三个部分,也可以是四个部分,这就是“神品”的力量,这就是它的魅力。

(屏幕显示,生齐读)

(师:两个部分)叙事、抒情

(师:三个部分)记叙、描写、抒情

(师:四个部分)起、承、转、合

师:最后一个更有意思了:事情的起因是起;发展是承;笔锋一转,一个特写镜头是转;合,用抒情议论托起全文,收束全文。所以,合,是很有力量的。它依托于前面的叙述描写,它带给我们的情感震撼力是最大的,在全文的结构上起了重要的作用。

师:请你把这三种分法批注在课文上。(半分钟后)

……

名师教学点拨:苏轼的《记承天寺夜游》只有85个字,余映潮老师借助灵活新颖的学习活动——通过思考如何“变形”来探究作品的结构之妙、手法之奇。他把平淡无奇的常规教学内容通过“划分段落”进行了艺术化的处理,调用了学生积累的语文知识，并深入文本进行活动；同时使短文教学变得更有深度，取得了更好的课堂效果。

在本课例中，变的是文字的排列组合顺序，表面之形，不变的是对文章章法的揣摩、学习、运用。

例3

依托读写结合，深化语文学习
——以沈蘅仲的《林黛玉进贾府》教学设计为例①

教例简述：

第一个环节：指导学生利用注解、资料自学课文，主要弄清楚以下内容。

林黛玉进贾府后的活动顺序，并据此编写段落提纲。

着重弄清文中介绍了哪些人物，哪些人详写，哪些人略写；哪些人是正面描写，哪些人是侧面描写；哪些单独介绍，哪些集体介绍。然后综合全文，以人物为单位写出人物分析提纲。

第二个环节：指导学生通过读写结合来分析课文，拟出下列题目及写作要求。

1.林黛玉的"步步留心，时时在意"。

这道题要求分析林黛玉的性格，做这道题，可根据课文中描写林黛玉的材料来写：

①外貌特点表现性格

②对别人的应对、谈话表现性格

2."劳什子"和"命根子"。

这道题要求分析贾宝玉的性格。"命根子"是贾母等人物对宝玉所寄托的希望，而"劳什子"则反映了宝玉对此的蔑视。教师可指导学生就这一对矛盾来进行分析。

3.王熙凤在贾母面前的哭和笑。

这道题要求分析王熙凤的性格。教师可引导学生抓住王熙凤在贾母面前的哭和笑来分析她的性格，分析王熙凤和贾母之间的关系及其性质。

---

①沈蘅仲.教学《林黛玉进贾府》的一些想法[J].语文学习，1983(8)：9-14.

4.心有灵犀一点通——谈宝黛的初次相会。

这道题要求从课文对宝黛相会的着意描写中来分析他们两人在感情上的共鸣。

5.从贾府一顿便饭的排场谈起。

这道题要求分析"贵族之家"的一个侧面,从而看到封建剥削阶级的奢侈生活。注意引导学生充分分析文中表现出来的主奴关系。

6.从贾府的府第规模看封建社会的一角。

这个题目要求通过对贾府府第规模的分析,来看封建统治阶级的豪华生活及其社会基础。应提醒学生注意文章对贾府大门前的描写,它表明这个贵族之家的后台是封建社会的最高统治者——皇帝。

以上题目,学生写完以后,可以互相交流,以便相互启发。

名师教学点拨:《林黛玉进贾府》洋洋7000余字,它在《红楼梦》中具有介绍主要人物、展现故事场景的重要作用,读起来令人极有兴致。但因为篇幅过长,如果老师在教学中追求面面俱到,容易导致教学时间过长,最终师生双方都会索然寡味。这时就需要教师采用长文短教的教学方法。

这篇教例是长文短教的典型示范。老师将7000余字的长文概括为简单的六个作文题目,化整为零,各个击破,达到了综合的教学效果:第一,有了写作任务,学生读课文、听讲授、做笔记才格外有动力;第二,学生的写作、表达、交流以及独立分析课文的能力得到培养;第三,有助于教师从各个角度切入,透彻分析,充分显现教师在课文讲析上的指导作用;第四,学生在掌握了《林黛玉进贾府》这篇课文后,面对其他长篇课文时也能得心应手地抓住文体主要结构。

例4

提纲挈领设置主问题

——以李镇西的《祝福》教学片段为例①

师:鸣凤和祥林嫂两个是有一些不同的,但也有共同点,就是她们的地位是一样的,而且结局都一样,死了。但她们也有不同之处,所谓"不同",即鸣凤之死是自杀,而祥林嫂是……对了,祥林嫂是自杀还是他杀?

---

①李镇西."礼教"何以"杀人"?——《祝福》课堂教学实录及整理附言[J].新语文学习(中学教师),2006(1):10-26.

师：其实，“他杀”也就是被谋杀，这个可能性基本上是不存在的。剩下的无非有两种可能，一种是自杀，还有一种是自然死亡，也就是冻死、饿死等。现在我们就来研究一下，祥林嫂究竟是怎么死的？冻死、饿死，还是自杀？大家先再仔细看一下课文，从课文中找出直接和间接的答案或线索，然后我们再来交流讨论。

几分钟过去了。

师：好，现在我们统计一下，哪些同学认为是自杀的？请举手。

师：看来是多数，23个同学认为自杀。那么没有举手的13位同学认为是非自杀的。好，现在两派同学把座位调整一下，相同看法的同学坐在一起，我们来辩论一下：祥林嫂究竟是自杀的，还是冻死、饿死的？注意，双方发言都要以理服人，也就是说一定要从课文中找到依据。

学生很快调整好座位，双方人马相对而坐，并开始准备发言。

师：先请认为祥林嫂是自杀的同学陈述他们的观点。

黄泳第一个发言：我认为祥林嫂是自杀。课文刚开始就写她提出了一个问题，人死以后有没有魂灵，“我”不跟她说有，也不说没有，只是说“或许”“未必”“说不清”，然后她就走了。我从她问这个话的意思揣摩，她有想死的欲望。

康婕补充：还有一句，她问死掉了的人会不会见面？这也说明她想死。

……

金薇又说了一个依据：她不是问“我”吗？她提的问题本身就说明已经有自杀的动机了，她和“我”非亲非故，如果不是已经有这种想法了，她是不可能问这个问题的，“我”对人死后能否见面虽然没有明确肯定，但也没有明确否定，她觉得可能还有点希望，于是她就自杀了。

师：我现在不表态，保持中立。让你们把话说完。认为祥林嫂是自杀的这一派，还有没有话要说？

杨晓梅又补充了几句：“偏偏”两个字，就是说明她的死是突然的，死亡时间是经过选择的；如果是自然的，就不会“偏偏在这个时候”，也不会让人感到惊讶。

师：“自杀说”的同学还有没有其他理由？（没有学生举手）

师：好，下面该“非自杀说”的同学发表看法了。

……

名师教学点拨:这段关于祥林嫂是"自杀"还是"他杀"的辩论非常精彩,体现了"设置主问题"在长文教学中的有效作用。

李镇西老师提出一个颇具爆炸性的主问题,让学生们觉得很新鲜。学生尽情讨论,深入文本内里,通过自己的鉴赏和体会,进行个性化解读。李老师引导学生们得出自己答案的思维过程,有助于学生对鲁迅作品人文性的理解和领悟。其目的并不在于探究对错,而是发展学生独立思考的能力。这样,长文教学的"质"就上去了。

三、名师支招

(一)短文长教的招数

1.补白。

接受美学认为,一个作品的形象体系仅仅构成一个模糊的图式框架,中间有许多不确定的空白有待于读者通过创造性想象去填补、充实、丰富,这就是补白。文质兼美的短文正是因为留有许多空白,才具有言短意永的魅力。对于作品的语言空白,我们通过诵读涵泳、联想想象,可以予以填补,而作家的创作背景、生命经历,就需要师生搜寻史料以正本清源。

詹启辉说:"文章背景或作者生平的补白,是一门艺术。首先在补白的时间上,有的要起首补,有的要后置补;其次是补白的文字应该是原汁原味的。"①譬如韦庄的《菩萨蛮》,人们为何以"春水碧于天,画船听雨眠。垆边人似月,皓腕凝霜雪"来挽留他?为什么江南的别样的水、别样的人都不能使这位"游人"甘心在"江南老"?诗人的生平补白不可或缺,而且必须是后置的,因为唯有如此,方是"不愤不启,不悱不发";如对韦庄生平的补白,选用《唐才子传》《十国春秋》中关于韦庄的介绍,学生更能真切地体验诗人的生命状态,进而理解诗人的价值抉择。

---

①詹启辉."短文""长教"的策略[J].语文学刊,2009(12):120-121.

2.细化。

余映潮说:“对短课文的教材处理,应该在‘细’字上下功夫。”[①]

短文长教,应着重于怎么教细一点,怎么教深一点,怎么教实一点,怎么教多一点。那么应该怎样做到“细”呢?

一是多点并行,如余映潮老师在《记承天寺夜游》这堂课采用了总—分—总的板块式课堂结构,从整节课来看,有三个大点:朗读点,欣赏点,分析点。每个大点又分出了若干个小点。

二是一点散开,徐杰老师在《七颗钻石》这则童话中紧扣创作手法这一个点,通过提供实例,采用学生探究的方式,找出了这篇童话的十种创作手法。

3.深挖。

尹丽丽认为:“篇幅短小的文章,要巧借旁征博引的材料,对所要训练的重点凿深挖透。”[②]开展对话式教学,将死板的知识置于具体的语境中,对主旨的理解挖得深,掘得透。

在短文教学中,针对教学重难点,深化、拓展教学资源,引领学生细微深度的理解,都是常见的有效教学策略。这一点在前面的几个“名师示范”的课例中都有鲜活的体现。

(二)长文短教招数

1.善“选点”。

在长文教学中,不需要太多的内容,不需要将整篇文章很详细地进行讲解。整篇课文的详解只会让学生觉得乏味,老师上课也会觉得很辛苦。在长文教学中,教师应该善于在把握全文的基础上选“点”。

余映潮说:“长文短教,从教材的类型看,可分为教读式处理与自读式处理。教读式处理比较精细,自读式处理比较粗放,所以我们一般应研究长文如何教得精一点;从教学手法看,可分为平实性处理与艺术性处理:平实性处理比较平淡,艺术性处理比较生动,所以我们一般应研究如何教得生动一点。但无论怎样处理,无论运用什么手法,长文短教都重在一个‘短’字,这个‘短’

①余映潮.教材处理艺术三:短文细教[J].中学语文教学参考,2002(9):35-37.

②尹丽丽.短文如何长教[J].语文教学通讯,2002(10):19.

字，又主要表现在‘点’上。也就是说，长文短教的主要技巧在‘选点’。”①

明确了这一点，我们可以从如下多种角度进行教材的处理：

(1)紧扣课文教学要求，以完成一两个教学重点为目的进行短教。

(2)根据课文内容，以讲清讲透一两个难点为目的进行短教。

(3)分析竖式结构课文的脉络与布局，以突破课文的主要部分为目的进行短教。

(4)分析横式结构课文的写作特点，以“点面结合，以点带面”为目的进行短教。

(5)理解课文的语言特点，以落实一个“语言教学”的板块为目的进行短教。

(6)以增长知识、培养能力为目的，以突出课文中一个“知识的集合”为目的进行短教。

(7)以加强学生的实践活动为目的，对课文进行创造性改编或创造性复述。

(8)以训练某种阅读技能为主，选取课文中最有训练价值的内容进行短教。

2.抓好“点、线、面”，重点突破。

周瓒说：“弱水三千，只取一瓢饮。对于‘长文’，只要找准切入点、训练点，就能抓住全文的‘神经中枢’，纲举则目张。”②

面对越来越多的“长文”，教师除了要学会“片言居要”“要言不烦”选点外，还要学会从文本中寻找牵一发而动全身的“点”“线”“面”。抓住这些“点”“线”“面”，同时拓展到全篇，就能顺畅地达到设置的教学目标。

3.处理好“内容多”与“时间短”的矛盾。

张百峰说：“长文短教，要解决的是课文长而教学时间相对不足的矛盾。辩证处理教学内容的选择与教学时间的利用问题，是长文短教的关键。”③

(1)教学内容：截取的文字要短，发挥的效应要长。

长文短教，在语言训练上，要让学生学有所获；在情感上，要得到熏陶感

---

①余映潮.教材处理艺术二：长文短教[J].中学语文教学参考，2002(7)：22-23.

②周瓒.“长文短教”的教学策略[J].教育艺术，2012(9)：18-19.

③张百峰.长文短教的短与长[J].课程教育研究（新教师教学），2014(22)：115-116.

染；在学习方法上，能够得到感性认识；在过程中，能够充分参与。这就要求教师对教学内容的选择必须是语言和精神同生共构的最佳结合点。

叙事性课文：蕴含事情意义的文字或人物关键细节要作为教学重点。

说明性课文：表现事物特点的关键语句要作为教学重点。

(2)教学时间：教师的指导要短，学生的实践要长。

教师的指导要短：问题要集中，点拨要适度，讲解要精要。

学生的实践要长：初读感知，读书时间要长；点上深入，思考交流时间要长。

（余怀玲　马珣珣　姚沛芸　彭诗航）

第三节　如何进行文本重组?

文本重组是在一个教学目标的指引下，改变原有的叙述顺序或形式将文本进行重新组合，以更好地达成教学目标的一种教学方式。它是对文本的一种创造性使用，是有效完成教学目标的重要条件。为此，教师应在把握学生起点、认真钻研教材、确保内容主题一致、紧跟课程标准步伐的基础上，积极进行教材内部、教材与语文读本、教材与其进行配套的其他文本资料的重组。

一、教学困惑

(一)困惑描述

困惑1：为什么要进行文本重组?

受教材的束缚，许多老师早已习惯了采用每堂课都精讲一篇课文的传统教学方式，深入分析教材涉及的每一个知识点，力求做到课文内容教学的面面俱到。所以，当语文老师面临“文本重组”进入课堂的新教学方法时，不禁会充满疑惑：为什么要进行文本重组?

困惑 2:什么是真正的文本重组?

“文本重组”就字面意思而言就是打破众多文本固有的框架,将其进行重新组合。所以有一部分语文老师盲目僵硬地拆分文本,将机械堆积起来的材料提供给学生,妄图去打开学生的阅读视野、提高学生的语文素养,结果往往适得其反。那么什么是真正的文本重组?如何进行正确的文本重组?

(二)典型误例

《隆中对》教学片段

师:同学们,今天我们来学习《隆中对》中的诸葛亮的论断,谁能够给老师指出来吗?

生:非惟天时,抑亦人谋也。

师:还有呢?

生:益州险塞,沃野千里,天府之土,高祖因之以成帝业。

生:天下有变。

师:那么总结起来就是我们所说的“天时、地利、人和”对不对?同学们,这句话出自哪里?

生:孟子曰:天时不如地利,地利不如人和。最重要的是人和。

师:好的,那么在诸葛亮的论断中,他说到了什么最重要吗?

生:没有,他最先说的是地利。

师:好的,我们再看看《出师表》中的“对”,“亲贤臣,远小人”,这里主要说明要多些什么?

生:人和。(学生齐答)

师:那么《后出师表》呢?

生:同样也是人和。

师:刚开始是地利,最后强调人和,说明了什么?

生:他们已经占据地利了。

师:占据地利了,但是蜀中真的是“地利”吗?

生:按照《隆中对》的理论应该是。

生:我觉得不是,为什么最后蜀国却一直出不了祁山?

师：同学们的争论都很有道理啊。(课件出示蜀国地图)汉高祖从这里起家，四川也是天府之国，这是我们大家都知道的历史地理知识。但是，蜀国却被山包围着，别人进不来，可是自己也不要想着出去。因此，蜀国有一句话：“少不入川，老不出蜀。”

师：所以说，《隆中对》中的论断有没有问题呢？诸葛亮为刘备做的计划真的是天衣无缝的吗？

生：不是。(学生齐答)

师：好的，看来大家都明白了。好的，下课。

问题指瑕：该课例的执教者确实注重了文本的重组，把《孟子》《前出师表》和《后出师表》、蜀国地图放在了《隆中对》的教学之中，以此来解答文中诸葛亮对于当时时局论断的问题。但是，这堂课的文本重组成了文本的堆砌，执教者在运用文本的过程当中，并没有集中到某一个主题，是为了文本重组而重组，而最后突然引出的问题也比较突兀。其所引用的文本和《隆中对》这篇只是表层关联，无法融入重点教学内容中。另外，引用的文本明显和学生的学龄不相符合，不仅没有因重组提高学生的学习效率，反而人为增加了学生的学习负担。

二、名师示范

例1

按线重组

——以于永正的《我的伯父鲁迅先生》课堂实录为例①

(一)第一段：受到爱戴。

师：大家注意看书。

生读至“他的遗体躺在……”。

师：停下来，读得很正确，很流畅。你看第一句话，周晔那时候很小，要读出小孩的语气。(老师示范，重读“就是”)好，再来一遍。

……

①刘素琴.于永正《我的伯父鲁迅先生》教学实录[EB/OL].http://www.jxteacher.com/xxjs/column22978/1f186c54-fbd9-4379-a3d8-34fb6455af4e.html,2012-05-20.

师：（走上讲台，指着"吊唁"和"追悼"）"吊唁"和"追悼"都是我们通过读书读懂的，通过读书体会出来的。所以，只要你多读书，联系课文，就能把意思搞懂。

（二）第二段：谈《水浒传》。

师：《水浒传》读懂了吗？

生：没有。

师：没读懂。读书很粗心，是不是？这就叫——

生（齐答）：囫囵吞枣。

师：谁知道"囫囵吞枣"的本义是什么？

师指名生讲"囫囵吞枣"的故事。

师：这个故事很有意思，吃枣对牙齿不利，但是对肚子有好处，于是，他就把枣整个吞了下去，"囫囵"是整个的意思。谢谢你给我们讲这个故事，本义懂了吗？

生：懂了。

（三）第三段：谈"碰壁"。

师：读了第二小节，如果你是作文老师，这是周晔交给你的一篇作文，你打算在第二小节加上什么旁批？再读一读，拿起笔来加一加。

生默读，写旁批。

师：那你是怎么理解这句话的意思的？

生：因为那时候是旧社会，到处都黑洞洞的，意思就是说到处都非常黑暗，而且各处都有军阀统治者。鲁迅先生是宣传人民自由的，无论到哪个地方，他都要向别人宣传自由，但是军阀是不允许人民自由的，所以，军阀就把他赶回来了。

（四）第四段：救助车夫。

师：还有一件事，这件事发生在一个寒冷冬天的黄昏。

生读。

师：读得不错，请停一下，暂时停一停。（指着"呻吟"）"呻吟"是什么意思？

……

师：懂了吗？

生：懂了。

师：好，读得不错，请坐。请你们看这一小节。这一小节啊，我想在黑板上板书，但是我拿不准哪些词应该板书，请你们读一读、画一画。

两位同学上去板书：跑、扶、蹲、半跪、夹、拿、说、敷、扎。

师：读了这一小节，我们就知道，什么叫具体？怎样写具体？今后写作文你就不愁不会写具体了。再读一遍，一边读一边体会。

（五）第五段：关心女佣。

师：伯父逝世以后，周晔见到他家的女佣阿三，女佣阿三给她讲了一件事。谁来读读阿三的话？

生读。

师：听了这段话，周晔很动情地说了一句话。

生（齐读）：“的确，伯父就是这样的一个人，他为自己想得少，为别人想得多。”

师：（板书：别人）从课文上看，这个“别人”是指哪些人？是周晔一个人吗？

生：是周晔、拉黄包车的、女佣。

师：读到这里，周晔开头提的问题“为什么伯父得到这么多人的爱戴”的答案找到了没有？

生（齐答）：找到了。

师：是什么原因？因为他——

生（齐答）：“为自己想得少，为别人想得多。”

师：这就是答案，让我们一起把课文最后一句话再读一遍。

生齐读。

师：为别人着想的人永远会被别人记住。

名师教学点拨：有些文章篇目较长，如果按照以往的方式逐字逐句地进行解读，就会造成学生仅仅阅读文本而不深入其中体会的结果。教师可以制订一条线索，多方面地推进立体教学。

于永正老师“按线重组”的方法，将《我的伯父鲁迅先生》分解为一个一个的故事，通过带领学生们了解各个故事，让学生们理解整体内容。另外，让学生转换角色的方法能更有效地帮助学生理解课文内容，如：让学生当“小老师”旁批，帮助老师解决“困难”。

作者对伯父鲁迅先生的怀念之情，在于永正老师讲述的五个小故事中循环往复，在这个过程中，学生对文本的了解步步深入，从而达到了深化文本的目的。

例2

依“块”重组

——以余映潮的《假如生活欺骗了你》教学片段为例①

第一乐章：吟诵诗歌。

师：咱们这一次的学习有三个要求：第一，吟诵这首诗；第二，自由地背；第三，抒发读诗之后的感受。好，现在自由地、大声地读，自己去感受这首诗的奥秘。大声地读，开始吧！

生：“假如生活欺骗了你……”（自由诵读）

师：注意两个字，“吟诵”，不是念书，再读一下，开始吧！

生读。

……

第二乐章：对比阅读。

师：好，咱们再来看第二乐章，《假如你欺骗了生活》，我们来看，这是中国诗人宫玺写的一首短的说理诗，他的诗是这样的：

假如你欺骗了生活

以为神鬼不知，心安理得

且慢，生活并没有到此为止

有一天，它会教你向它认错

大地的心是诚实的

孩子的眼睛是诚实的

①余映潮.《假如生活欺骗了你》课堂实录[J].新语文学习(中学教师)，2005(14)：45-49.

人生只有一步一个脚印

才会有无憾的付出无愧的收获

师要求学生自由读。

生再次自由地读。

……

第三乐章：自由写诗。

师：继续我们的乐章，假如生活重新开头。假如生活欺骗了你，假如你欺骗了生活，生活都需要重新开头。假如生活重新开头，我们应该怎样对待新的生活？

我们这一步的学习，首先是结合自己对生活的体会自由地写诗，然后我们再来欣赏人家写的诗。怎么写？“假如生活重新开头”，作为第一句话，然后你再写一句话，就是两句诗了，或者再写三句话，就是四句诗了。试一试，展现你们的思想和才华。

……

在这节课的尾声，老师送给你们一句话，我们一起来读。

生（读大屏幕）：“生活就像大海，总是有风雨伴随着我们的生命，我们要珍视生命，珍惜青春，珍爱生活。”

名师教学点拨：余映潮老师在执教这一课时将文本重组，分成三大板块，并且以“乐章”的形式呈现：假如生活欺骗了你（第一乐章），假如你欺骗了生活（第二乐章），假如生活重新开头（第三乐章）。具体表现为三个“一”：基于文本，吟诵诗歌，抒发情感（第一乐章）；逆向思维，对比阅读《假如你欺骗了生活》（第二乐章）；自由写诗，以“假如生活重新开头”为题（第三乐章）。

《假如生活欺骗了你》与《假如你欺骗了生活》都是关于“你”与“生活”的诗歌，余老师心思巧妙，将二者对比阅读，最后将问题升华，直击人生：假如生活欺骗了你，假如你欺骗了生活，生活都需要重新开头；假如生活重新开头，我们应该怎样对待新的生活？

教学中，教师通过不同的角度，将文本进行重组，采用一问一答的方式，使课堂的教学层层深入，有条不紊，线索明晰，蕴含其中的人生哲理一一得以通透地展现；而且由浅入深，使学生感受更为强烈，让学生在轻松而愉快的氛围中学习知识。

例3

抓“眼”重组

——以窦桂梅的《三打白骨精》课堂实录片段为例[①]

一、妖精“三变”的情节

师:变成了一个什么样的村姑?(课件出示“村姑”)

生:闭月羞花、眉清目秀……

生:常人看不出这女子的真面目……

师:这美下面藏的是——恶

生:我想谈谈第二“变”:“山坡上闪出一个年满八旬的老妇人,手拄着弯头竹杖,一步一声地哭着走来。”你看,妖精的变,妙就妙在变成“八旬”的老人。想想八旬老人驼着背,走路颤颤巍巍的,拄着拐来找女儿,多可怜啊。

师:是啊,中国有句古话叫“老吾老以及人之老”。

生:妖精一计不成,又生一计,不甘心就这样让唐僧走了,于是又变成一个白发老公公,假装来找他的妻子和女儿。

师:是啊,这回又变成白发老公公。

二、悟空“三打”的情节

师:好,下面我们把描写“三打”的句子直接提炼出来。读读。

生:“‘它是个妖精,是来骗你的。’说着,就朝妖精劈脸一棒。”(一打)

生:“悟空见又是那妖精变的,也不说话,当头就是一棒。”(二打)

生:“悟空抡起金箍棒,一棒打死了妖精。”(三打)

三、唐僧“三责”的情节

师:原来,妖精三变,悟空三打,唐僧也有三责(板书:三责)。这“三变”“三打”“三责”的情节,叙述的次数相同(板书:相同),可你们读着,有重复的感觉吗?

生:不重复。妖精三变,孙悟空就三打,唐僧就三责。

名师教学点拨:窦桂梅老师在教学时对文本进行了重组,将“三变”“三打”“三责”情节集中教学,打破了传统小说教学过程顺着情节讲述的纵线思维模式,我们可以看出小说文本重组之“妙”。

---

①窦桂梅.《三打白骨精》课堂实录[J].语文教学通讯,2008(1):35-44.

(1)抓住文本的字眼“打”:围绕“变”“打”“责”,使得整个故事情节交融在一起顺承进行。所谓“变一打一责”,白骨精的狡诈、悟空的机灵、八戒的贪吃好色、唐僧佛家弟子的慈悲等不同人物的性格在情节这个纵线上以横截面的形式铺展开来。

(2)注重语言的个性特征描述:细细体味语言在不同情境下的不同作用,这正是文本细读的要求,“三变”“三打”“三责”中的师生对话,真是句句妙不可言。

例4

绕“题”重组

——以蒋军晶的群文阅读“创世神话——世界是怎么形成的?”教学为例①

师:我们先来讨论一个巨大的问题——世界如何形成?这个问题人类已经思考了几千年。我们这个世界,有天空,有大地,有满天的繁星,有山,有水,有花草树木,有鸟兽虫鱼……这样一个漂亮、丰富的世界,是怎么形成的呢?请你们把对这个问题的理解在小组里交流一下。

生讨论。

1.听(讲)故事《盘古开天地》,聊创世神话产生的原因。

生观看课件资料,教师介绍关于“宇宙大爆炸”的资料。

师:“宇宙大爆炸”就是这样形成的。但是我有一个疑问,如果我们把时间推至一两千年前,有一个小孩问爷爷:“爷爷,世界是怎么形成的?”爷爷会不会说宇宙大爆炸?

生:不会。(异口同声)

师:为什么这么肯定。

生:因为那时候的人根本不知道宇宙大爆炸。

师:那他会怎么回答这个孩子的问题呢?

生:爷爷会讲“盘古开天辟地”的故事,告诉孙子是盘古创造了世界。

师:但我们现在都知道这个故事是假的啊,为什么要讲这个假故事给他听呢?

①马老师.蒋军晶群文阅读《创世神话》课堂实录[EB/OL].http://blog.sina.com.cn/s/blog_5edf53a50102w0lu.html,2015-06-24.

……

2.比较阅读中国、日本、蒙古创世神话：寻异。

师：我们今天先来读读国外的创世神话。我待会儿会发材料，上面有两个创世神话，请你们读完后猜测一下，这两个创世神话是出自哪个国家？文章后面有一个范围请你们选择。

教师发材料，生读材料。

师：我们先来看第一个神话——《诸神创世》。你觉得这个神话是出自哪一个国家？我发现这个同学判断的思路很有意思，请你向大家介绍一下。

生：我觉得这是蒙古神话。文章的最后一段写道：“人们以游牧为生。”蒙古就是一个大草原，所以说明这个神话是在蒙古流传的……

师：她用了排除法，是否科学暂且不说，但是这个思路非常好。最后通过抓取细节，她确定了蒙古。古时候的蒙古人认为原始的世界就是一片大草原，因为他们没有看到过太多的高山、大河。第二个神话，你们认为是出自哪个国家？

生：我觉得是日本。从文章中出现的神的名字就可以看出，有日本的味道。

……

3.比较阅读中国、印度、罗马创世神话：求同。

师：是的，这个世界在混沌一片的时候，往往会出现一个神，这也是一个共同特点。很多神话学家、史学家在读神话的时候也进行了梳理，发现了很多共同点。

师出示课件，呈现神话的共同点。

4.比较阅读创世神话、“宇宙大爆炸”科普说明文。

中国神话	伊朗神话	罗马神话	印度神话
鸡子	鸟蛋	石蛋	金蛋
盘古	阿胡拉·马兹达	密特拉	大梵天
身体生化	身体生化	身体生化	身体生化

师：说来听听，为什么不同的地区会把原始世界比作一个蛋状的物品？

生：我们小组认为是因为大陆漂移。

师：……我们都相信科学，那为什么还要去读神话呢？

生：这个世界不应该呆板，应该有各种各样的想法，这样的思想会让我们很活跃。

师：她说的话真是值得琢磨呢，我们的想法应该像这个世界一样，丰富一点。

……

名师教学点拨：蒋军晶老师的群文阅读是目前文本重组的创新点。关于群文阅读，“我所设计的‘群文’，有的文章之间有明显的异同点，有的有明显的矛盾冲突，目的就是让孩子碰撞、质疑，把思考的过程展开来，然后有所发现。”①

正如这篇“创世神话”的教学过程，蒋老师以“创世神话——世界是怎么形成的”为主题，从中西方神话的对比中让同学们看到神话（文化）产生的差异。与此同时，打破学生的思维模式，从不同文化背景下的创世神话中求得人类生存中的共同性，真正地感受到中国神话《盘古开天辟地》中的民族特色。

群文阅读对老师的思维、知识、文本把握能力有着极高的要求，只有这样富有创新性地重组文本，才会对学生的思维具有启发作用，才能培养他们高水平阅读、整合信息的能力。

例5

按“结构”重组

——以曹海棠的“一圈一圈往下绕”课堂实录为例②

一、以“俄罗斯套娃”导入课文

师：上课。

生：起立。

师：……小朋友们好。

生：老师好。

师：请坐。今天是曹老师第一次来巴蜀小学给二三班的小朋友上课，特

①蒋军晶.群文阅读：阅读教学的跨越式变革[J].语文教学通讯（小学），2014(9)：41-42.

②曹海棠，张克.“一圈一圈往下绕”教学（适合二年级）[J].小学语文教学，2015(21)：31-37.

意带来了一个玩具。这个玩具叫——

生：不倒翁……

师：有人猜是不倒翁，NO NO NO，它叫俄罗斯套娃，想不想玩？

生：想。

……

师：同学们观察它的外形，有没有发现这个套娃虽然形状上长得都一样，但是大小是……

生：……

师：不一样的。一个比……

生：……

师：一个比一个小。这都被你发现了。太了不起了，那还想不想玩？

生：想。

二、似“回”字绕的童谣《房子里有箱子》

……

生：《房子里有箱子》。

师：那为什么你们都觉得《房子里有箱子》这首诗像俄罗斯套娃？你来说。

生：因为房子里有箱子，因为这是一个房子，房子里面还有一个箱子，那个箱子比房子还要小。

师：就像俄罗斯套娃一样，是吧？（一个比一个小）

生：一个比一个小。

……

三、沿着一条线往下绕的儿童诗《需要什么》

师：像这样好玩的诗歌还有很多。接下来我们读意大利作家的诗《需要什么》。（一边读一边引导孩子结合生活实际猜一猜下一句）

……

师：你真了不起，发现了诗人写作的秘密——一圈一圈绕下去。如果平时这样说，做一张桌子需要花一朵，你不会感到奇怪吗？可是诗人这样一圈一圈绕下去，你会觉得蛮有道理的！

（课件演示：桌子—木头—大树—种子—果实—花朵。最后课件只剩下“桌子—花朵”）

而且绕得很特别！（随机板书：一圈一圈绕下去）

……

四、沿着一条线往下绕的儿童诗《我底下有什么》

师：接下来啊，曹老师出示的这首诗只有前半部分，那后半部分诗人会怎么写呢？请大家猜猜看。（学生津津乐道地思考）

我底下有什么

七星潭

黑暗底下有一颗星星

星星底下有一棵树

树下有一张毡子

毡子底下有一个我

……

师：谁来展示一下自己的诗歌。

……

五、像圆一样绕的绘本故事《要是你给小老鼠吃饼干》

师：像这样绕的故事还有许多。接下来我们一起分享一个有趣的故事。（出示《要是你给小老鼠吃饼干》的封面）接下来会发生什么呢？（师一边讲故事、播放图画，一边让学生猜测：要是你给小老鼠吃饼干，他会要杯牛奶，你要是给他牛奶，老鼠又会想要什么？）

……

生：他一直要这个，要那个，后面又一直提要求，不同的要求。

师：要求到最后又要——

生：重复

……

生：因为老鼠他会绕一个圈，像圆形一样。

师：又绕回去了是不是？哇，他说绕个圈。是呀，这只小老鼠啊可调皮了。你看，他不停地要，要到最后啊他又绕回来了。（师在板书上画一个圈）

哎，小朋友啊，我们来看看，今天我们学的这些诗，这些故事，它们有没有什么共同点？你说。

生：都是在绕圈。

……

五、自主创作

师：接下来我们也来当当大作家，选择一种你喜欢的绕的方式，创编一首一直往下绕的诗或者故事，四人小组合作，看谁创作的诗最好玩、最有意思。

（四人一组开始合作创编，教师巡视检查创编情况）学生思维活跃，几分钟后纷纷举手。

……

师：好，最后在中国一个特别经典的绕的故事当中结束我们这堂课，好不好？好，从前有座山，山里有座庙，庙里有两个和尚，老和尚在给小和尚讲故事，讲什么故事呢？

生：（接着讲故事）从前有座山，山里有座庙，庙里有两个和尚……

师：好，下课！

名师教学点拨：曹海棠老师在教学时巧妙地按照文本的语言形式将不同文体、不同绕法、不同国家的四篇文章组合在一起。这些“语言形式”包括“一条线”儿童诗《需要什么》《我底下有什么》、“回字形”童谣《房子里有箱子》、“圆形”绘本故事《要是你给小老鼠吃饼干》。并且借助了“玩”“猜”“画”“编”等学习活动，使大量重组后的文本学习生动活泼、童趣盎然。

三、名师支招

（一）按“线”重组

郑桂华说：“针对一篇课文设计好‘教什么’，这是开展有效教学的前提之一。”①

①郑桂华.凸显文本的语文核心价值——有效教学设计的前提之一[J].中学语文教学，2008(3)：27-30.

教师对文本的解读是为了更好地与学生对话，从而促进学生语文知识的增长和语文能力的提高，促进学生的成长。因此，教师与文本的对话具有重构性。当然这种重构是在原文线索的基础上产生的，也就是教师在阅读文本时还需按线重组。有些课文很长，而且很复杂。如果按部就班地照着情节展开学习，学生往往只会停留在对课文蜻蜓点水般的认知层面上。这时，就需要教师为沟通作者与学生之间的思想牵线搭桥，设计好统一明确的线索，重组学习板块。

（二）依“块”重组

盛新凤说：“对新课文应一见钟情，对旧课文应旧情复燃，用语文独有的人性美和人情美去丰化和磁化语文教学过程。”①

其实“块”的实质就是问题，设计若干好的问题不仅能轻松自如地驾驭课堂，而且思路清晰，启人深思。从整体性、系统性的角度出发，创造性地重组文本，可以使学生整体把握内容，获得阅读体验，迁移学习方法，拓展课外阅读，开阔阅读视野。因此，文本重组不能局限于一篇课文之中、一本教材之中，教师们应该放宽视野，综合生活中多样化的可用之素材，创造性地进行文本重组。

（三）抓“眼”重组

靳家彦说：“教师不是将军，但要有指挥千军的气概。”②

文本语言的“亮点”也就是文眼，即文章的焦点，它把纷繁的内容凝聚在一点上。陆机在《文赋》中说：“立片言以居要，乃一篇之警策。”这“居要”的“片言”，即“文眼”，是“警策”全文、“揭全文之旨”的点睛之笔，是牵制全文的艺术构思的焦点。教师应找准文眼，并从文眼入手重组，从一点突破，不枝不蔓，持一点而握全局，窥一斑而见全豹。有效的文本重组需要教师做到高效“指挥”，因此抓住文眼将文本重新组合至关重要。

---

①盛新凤.让课堂诗情飞扬[J].语文教学通讯，2005(13)：4-8.

②许绍祝.在求索中上好一堂语文课[J].云南教育（中学教师），2014(22)：76.

(四)绕“题”重组

陈跃说:“课堂不是布道者的教堂,讲台不是表演者的舞台。”①

教师在重组文本的过程中对文本的解读不是单纯的自我理解或赏析,所以在重构文本时一定要集中体现主题,为更好地帮助学生获得更具体、更深入的感知体验而进行精心设计。文本重组需要智慧,需要因文而异。创造性地改变次序要紧紧围绕主题,既要集中体现主题,又要丰富主题视野。

(五)以“情”重组

李镇西说:“教育是师生心灵的和谐共振,互相感染、互相影响、互相欣赏的精神创造过程。”②

“语言有温度”,语文是有情感的语言。情感需要激发,需要酝酿,需要点燃。在情感的召唤下才有可能产生活跃的思维、深层次的理解,引发由衷的感受。教师要在课堂上引领学生生发这样的情感,并让学生通过自身的阅读体悟将情感积累起来,为深刻理解文本内容服务,为思维的深度发展服务。

(岳紫玲　郭海伦　余照　马倩倩　张小美　王梅先　朱朝飞)

---

①陈跃.《鱼我所欲也》教学实录[J].语文教学通讯,2005(7):19-22.

②李镇西.《提醒幸福》教学实录[J].语文教学通讯,2005(7):64-68.

第二章　教学技能困惑

第一节　如何有效导入?

导入是课堂伊始，是教师为集中学生注意力、激发学生学习兴趣、引发学生学习动机、引导学生进入学习状态而进行的一系列行为活动。“良好的开端是成功的一半”，理想的课堂导入是教学引擎，具有营造情境、激发兴趣、温故知新、指引教学等功能。

一、教学困惑

(一)困惑描述

困惑1:冗长拖沓、画蛇添足的无效导入。

“导入”像一个绚丽多彩的舞台，课件、游戏、音乐、动画、表演等导入方式在公开课上你方唱罢我登场，好不热闹。精致的导入设计是老师们精心准备的结果，但经常如此，在时间和精力上是不允许的。有时为了导入而导入，天马行空、不着边际、故弄玄虚、哗众取宠，不仅不会起到引领学生走进文本的作用，相反会变成教学的干扰信息，导而不入。我们该怎样做到尚简有度、务本求实的有效导入呢?

困惑2:陈旧僵化、平淡乏味的无趣导入。

一味简单地指示学生“把书翻到某某页”“我们学习某某课”，不重视导入。或泛泛地向学生陈述一通教学目标，笼统粗疏，令学生不知所云、无所适从，久而久之学生定会生厌。我们应怎样避免过度导入，且在教学一开始就抓住学生的注意力，把握时间，切入主题呢?

(二)典型误例

例1

《自己的花是让别人看的》的课堂导入

——“以歌为媒,步入花海”

师:今天,我们一块儿来学习我国著名的语言学家、北京大学教授季羡林先生的一篇短文,这篇短文读起来像是在聊家常,通俗易懂,但其实,越读越有味道,颇耐人寻味。想学这篇课文吗?

生:想。

师:不急。我们先来听听音乐放松一下。(播放英文歌曲)

师:这是老师最喜欢的一首英文歌曲,每次听到它,总让我想到异国那迷人的风情画卷。你们想知道,老师最想去哪个国家游览吗?

生:想。

师:那就猜一猜吧。

学生猜,教师评价,然后小结。

问题指瑕:该导入课例有“画蛇添足”之嫌。老师通过对作家和课文的简短介绍,已经激发了学生学习课文的兴趣。接下来询问学生“想学这篇课文吗”,当学生们回答“想”时,按理就该进入课文的学习了,但老师偏要卖关子,让学生去听一首外国歌曲,以营造一个异国风情的氛围。然后又通过做选择题,从异国具体到德国,让学生知道德国的首都、德国的音乐家、德国的奔驰汽车。但关键问题是,绕这么多弯,却跟接下来的课文学习没有关系。

此外,该导入表面上充分利用了音乐,用猜谜吸引学生,实则没有选对材料,冗长拖沓,缺乏目的,导而不入。教师主唱,忽视了学生的感受。

例2

《春》的课堂导入

师:同学们,你们了解朱自清吗?

生A:写过《骆驼祥子》。(众生笑)

师:谁能说一说同学们为什么笑吗?

生B:《骆驼祥子》不是朱自清写的,是鲁迅写的。(众生又大笑)

生C:《骆驼祥子》是老舍写的。

师:《骆驼祥子》不是散文,而是……

生(齐声):话剧。

师:《骆驼祥子》是小说,今天我们要学的《春》是散文,朱自清写的,接下来请同学们看一下这节课的学习目标,然后开始自读课文。

问题指瑕:导入《春》这样的美文,应当“未成曲调先有情”,而这节课一开始就陷入了尴尬的境地,恐怕是执教者始料未及的。盲目、无目的的导入只会让学生云里雾里,教师也失去了引导作用。在纠正同学们错误认知的时候,教师可以用巧妙的方法多强调几遍,草草收尾可能无法消除错误认知。

如果想直接给出课堂目标,也可以,这样能使课堂目的一目了然,但一定要注意目标呈现的方式以及难易程度。比如教师在下达读书指令时,若提出明确的指导方法或需要回答的问题,阅读的效果可能会更好。

二、名师示范

例1

巧选、巧解背景材料

——以余映潮的《记承天寺夜游》课堂导入为例①

一、生读课文,老师正音

二、介绍作者及写作背景(屏幕显示相关资料,学生读)

1.苏轼(1037—1101年),北宋著名文学家、书画家,“唐宋八大家”之一,字子瞻,号东坡居士,四川眉山人。

师:这则资料告诉我们,作者在中国文学史上的地位。

2.元丰二年(1079年),苏轼因“乌台诗案”获罪入狱,随后被流放至湖北黄州。

师:这则资料告诉我们,作者在他的中年时期遭到诬陷,被捕入狱,然后贬谪到边远地方,这个地方叫东坡,他的“东坡居士”号就是在黄州种田时起的,“东坡”现在听起来是一个雅号。

①余映潮,徐杰.《记承天寺夜游》课堂实录及点评[J].新语文学习(教师版),2009(2):9-13.

3.(在黄州)他写出了四篇他笔下最精的作品。一首词《赤壁怀古》,两篇月夜泛舟的《赤壁赋》,一篇《记承天寺夜游》。单以能写出这些绝世妙文,仇家因羡生妒,把他关入监狱也“不无道理”。

师:这是大学者林语堂《苏东坡传》第16章里的一段话,说的是苏东坡在贬谪期间所写的作品里面有四篇是绝世妙文。我们今天学的《记承天寺夜游》就是其中的一篇。

4.有一种画轴,静静垂于厅堂之侧,以自己特有的淡雅、高洁,惹人喜爱。在我国古典文学宝库中,就垂着这样两轴精品:宋代苏东坡的《记承天寺夜游》和明代张岱的《湖心亭看雪》。(梁衡《秋月冬雪两轴画》,1984年第2期《青年文摘》)

师:在学术界,人们认为《记承天寺夜游》是神品。85个字的文章是“神品”,神在哪里?这会激起我们品析这篇文章的欲望。那么这节课,就让我们好好地来品味它。

名师教学点拨:课堂导入讲究简洁、自然得体,力求在很短的时间内,优美、从容、有情味地导入课文;教学开始的第一秒钟就迈出了课堂学习的步伐。

课堂进行了由易及难、由浅入深的教学背景铺垫,介绍了作者、交代了背景、激发了学生学习的兴趣,可谓匠心独运,一石“三”鸟。在纷繁的学术资料中,老师精心选择了这四则,并辅之以精练的解说,这不仅是知识的传授,也为接下来的朗读奠定了情感基调,更为分析欣赏课文做了一个铺垫。

例2

多向感知课文,激趣定调
——以余映潮的《狼》课堂导入为例①

师:我们今天学习的课文是蒲松龄的《狼》,现在请你们来说说我们这节课学习什么,但是不要重复刚才老师的话,谁先说?

生1:这节课学的是《狼》,是蒲松龄写的。

师:这是重复老师的话,只是颠倒了字的顺序。

---

①庞荣飞,余映潮.《狼》教学实录与评点[J].中学语文,2007(9):45-49.

生2：今天我们学的是两只狼与一个屠户之间较劲儿的故事。

师：如果从文体的角度说呢？或者是其他的角度，都可以说。

生3：今天我们学的是蒲松龄写的文言文《狼》。

师：文言文，这是一个角度。还有什么？

生4：今天我们学的是选自《聊斋志异》的课文《狼》。

师：从故事情节或者从另外的角度来看……

生5：今天我们阅读的是两只狼与一个屠户搏斗的精彩情景。

师：这还是一篇短篇小说，你们说对不对？《聊斋志异》是小说故事集，再从文章结构来看，我们学的是……

生6：我们学习的是一篇按照事情发展顺序写的文言文。

名师教学点拨：余映潮老师的课堂导入依旧是开门见山，开篇就让学生"说"。这不仅仅只是文学常识问题，还颇有深意。这既有利于激发学生的兴趣，又有利于引导学生多向感知课文，点明课文是经典文言文小说，为后面"读"与"评"定下调子，埋下教学的伏笔。

例3

提问式导入，联系旧知

——以钱梦龙的《故乡》课堂导入为例①

上课之前，钱老师布置学生自读课文，提出疑问。上了一堂"提问指导课"，结果全班共提出了600多个问题。

师：昨天，同学们书面提出了许多问题，都提得很好……我把它们分为七类。…… 在解决大家提出的问题之前，我先来考一考大家，《故乡》是作者在什么时候写的？

生：1921年。

师：很好。那么，在1921年的十年前，我国有一次很大的社会变动，是什么？

生：辛亥革命。

师：这《故乡》写的就是辛亥革命后十年间的事。那么，当时的社会情况

---

①语文备课大师.著名特级教师钱梦龙《故乡》课堂教学实录[EB/OL]. http://www.xiexingcun.com/tougao/HTML/27281.html,2012-06-11.

怎样呢？……我提醒一下，可以联系本学期读过的另一篇鲁迅的文章《一件小事》思考，它的写作年代和《故乡》差不多。回忆一下，《一件小事》写到了当时的社会状况了吗？怎么写的？

……

师：对，当时的农民是日益贫困的。这就是《故乡》的时代背景。这个问题明白了，我们就可以解决同学们提出的各类问题了。现在，先请提出第一类问题——一般疑问……

名师教学点拨：该课例是经典的"钱梦龙式"提问导入，"我更重视指导学生自己发现问题、提出问题，我的很多课都是建立在学生提问的基础上的。"①"真正把学习的自主权还给学生，让学生静下心来读书，尊重每个学生独特的阅读体验，绝不能越俎代庖，把教师自己认知的结果强加给学生；其次，必须真正把自己的作用定位在'导'，也就是只能因势利导，使教师的'导'成为强化学生主体地位的必要条件，而不是削弱或取代学生的主体地位。"②

该导入的另一个亮点是对学生提问进行精细的加工、巧妙的分类，为整个后续的课堂教学奠定了扎实有序的基础。

例4

反复强化学习行为，促成自觉习惯
——以宁鸿彬的《变色龙》课堂导入为例③

师生问好。

按常规做练习。

生1朗诵《西江月·井冈山》。

生2朗诵《咏柳》。

生3朗诵《黄鹤楼》。

师：就复习到这里。今天讲《变色龙》，（板书：变色龙　契诃夫）谁把作者的名字读一下？

……

---

①钱梦龙.我这样上语文课[J].课程教材教法，2016(3)：11-18.

②钱梦龙.我这样上语文课[J].课程教材教法，2016(3)：11-18.

③宁鸿彬.《变色龙》教学实录[J].中学语文教学，1998(8)：22-27.

师：今天我们学习契诃夫的《变色龙》。这节课准备教大家一种课文阅读方法，讲完课后，根据你的理解，可以试着总结一下今天所运用的是什么阅读方法。下面看课文注释①，根据以往我们所介绍过的有关知识，你认为关于作者应掌握哪些内容？

生：我认为应掌握四个方面的内容。名，契诃夫；时，1860—1904年；地，俄国；评，批判现实主义作家。

师：很好！下面准备读课文，读完课文后，请你重新给课文拟个标题。现在按座次朗读课文。

例5

——以宁鸿彬《有的人》教学导入为例①

师：请看第一段的预习提示，然后说说你从中学到了什么。

生：老师讲过，对作家介绍的了解，应从名、时、地、评、作五方面去掌握。

师：很好。看来你已经掌握了这一规律。希望同学们以后在了解作家时也要从名、时、地、评、作这五个方面考虑。

师：下面读课文。读时请大家注意前四节出现了八处“有的人”，读后请你们把诗中前四节的八处“有的人”分别改换成具体的某一种人或某一类人。下面按座次朗读课文。

名师教学点拨：纵观宁鸿彬老师执教的《变色龙》《有的人》的课例，可以看出宁老师的课堂大多是以“作者介绍”开始，并辅之以很多日常的学习习惯，重在讲规律、教方法、传习惯。按照宁老师自己的话就是：“有意识地帮助学生把运用语文知识解决实际问题的行为及运用教师传授的方法进行语文实践活动的行为变成自觉的习惯。具体说就是：凡使用频率高的、有价值的语文知识和应用范围广的、行之有效的方法，教师就要千方百计创造条件，安排学生反复运用它们。”②

①宁鸿彬.《有的人》教学实录[J].中学语文，1999(1)：21-24.

②宁鸿彬.提高语文教学效率的途径[J].课程教材教法，1996(7)：27-31.

例6

情境导入，不离语言教学

——以于漪的《鸟的天堂》课堂导入为例①

师：小鸟是人类的朋友，许多人都喜欢小鸟。你们喜欢吗？为什么喜欢？

孩子们兴致勃勃地说开了……

师：如果我们能到聚集着成千上万只鸟的“鸟的天堂”去看一看，听一听，那简直是美不可言，小鸟会让你们流连忘返的。假如现在是清晨，我们乘着小船来到鸟的天堂。在大榕树下只要一拍手，你们听——（随即播放一阵悦耳的鸟鸣声）

出示特写的燕子剪纸。

师：深蓝色的天空，一只矫健的燕子在蓝天飞翔。小燕子在空中飞着，一会儿飞到东，一会儿飞到西，现在小燕子飞到我们教室里，就在我们眼前，请小朋友们先仔细看看燕子的模样。

生形容燕子。

结合学生的回答，老师很自然地教学了“双翼”“两翼”“翼尖”“剪尾”，让学生从燕子具体的美的形象，理解“光滑漂亮”“俊俏”“剪刀似的”这些富有美感的生动词语。

名师教学点拨：该课例是情境导入的成功典范。教师利用音乐、剪纸等多种道具教学，教学指向明确，紧扣语言教学。音乐为学生了解“鸟鸣”与“万鸟齐鸣”服务；剪纸为学生了解燕子形象与学习词语服务。教师及时地利用学生的愉快情绪，引导学生从已知的形象向未知的课文描写过渡。这种指向明确、形象生动的导入与五花八门的无效导入有很大的区别，能有效形成学生学习新课的内驱力。

对于这种导入的设计，于漪老师有自觉的追求：“我听过这样一节语文课，教者把《端午日》讲得热热闹闹。首先是通过视频给学生展示了‘赛龙舟’的热闹场景；接着便让学生做表演式朗读：有的把红领巾扎在头上扮舵手，有的咚咚咚敲打桌子当鼓手，有的双手作频频划动状扮水手，然而，整节课却没

①李吉林.在散文的情境中教散文[J].课程教材教法，1996(4)：49-53.

有认真推敲过一个字、一句话。……为什么偏偏要大量使用‘非母语’手段去教母语呢？我并非一概地反对视频、动漫等辅助手段，但切不可忘记：手段只能以宾‘衬’主，绝对不可喧宾‘夺’主。”①

例7

故事导入

——以韩军的《登高》课堂导入为例

师：同学们愿意听电影故事吗？

生：愿意！

师：不过，这不是一个欢乐的故事，而是一个凄楚悲凉的故事。听着，心情会很沉重。我给大家提个要求，因为这是电影故事，请大家边听边在脑海中把这个故事幻化成电影画面。我相信大家都是杰出的“电影摄影师”，一定能够在大脑中把画面构想得场景逼真，而且都能够切实地身临其境。能做到吗？

生：能！

师：（语调低沉，语速缓慢，满怀感情）1200多年前，一个秋天，九月初九重阳节前后。夔州，长江边。大风凛冽地吹，吹得江边万木凋零。树叶在天空中飘飘洒洒，漫山遍野满是衰败、枯黄的树叶。江水滚滚翻腾，急剧地向前冲击。凄冷的风中，有几只孤鸟在盘旋。远处还不时传来几声猿的哀鸣。这时，一位老人朝山上走来。他衣衫褴褛，老眼浑浊，蓬头垢面。老人步履蹒跚，跌跌撞撞。他已经满身疾病，有肺病、疟疾、风痹，而且已经“右臂偏枯耳半聋”。

重阳节，是登高祈求长寿的节日。可是这位老人，一生坎坷，穷愁潦倒，似乎已经走到了生命的冬季。而且此时，国家正处在战乱之中，他远离家乡，孤独地一个人在外漂泊。老人面对万里江天，面对孤独的飞鸟，面对衰败的枯树，百感千愁涌上心头……

（放音乐《二泉映月》，老师在音乐声中满怀深情地朗诵《登高》全诗。课堂气氛凝重，有些学生流下泪来。）

---

①赵谦翔.架空语言，流产人文——语文教学流弊之四[J].青年教师，2010(11)：18-19.

师:这个老人是谁呀?

生:是杜甫。

……

师:对,要想读好,首先得理解诗的作者,理解诗的内涵,必须走进作者的内心。我们常说一句话,叫文如——

生:文如其人。

师:言为——

生:言为心声。

名师教学点拨:该故事导入有两个亮点。一是用富有渲染力的语言,将《登高》的情景用电影故事的方式展现出来,从而唤起学生的情感体验;也奠定了学习文本的情感基础,同时介绍了写作背景。二是老师自己创编一个故事,与课文主题有关,讲故事的语言有感染力,故事情节紧凑,结尾奇特,吸引学生进入课堂。

三、名师支招

余映潮说,有三种导入方法:诗意导入——在整体感受课文主要内容的基础上,设计与课文情感氛围一致的、紧扣课文内容的富有诗意的导入。轻松话题导入——抓住课文内容或者课文标题的特点,设计自然轻松而又别出心裁的能紧紧吸引学生进入课文学习的导入。贴近生活的趣味性导入——根据课文内容离学生生活比较远、学生的理解有点困难的特点,设计知识性、趣味性比较强的导入。①

实际上,除了上述方法,还有以下常见的导入方法。

(一)要点提示法

开门见山、言简意赅地提出课文的主旨和艺术特色,以此明确学习目标和任务,这种简洁实在的做法在日常教学中也可运用。

---

①余映潮.巧妙导入,自然得体——例谈阅读教学设计的诗意手法[J].语文教学通讯,2007(2):25-26.

(二)设疑引入法

教师上课伊始若用启发质疑的方法,可使学生思维立即进入活跃状态。如于漪老师执教《孔乙己》一课的导语:凡读过鲁迅小说的人,几乎没有不知道《孔乙己》的。鲁迅先生自己也说过,在他创作的短篇小说中,最喜欢《孔乙己》。鲁迅先生为什么喜欢《孔乙己》呢?孔乙己是怎样的艺术形象?让我们一起阅读小说,寻找答案。

(三)释题入课法

文题是课文的眼睛。从解析题目入手导入新课,简洁而实用,既可直入正题,又可同时拎起全文。这种方法既适用于那些文题含蓄蕴藉的作品,如《秋天的怀念》;也适用于信息明显的说明文,如《死海不死》;还适用于文言文教学,如《陋室铭》。

(四)背景介入法

有些课文是在特定的时代背景或者作者的特定遭遇中写成的,学生理解起来有困难。课前简要介绍课文的写作背景、作者、作品的相关知识,能为文本的阅读提供知识框架和理解支架。如《最后一次演讲》就宜以背景导入。

(五)情景渲染法

有的课文情感色彩浓郁,教学时,宜从情感导入。教师以感情充沛而富于渲染力的语言,营造一种情境氛围,唤起学生的情感体验,利于学生潜心理解文本。

(六)多媒体导入法

教师可以通过播放与课文内容相关的视频、音频、图片,让学生在轻松的氛围中对新课产生兴趣。如在《安塞腰鼓》的学习中,可以播放安塞腰鼓的表演视频;在《苏州园林》的学习中,可以插入园林图片,让学生如临其境。

（七）引用导入法

教师可以引用与教学内容相关的名言、诗词、故事等来导入新课，既能体现课文要旨，又能激发学生兴趣，如《爸爸的花儿落了》可以用诗人汪静之写的“生命是一树繁花”导入，《狼》这篇课文可以让学生写与狼有关的成语，然后总结特点导入。

（八）新旧联系法

新旧知识联系既可温故知新，又能起到融会贯通的效果。新旧知识的联系可以是内容上的联系，如《孙权劝学》的导入可以用《伤仲永》的故事导入；也可以是手法上的联系，如讲《爱莲说》一文，可这样导入：“我们曾学过杨朔的《荔枝蜜》，文章用了托物言志的写法，试回忆托什么物言什么志。”明确答案之后接着说：“我们今天要学习的这篇《爱莲说》也是一篇运用了托物言志写法的文章。让我们一起来看一看，这篇文章所托之物是什么？所言之志又是什么？”

（九）随机导入法

语文学习的外延和生活的外延相同。结合教学进程，随时捕捉身边的生活资源，或利用课前的突发事件，或利用周围的人和事，便于学生获得一种既熟悉又陌生的情感。

（王婷　刘斌竹　公丽　张满毅）

第二节　如何让教学语言“亮”起来？

教学语言，从广义上讲，包括有声语言和无声语言两类。有声语言包括教师诉诸学生的语言，如引导语、提问语、探讨语等能够引起学生听觉的有声语言。无声语言包括板书、教案、教师的体态语（如表情、眼神、动作、手势）等。而狭义的教学语言仅仅指有声的教学语言，语言是语文教师传授知识、传递信息的主要载体之一，是教学的核心和主要部分。

一、教学困惑

(一)困惑描述

困惑1:教师语言干瘪枯燥,机械生硬,不能激发学生的听课兴趣。

不能吸引学生的教学语言一般有两类:干瘪、口水话——过度使用口语化的教学语言,缺乏丰富的辞藻和深厚的文化底蕴,语文味儿不足;机械生硬——老师不能灵活地根据教学进程,根据学生的情绪、反应,随机应变地穿插机智生动的话语,无法调节教学节奏,轻松课堂氛围。那么,在教学进程中如何才能改变教学语言干瘪枯燥、机械生硬的现状呢?

困惑2:老师的教学语言过于追求辞藻华丽,不能很好地起到引导、提示、总结的作用。

与困惑1相反,另外一种常见问题则是:有的老师过分地、一味地追求教学语言的华丽优美。尤其是青年教师,由于经验不足,会堆砌华而不实的教学语言。过度使用辞藻华丽的语言,不仅不能有效引导学生,反倒以辞害义,导致学生不知所云。如何让教学语言恰到好处,既有情有趣,又有理有力呢?

困惑3:语言不简洁,说话逻辑不清,用语不规范,甚至使用方言、口语化词汇。

有的教师不注意口语表达的简洁、规范、严谨。要么重复拖沓,使学生不能很快清楚老师的意思;要么前言不搭后语,语无伦次,思维混乱,不能自圆其说,学生不知所云;要么用语随意,出现过多的方言、口语化词汇。如何使老师的教学语言言简意赅,逻辑清晰,语言规范得体呢?

(二)典型误例

例1

《小稻秧脱险记》教学片段

……教师为引导学生运用联系上下文的方法理解杂草纷纷"倒了下去",指导学生有感情地朗读句子:完了,我们都……喘不过气来啦。

师：同学们都明白了。我们可以联系课文来理解词语的意思。谁能把杂草的话读一读，让人感到它已经是有气无力了。

生（读）：“完了，我们都喘不过气来啦。”（声音大）

师：如果你的声音再小一点就好了。

生：“完了……我们都……喘不过气来啦。”（学生上气不接下气地读）

师：虽然你喘气有点困难了，可是声音还是太大了。

生：“完了……我们都……喘不过气来啦。”

师：这位同学读得好多了。这就是“有气无力”。经过刚才的朗读，大家应该都理解了杂草纷纷“倒了下去”的意思了吧，就是因为它们喘不过气来，“有气无力”的，所以倒下去了。

……

问题指瑕：在这个教学片段中，教师的教学语言没有很好体现教学内容。教师的本意是通过指导学生正确朗读来理解词语的意思，但是在朗读前他没有向学生表明应该理解哪个词，在指导过程中的关注点是学生朗读的语气语调，不能让学生切实地明白“有气无力”的意思，造成既没有起到指导朗读技巧的作用，也没有达到理解词意的目的。

同时这位老师评价时只关注了一个同学，且点评较为笼统，没有针对性，学生根本无法领会为什么该这样读。

此外，这位老师的教学语言也不太严谨，表述不太清楚，引导学生的语言逻辑不清，无法一步步、有层次地引导学生理解词语的意思。

例2

《再别康桥》教学导入

师：诗歌是语言的精华，总能给人以深刻的印象。有些诗歌如山间清凉的风，拂过读者的心头，清爽明亮；有些诗歌如古城道路上的一抹斜阳，温暖而不炙热；有些诗歌，如寂寥雨巷里带着些许忧愁的姑娘，美好而忧郁；还有些诗歌，如康桥柔波下的一株青荇，如河畔垂着的一行金柳，静谧而柔美。前人写下了一篇篇优秀的文章，经过岁月的淘洗，穿越时间和空间，以文字的形式来到我们面前。今天，就让我们一起走进康桥，徜徉于徐志摩诗的世界。

……（授课内容为引导学生有感情地朗读课文）

问题指瑕:这一导入是很常见的,因此需要特别指出其缺点:看似精美的教学语言湮没了学生的学习目标,过度的教师演绎遮蔽了文本自身的真实语境,过分的情绪宣泄限制了学生的发散思维。

例3

《游褒禅山记》教学片段

师:同学们,你们喜欢旅游吗?

生(齐):喜欢。

师:去年暑假老师去了一次九寨沟,大家都知道九寨沟很美吧。虽然路程远,路不好走,歪来扭去的,我还有点晕车,但是那里风景特别漂亮,也是值得了。那么有同学想来说一下自己的旅游经历和感受吗?

(众生议论纷纷)

生1:我和父母一起去过张家界,风景也很漂亮……

生2:老师我去过……

师:看来同学们去过不少地方啊,是吧。今天我们就一起走进王安石的《游褒禅山记》,共同体会他的游览心得。(教师板书:游褒禅山记)同学们都预习过了,是吧。好的,现在我们就正式进入课文。大家看到第一自然段,嗯,我们还是先一起朗读全文吧,从第一自然段开始。

(生齐读)

师:大家看到第一自然段,然后有哪位同学能给我翻译一下这一段吗?

生3翻译全段。

师:这位同学基本上翻译正确了。然后这段呢,主要介绍了褒禅山的位置以及名字的来历。

……

问题指瑕:在这个教学片段中,教师的教学语言重复啰唆,总是讲与课文内容无关的话,“同学们都预习过了,是吧”“从第一自然段开始”等等。明明同学们都预习了课文,老师还一直重复让大家看到第一自然段。

其次是讲话逻辑混乱。先说九寨沟很美,又说路不好走,明明想表达旅程艰辛后有美丽的风景,但这位老师表达出来的意思更像是抱怨。接着让学生看到第一自然段,后又让学生朗读全文,思维完全是混乱的。

再者,教学语言不规范,不合理。这位老师总是使用"然后""是吧""好的"等口头禅,甚至使用一些"歪来扭去""不好走"等方言类或口语化的词语,降低了语文课堂的语言品质。

二、名师示范

例1

生动活泼的教学语言

——以于永正的《小稻秧脱险记》教学片段为例①

师:读到这里,我想,"气势汹汹""蛮不讲理""一拥而上"大家肯定懂了。谁知道"气势汹汹"是什么意思?

(老师叫了几位举手的同学到前面来)

师:这几位同学都懂了,没有懂的同学请看我们的表演:我当小稻秧,你们几个当杂草。杂草把小稻秧团团围住,你们应该怎么站?

(学生从四面把老师围住。笑声)

师:"你们要干什么?"

生:"快把营养交出来!"(声音低)

师:你们没有读懂。要凶,声音要大,把腰叉起来。

生(叉腰,大声地,凶恶地):"快把营养交出来!"

师:"我刚搬到大田来,正需要营养,怎么可以交给你们呢?"

(学生不知所措)

师:(问全体同学)他们应该干什么?

生:他们应该上前抢营养。

师:对,要抢。营养在地里,快!

("杂草们"一拥而上,抢起了营养。稻秧没精打采地垂下了头。下面的学生哈哈大笑)

师:杂草厉不厉害?凶不凶?(生:厉害,凶)这就是"气势汹汹"。杂草野不野蛮?(生:野蛮)讲不讲理?(生:不讲理)这就叫"蛮不讲理"。杂草让小稻秧

---

①孙薇.点亮我心中的灯——于永正老师的《小稻秧脱险记》[J].新课程研究旬刊,2015(3):54-56.

发言了吗？（生：不让）这就叫“不由分说”。各位“杂草”请回去。（笑声）

……

师：两个同学都明白了，第二个同学表达得更好。词语一定要联系课文来理解。谁能把杂草的话读一读，让人感到它已经是有气无力了？

生：“完了，我们都……喘不过气来啦。”（声音大）

师：你没有完，（学生笑）再喷洒两遍你都不会完。

生：“完了……我们都……喘不过气来啦。”（学生喘着气读）

师：我听到你喘气了，但是声音仍然很大。说话的声音这么大能完吗？（学生笑）

生（小声地）：“完了，我们都……喘不过气来啦。”

师：好，掌声鼓励。（学生鼓掌）这就是“有气无力”，读——（学生读“有气无力”）

名师教学点拨：本节课教学的对象为小学三年级的学生，该阶段的学生对文章的理解有时候是比较模糊的，老师用表演的方式，将无声教学语言和有声教学语言结合，将原本学生需要死记的词条活化，让学生在轻松活跃的氛围中积极主动地深化了对词义乃至对课文的理解。

该课堂教学语言不仅规范，而且生动活泼，处处充满着于老师的童真童趣，时时爆发着学生会心的笑，学生在这样轻松愉悦的课堂中学得自然，学得开心，学得扎实。

例2

互动现情的教学语言

——以窦桂梅的《秋天的怀念》教学片段为例①

师：作为高年级的同学，我相信大家的自学能力。我看到，同学们有很好的读书习惯，刚才拿到课文就迅速地阅读起来。这里有个自测题，请同学们看看，自己读到了哪个阶段？

（课件出示：自测正确—流利—有感情）

生1：我觉得我到了“有感情”阶段。

---

①窦桂梅.《秋天的怀念》教学[J].小学语文教学，2009(1)：13-19.

师：好哇，先坐下可不行。（对着同学们说）他说他读到了"有感情"的阶段，咱就听听，他怎么个"有感情"。听人家读要听音儿，等一会儿我们可要对他进行一番评价的！（对着该同学）好，你想读哪儿就读哪儿！

生1读："邻居们……"

师：想让谁评价？主动权交给你。

生2：他读得……

师（提示）：你对他说话，要用"你"——

生2：你读得很好，不过你读得太短了，不能表现出你读得有感情，你应该读得长一点儿。（众笑）

生1：我是因为激动。

师：也就是说，你读得太短，人家没感觉，你自己激动，人家还没感觉到。你愿意继续读下去呢，还是让别人读下去呢？主动权给你。

生1（继续读下去）："看着看着……"

师：请你转过去，你看，评价你的那个同学又举手了。

生2：没错，你读得很有感情，但你有添字、减字的现象，刚才你读的……

师：根据你平时对他的了解，你认为他是激动呢，还是真的没读好？

生2：凭着我对他的了解，我想他是太激动了。（生1频频点头）

师：读正确是对作者的尊重，也是对你的朗读的精益求精。对于他读的感情如何，你也可以评价一下。

生2：我觉得你把对母亲思念的感情读出来了，我想你以后可以读得更好。

师：既然你说他"可以读得更好"，说明还有余地呀，加个"更"字。（众笑）你还有什么别的见解？同桌要说话了。好，你说！

生3：我也觉得你读得有感情，但是你有的地方并没有把他的脾气、他的暴怒无常读出来，像"望着望着天上北归的雁阵，我会突然把面前的玻璃砸碎"。他就是——（很平淡的语气读），没有读出暴怒的脾气。这就是不好的地方。（该生"暴怒"地读了起来，众鼓掌）

师：怎么样？人家对你的评价，你怎么看？

生1：我觉得你说得很正确。谢谢！

师：你对他的态度满意吗？

生3：满意。

师：给他们掌声！（学生鼓掌）给他们掌声的原因，是因为他们能发表自己的看法，这是难能可贵的！尤其是同学们对课文中出现的儿话音较多的两句读得很准。我们再读读。（读“咱娘儿俩在一块儿，好好儿活，好好儿活”“我俩在一块儿，要好好儿活”——强化朗读，为后文作铺垫）

师：你们刚才给我的启发怎么那么大呀！一下子让我觉得，平常说的这个“有感情”，怎么这么模糊！他有感情的读，是这样的，可那位同学的朗读却是那样的。

生：有人声音细，有人声音粗，有人性格深沉，有人性格外向。

……

名师教学点拨：该课例中，教学语言不仅存在于师生之间，还表现在生生之间。正是多元的师生互动，体现了交流的平等性和对学生的尊重。比如提醒学生把“他”变成“你”，学生第一次体验了“面对面”的评价，很真诚，很兴奋，拉近了生生间的距离。

该片段中窦桂梅老师很好地诠释了教学评价语的多样性，细心呵护学生互动的积极性，注重适时鼓励学生。学生间的评价喜欢挑刺，窦老师巧妙地引导学生全面客观地评价，既激励学生，又让学生看到自己的不足，让评价双方都有“面子”。

例3

充满语文味儿的教学语言
——以吴泓的《再别康桥》[①]教学为例

导入设计了这样一段话：“1920年，24岁的徐志摩来到康桥，度过了他一生中最美好的青春岁月。在康桥，他与秀外慧中的一代才女林徽因的美丽爱情，萌发了诗人的汩汩诗情；在康桥，他陶醉于如诗如画的美景中，正是那粼粼水波开启了诗人的性灵；在康桥，他接受了‘爱、自由和美’的个性主义熏陶，正是那‘爱、自由和美’的康桥理想给了他人生的追求……”

① 刘永康.语文教育学[M].北京：高等教育出版社，2005：128.

在讲第一节时，他轻而缓地讲授。

结尾时，他又用深沉而缓慢的语调说："……然而可惜的是，满腹才华的徐志摩，一个灿烂的年轻生命，最终只是像一颗流星划过了诗歌的天空，化作了西天的云彩……的确，他就悄悄地来，又这么悄悄地走了。虽然他没有带走人家的一片云彩，但他将传世的《再别康桥》留给了诗坛，也把永远的思念留给了我们……"

名师教学点拨：语文教学语言除了具备一般教学语言所拥有的简洁、清晰特点外，它也是灵活多变、具有审美性的。教师在课堂教学中围绕教学目标，既可以义正词严，又可寓庄于谐；既可声震寰宇，又可轻言细语；既可直抒胸臆，又可委婉含蓄。

该课例中，吴泓老师刚开始连用三个"在康桥……"的短语构成一个排比句，突出了语气的强调与明快。讲课过程中吴老师转变语速，用缓慢的语言来讲授第一节。结尾吴老师采用诗化的语言，将自己的感情表现得淋漓尽致。张弛有度的语言把学生带进了诗歌的情境中，让学生在这首诗歌中去体验和感受。

例4

幽默风趣的教学语言

——以李镇西的《荷塘月色》①教学片段为例

师：今天我们要学的《荷塘月色》，就值得我们好好揣摩品味。而揣摩品味的第一步就是朗读，那种"把自己放进去"的朗读。好，现在请同学们自己朗读一遍课文。注意，在朗读《荷塘月色》的时候，你就是朱自清！

学生开始各自朗读，读了一遍后，老师抽学生单独读。

师：请你从第一段读起。希望你能通过朗读，让我和其他同学能看到你对课文的初步理解。

生：这几天心里，颇不宁静。今天晚上，哦不，是今晚上，在院子里坐着，乘凉，突然想起……（他读得结结巴巴，掉字换字不少，而且读得很快）

师：同学们，他读得怎么样？

①高考学习网.2012 高一语文人教李镇西的《荷塘月色》课堂实录[EB/OL].http://www.gkxx.com/resource-294484.html,2012-02-20.

大家摇头。

师(问胡迪):你具体说说。

胡迪:他读得太快了,而且还读错了一些地方。

师:嗯,对。是读得太快了。给人的感觉是,朱自清不是在散步,而是在跑步。

学生们哄然大笑。

师(对胡迪说):你觉得该怎么读,给同学们示范一下,好吗?

胡迪读。

师:吐字清晰,很有感情。不过,还是有点儿“小跑”的味道。这篇文章的话语方式是自言自语。因此,同学们在读的时候,要把这种语气读出来。怎么才能读出这种语气呢?关键是把自己当作朱自清,进入他的内心,把文章的语言变成自己的心声自然而然地流露出来。下面我给大家示范一下。

师读:(一边读一边停下来讲解)“忽然想起日日走过的荷塘,在这满月的光里,总该另有一番样子吧。”这一句,是朱自清的想象,应该读得缓慢些,读出一种向往的味道。又如,“妻在屋里拍着闰儿,迷迷糊糊地哼着眠歌。”这是多么静谧的情景,“迷迷糊糊”一定要读得低沉、缓慢,读得“迷迷糊糊”。

师:下面,同学们再自己读一遍。按刚才李老师说的,把自己当作朱自清,读出韵味。

同学们又开始各自朗读了。老师在巡视中发现,这一次,大多数学生已经没有了那种大声“读”的情况,而是在体味中窃窃私语般地“流”出文章的句子。看他们的神态,就知道他们已经开始走进朱自清了。

学生自读完了,老师又抽学生起来读。这一次学生读的效果大有进步。特别是易维佳同学,当“曲曲折折的荷塘上面,弥望的是田田的叶子”一段从她口中“流”出来时,大家都感到了正置身于清华园的荷塘月色之中。

当然,也有个别学生读得不太让人满意。谢肇文读“月光如流水一般”一段,不但语调缺乏变化,而且太小声。所以他刚坐下,老师就开了一个玩笑:“谢肇文同学读这一段,仿佛是‘迷迷糊糊地哼着眠歌’。”在同学们善意的笑声中,谢肇文也不好意思地笑了。

接下来,一个同学读最后三段。读到《采莲赋》时,“鹢首徐回”的“鹢”能读对，但“纤腰束素”的“纤”却读成了“qiān”。于是，老师把这个字写在黑板上，一一抽学生起来读，结果竟然有相当多的学生读错。

师：究竟这个字的正确读音是什么？

生：这是个多音字，在这儿应该读“xiān”。

师：完全正确！可是，像“鷁”这么生僻的字，都有同学能读对，但“纤”这样的常见字却读错了！看来，同学们一定要警惕那些似是而非的字，千万不要自以为是呀！

名师教学点拨：幽默作为一种能力和艺术手法，是人类智慧火花的闪现，它通过语言、表情、动作等方式表现出来，能起到愉悦身心、启迪心智的作用。利用学生喜爱的语言风格可以将机械的课堂教学变得更有趣味。

该课例中，教师坚持在教学活动中以学生为主体，以教师为主导，充分调动了学生的积极性，能抓住时机，制造幽默的言语或体语，活跃课堂，使教学气氛融洽，学生与教师达到了情感的共鸣。教师视学生为一个个活泼的生命体，尊重学生，平等对话，探究气氛浓郁，学生个性获得发展，潜能得到开发。

对学生而言，在轻松愉悦的教学气氛里，他们能够更开心地体验文章的奥妙，并避免尴尬现象。

例5

丝丝入扣的教学语言
——以宁鸿彬的《皇帝的新装》[①]教学片段为例

师：大家从现象到本质阐明了自己的观点，这很好。刚才大家的发言绝大部分是对的，个别有点儿毛病的也纠正了。通过这个练习，我们对课文中的主要人物——皇帝有了一定的认识，下面我们再来研究一下这个故事的情节。谁能用一个字概括这篇童话的故事情节？或者说这个故事是围绕哪一个字展开的？给大家一分钟的准备时间。

生翻书、思考。

生1：我认为用“蠢”字来概括。因为皇帝和那些大臣的言谈举止都特别蠢。

① 宁鸿彬.《皇帝的新装》教学实录(上、下)[J].中学语文教学，1997(5)：22-26.

生2:我认为用“骗”字来概括。就是骗子的骗,因为开始是骗子骗皇帝,后来发展到皇帝、大臣、老百姓自己骗自己。

生3:我认为用“伪”字,就是虚伪的伪。因为皇帝、大臣和老百姓谁也不愿让别人知道自己什么也看不见。他们宁愿欺骗别人、欺骗自己,也不愿讲真话,所有的一切都是虚伪的。

生4:我认为用“假”字。因为根本没有什么美丽的布料、美丽的花纹,而且骗子、皇帝、大臣、骑士和老百姓全都说了假话,所以我用“假”字概括。

生5:我认为用“傻”字。那两个骗子的骗术很容易识破,而皇帝等人却信以为真。骗子在给皇帝穿衣服时,其实什么也没穿,皇帝却说特别合身。大臣、骑士以及老百姓对皇帝所谓的衣服也大加赞扬。其实穿没穿衣服,只要用手挠一挠不就知道了吗?这个皇帝太傻了!

生6:我认为应该用“装”字来概括。这个故事从始至终是围绕着那一套新装展开的,如果没有了新装,就没有了这个故事。

生7:我认为不应该是“新装”的“装”,而应该是“新装”的“新”。因为那个皇帝喜欢穿新装,关键是那个“新”字。那两个骗子胡说的那些特性,是指新织的布和用它做出的新装。大臣们称赞的,也是那新织的布和新缝制的衣服。

生8:我也用一个“心”字来概括,不过不是新装的“新”,而是心脏的“心”。我认为骗子骗人是居心不良,大臣、骑士们说假话是心怀鬼胎,皇帝不说真话也是心里有鬼。因此,我认为这个故事是围绕一个“心”字展开的。

师:大家发表了不同的见解。你们分别用蠢、骗、伪、假、傻、装、新、心八个字概括这篇课文。那么,这八个字哪个是正确的呢?

生纷纷举手要求发言。

师:很好!大家的积极性很高。不过,如果请你们现在就发表意见,恐怕仍是各抒己见,一时很难统一。那么,怎样才能比较迅速地把正确答案筛选出来呢?下面我就教给你们几种办法。

生活跃。

师:首先,大家使用“排除法”,把不切题的答案排除掉。我们先回忆一下,刚才我是怎么提出问题的。刚才我说的是:谁能用一个字概括这篇童话

的故事情节？（“故事情节”四字语气加重）

生9：既然题目的要求是用一个字概括故事情节，那么“蠢”“伪”“假”“傻”这四个字是不对的，因为这四个字说的是皇帝这个人物，是不切题的。

众生纷纷点头，表示赞同。

师：完全正确。咱们就把这四个字排除掉。现在还剩下“骗、装、新、心”四个字，咱们使用“检验法”进一步解决。什么是“检验法”呢？就是把这四个字，一个一个地试用，进行检验，能够适合于文中所有人物的就留下，不能适合于文中所有人物的就去掉。

生10：“新”“装”这两个字都不能单独用在课文中所有人物身上。因为单独用就说不清是什么意思啦。所以，这两个字是经不住检验的，应该去掉。

生11：“骗”和“心”这两个字都可以。我试了一下，这两个字用在哪个人物身上都说得通。

师：现在还剩下两个字了，咱们使用“比较法”来解决，那么怎样比较呢？就是将这两个字分别用于每个人物，比比看，看哪个字更准确，哪个字更能表现出这个故事的特点。

生12：我认为“心”字不如“骗”字好。在这个故事中，所有的人物都和“骗”字有关系，有骗人的，有被骗的，还有不被骗的。总之，一个“骗”字说出了这篇课文的特色。

生13：我也认为“心”字不如“骗”字。“心”指的是心理活动，就是思想。这个故事中的人物都有自己的思想。这样一想，用“心”字概括很好。可是再一想，哪一篇课文中的人物都是有思想的。这样一来，这个“心”字，用它概括这篇课文可以，用它概括别的课文也可以。所以，用“心”字概括这一课，不能说出这一课的特色。

师：还有不同意见吗？（众生摇头）

师：大家的看法是对的，本文是围绕一个“骗”字展开的。（板书：骗）请大家回忆一下，开始你们提出了八个字，我们为什么能够在这样短的时间里就统一了认识呢？这是因为我们采用了恰当的筛选方法，这就是排除法、检验法和比较法。希望大家记住这三种方法，并在今后学习运用。

名师教学点拨:在这个教学片段中,宁鸿彬老师主要带领学生提取“骗”字来概括故事情节。师生之间的对话思维逻辑十分清晰,结构严谨,论证严密。以问题入手引发学生探究思考,对学生的回答没有给出直接的评判,而是引导学生深入思索得出答案,层层剖析,十分具有启发性;对学生的回应也很敏捷、深刻,每一句回应都言之有理、言之有据,必要时给学生举例子,便于学生理解。

学生通过听老师理性的分析和自身思维的碰撞,不仅学到知识,受到思维训练,还被教师严谨治学的态度所熏陶和感染,学会冷静、独立地去思考问题。这便是理性严谨的语言的魅力。

例6

个性十足的教学语言

——以余映潮的《假如生活欺骗了你》教学片段[①]为例

师:咱们开始上课了。不用起立了,就这样坐吧。咱们来一次礼貌的行动,同学们好!

生:老师好!

师:看大屏幕,咱们今天学习的是诗人普希金的《假如生活欺骗了你》,首先进入诗歌学习的序曲。出现字幕之后,同学们一起读起来。开始了,“他是……”读。

生读。

师:初步了解了作品,咱们开始课文的学习,首先进入课文学习的第一乐章。在进入课文学习之前呢,我想向大家念几个语言的片段。这些是现在的成人(长大了的人)在他们童年的时候或者少年的时候学习《假如生活欺骗了你》的感受,是现在回忆起来的感受。有个人这么说:“十四岁那年,我读到了《假如生活欺骗了你》,第一次读这首诗的时候我就知道,我不会忘了这首诗,它将成为我生活的一部分。”另一位说:“我十七岁的时候最喜欢的普希金的诗句是‘假如生活欺骗了你,不要悲伤,不要心急’。”还有一位说:“这一首诗已陪我度过许多难过的时刻,我喜欢这首诗。”还有人说:“这是第一首吸引我

①余映潮.《假如生活欺骗了你》课堂实录[J].新语文学习(中学教师),2005(4):45-49.

的诗，初中时候我读到它，很感动。”那么，咱们今天来学习这首诗，看看咱们青年、咱们少年学习这首诗会有什么感受。先把诗歌读起来。

生：“假如生活欺骗了你……”（自由诵读）

师：注意两个字，“吟诵”，不是念书，再读一下，开始吧！

生读。

师：这一次呢，有点儿吟诵的味儿了。我想这首诗还有另外一种读法。

这一首诗是诗人给邻居的一个小女孩的题词，是诗人在流放期间最艰苦的环境下给邻居的小孩子写的几句话。那么这首诗可以用说话的方式读，因为它是说理的，它就是在说话。当你要劝慰别人的时候，你就得用说话的方式来表达。比如说：“假如生活欺骗了你，不要悲伤，不要心急。”大家试一下，用说话的方式，讲给对方听一下。开始吧。

生试着读。

师：真好。你看，“一切都是瞬息，一切都将过去”。下面我们再来尝试另外一种读法。当我们遇到困难的时候，当我们遇到挫折的时候，当我们觉得自己的双肩已经扛不了生活的重担的时候，我们往往会握紧拳头鼓励自己，这个时候有一种内心的独白，悄悄地鼓励自己。这种内心独白的方法用于诗歌朗诵，适合自己听，鼓励自己，勉励自己。“假如生活欺骗了你，不要悲伤，不要心急”。试一下，这种“沙沙”的读书声一定会使我们的心情激动。试一下。

……

名师教学点拨：余映潮老师的教学语言具有诗意、文采和音韵美，闪现出独特的语言风格，使他的教学内容娓娓道来，生动有趣。

另外余老师还善于把自己变成一个“情感”的载体，善于应接学生的答语，对学生发言的点评各有角度并且十分深刻，以此来叩击学生的心弦，激起他们情感的浪花。余老师在课堂上总是兴奋而亲切，充满了鼓舞和期待，使浓郁的情感流进学生的心田，让他们轻松快乐地度过一节有趣的语文课。

三、名师支招

(一)亮真情,亮灵性——言之有情,情理交融;言之有物,生动形象

孙双金说:“我的口袋里总是揣满了‘高帽子’走进课堂。因为我知道赏识能使人愉悦,赏识能使人快活,赏识能激发人的潜能,赏识能使人心智开启,灵感涌动。”①

教师讲课要眼观六路、耳听八方,随时注意课堂反映,从教室里的每一个表情、每一种眼神中敏锐地洞察学生思想的起伏变化,灵活机敏地运用和调整自己的语言。教师在使用教学语言时要保持清醒的头脑,善于控制自己的语言,能根据反馈得来的信息及时自觉地调整教学语言的内容、速度和节奏。教学语言的丰富与合理往往能给课堂增彩,提高课堂效率。

孙双金说:“如果说大榕树是鸟的天堂的话,那我们应该让课堂成为学生精神的天堂。学生在课堂上是自由的、充实的、快乐的、美好的、幸福的。”②

形象性是语文教学语言的特性,这是由语文教学语言的文学性决定的,这就要求由教学语言构建的语文课堂不是一潭死水,而是学生精神的天堂。注重语言形象化可以借助形象的语言绘声绘色地再现抽象概念、用视觉语言(表演、绘画、图片等)强化听觉语言的方式。要使教学语言更形象化,要求教师牢牢抓住课文中形象的词语,重锤猛敲,剖析琢磨;形象化的教学语言既要出于课本,又要广于、细于、新于教材语言,以增加画面的能见性、清晰度;挖掘关键词语的形象内涵。

(二)亮内涵,亮趣味——言之有德,文质兼美;言之有趣,妙趣横生

李镇西说:“缺少了诗意和美感的涌动,孩子就不可能得到充分的智力发展。”③

语文教学是一个充满情感的教学,教师、作品和学生无不具有丰富的情

①江西教育.名师课堂管理的经典细节(三)[J].江西教育,2012(4):25.

②孙双金.让课堂成为师生精神的天堂[J].新课程学习(上),2011(8):2-3.

③李镇西.教有所思:李镇西随笔选[M].上海:华东师范大学出版社,2003:57

感。语文教师应有关心学生、热爱知识、认真负责的态度，以亲切热情、生动形象的语言激发学生的情绪，使他们带着强烈的求知情绪学习，在高涨的气氛中开展智力活动，在满足的情绪中解开知识之谜。师生双方不仅在理智上同频共振，同时，在情感上产生强烈共鸣。这样，既融合了师生间的情感，又激发了学生的学习兴趣，使学生始终保持着一种轻松愉快的状态，精力充沛，思维敏捷，潜能得到发挥。

于漪说：“语文教学要妙趣横生。”①

幽默的语言，是教师风趣、智慧的艺术语言的凝聚，具有高雅性、启发性、教育性；是教师在知识深渊和广闻博见的基础上产生的奇妙联想。教师在教学过程中，就地取材的诙谐语言、顺手拈来的名言俗语、不露痕迹的成语典故等都可以达到幽默的效果，活跃课堂气氛，加强师生情感交流，增强教育教学效果。

（三）亮思维，亮风格——言之有理，丝丝入扣；言之得体，赏心悦目

1.教学逻辑严谨，形成自己的逻辑思维方式。

许更生说：“词语绝不仅仅是表达的工具，它首先是思维的工具，思想的工具。词汇丰富，全盘皆活；词汇贫乏，一切皆空。”②

语文虽然是情感性很强的学科，但依然建立在逻辑清晰、理智严谨的基础上，课堂教学更是如此。教师思维的表达只有依靠丰富的词汇，才能使学生完全理解知识。而老师的教学语言严密、流畅，则能更好地表达观点和起到好的示范作用，同时也使学生得到思维训练，拓宽思考问题的角度。当然，教师要有自己独立的思想观和逻辑思维方式，这对培养学生独立思考和逻辑思维的能力有积极意义。

2.联系自身个性气质，形成自己独特的语言风格。

于漪说：“将教学语言的科学性和教育性，用艺术化的优美形式和方法诉诸学生的感官，使之入耳入脑入心灵，既准确、明晰、自信、沉着、雄辩，闪耀着理性的光辉，又风趣、生动、形象、亲切、自然、充满诗情画意，令人赏心

---

①于漪.语文教学谈艺录[M].上海：上海教育出版社，1997：13

②许更生.《桥之美》教学实录[J].语文教学通讯，2005(7)：94-96.

悦目。"[①]

语文教学风格就是语文教师本身，只有具有鲜明风格和独特人格魅力的优秀教师才能在语文教学中弘扬人文精神，尊重学生的个性差异，实现语文教学的个性化和学生语文学习的个性化，而教学风格最终是以言语的形式呈现出来的。归根结底，教师要形成自己独特的语言风格。这就要求教师根据自身个性特点，在教学实践和生活实践中不断积累和发现，主动求新求变，不断探索，形成自己独特的语言风格，展现自身风采。而对于语言的科学性和得体，这就需要老师在平时多注意自己用语的规范，不使用方言和口语化的语言，不断揣摩和精练自己的教学语言。

（杨芳　周清清　彭荟蓉　张满毅　张靖雯）

第三节　如何对学生回答做出灵活多元的回应?

理答就是教师对学生回答问题后的反应和处理，是课堂问答的重要组成部分。理答是一种重要的教学对话，直接影响学生对某个问题的理解和下一步的学习进程，也影响到学生对一堂课甚至是一门课的学习兴趣与态度。

一、教学困惑

（一）困惑描述

困惑1：理答单一化、程序化。

理答是引起、保持和促进学生课堂学习的一种重要手段，有效理答能激发学生学习语文的积极性，调动学生学习的主动性。但是在现实课堂中，教师会经常使用一些例如"很好""不错""你很棒"等习惯性评价语言，这类话语过多的出现让教师的理答成为一种模式；在另一方面，当老师对学生的提问

①王晓伟.语文课堂诗意说[J].河南教育，2005(12)：20.

不满意时，教师会说"不正确""不全面"等结束问题，而没有具体指出学生的问题在哪儿。这两种理答都大大减弱了对课堂的推进作用，没有真正实现师生之间的沟通，没有思维的碰撞，学生的积极性随之降低。我们的理答应如何打破程式化的禁锢，真正实现理答的多样化、个性化，进行有效理答呢？

困惑 2：学生的回答超出课前预设，教师课堂把握能力不足。

在我们的教学过程中，总有这样一个问题：当学生的回答超出教师的教学预设，总会让青年教师手足无措，不知如何正确引导学生思维。这反映出青年教师对课堂中理答的把握能力远远不够，而理答是课堂教学中的重要一环，因此，如何应对学生超出预设的回答，真正掌握理答技巧，把握课堂，是很多青年教师的必修课。

（二）典型误例

《一幅名扬中外的画》教学片段

教师引导学生欣赏了《清明上河图》的图片之后。

师：请学生齐读"三百六十行，哪一行的人都画在上面了"一句，然后结合课文内容，想象一下，张择端的画中可能会有哪些行当呢？

生：农民、船工。

师：不错，还有吗？

生：生意人、道士（道教徒）。

师：非常棒。

生：医生、摊贩。

生：官吏、读书人……

忽然，一学生站起来。

生：我仿佛看见，还有几个强盗在人群里大模大样地走来走去。

顿时，课堂上发出一阵哄堂大笑，学生总是因这些异类回答的出现而哗然，而教师竟一时呆住了，转而微笑着肯定这位男生的答案，继续下一个教程。

问题指瑕：在教学过程中，教师因经验不足使得理答无效，即用简单的、单一的语言笼统地回答学生问题，这样很容易导致两个问题。

(1)简单肯定的回答,流于形式,不能实现师生之间真正的交流,不能激发学生的思维。且频繁地说一些口头语,如“很好”“你真棒”,无法真正调动学生的学习积极性。

(2)学生的回答超出教师课堂预设,教师不能对学生的回答做出正确引导。教师虽然意识到回答的错误,但是一时又找不到更合适的理答办法,只能默认错误的回答,因而错失了一个绝好的教学生成点。

二、名师示范

例1

分总型理答

——以余映潮的《济南的冬天》教学片段为例①

生(齐读):“宝地”“温晴”“奇迹”“有山有水”“慈善”“理想的境界”。

师:这几个词和短语,哪一个最适合概括济南的冬天的特点?请大家沉思默想找答案。开始吧!

生开始看课文,思考问题,找答案。师安静地巡视。共2分45秒。

师:好的。两个人或三个人之间议论,可以互相指出“你不对”,或者互相表扬“你对”。开始吧!

生议论。

师:咱们开始交流。请举手表达你的观点。

生1:我认为应该是“温晴”。

师:下面还应该有话说。(生大笑)

生1:“温晴”最适合概括济南的冬天的特点。

师:对,还应该有话说。(生笑)

师:好的,他的答案属于简单答案。

生2:我认为是“宝地”。(看师)

师:别看我,自己说。

生2:因为济南有温晴的天气,算得上个宝地。

---

①黄亚东,杨晓蓉,余映潮.《济南的冬天》教学实录[J].语文教学通讯,2010(35):59.

师:这就是因为……所以。好,行,继续来。

生3:我认为是“温晴”,因为全篇课文都是围绕着济南天气很温暖——就是“温晴”来写的。

师:好,她说得很概括,她说全篇文章都是围绕着济南的天气很温暖这样一个关键词来写的。

生4:我觉得“奇迹”更适合体现济南的冬天的特点,因为济南的冬天是不刮风的,这里的冬天并不寒冷。

师:嗯,因为没有风,所以这就是济南冬天的特点。好,谢谢你。继续说。已经有几个答案了?宝地,温晴,奇迹。还有没有其他看法?

生5:我认为济南的冬天应该是“慈善”的。因为文中说济南的冬天没有大雪,只有小雪。

师:还有新的意见吗?现在出现了四个答案,没有新的见解了?我们就来分析吧。首先我们来看“奇迹”,大家把文章的第一句话读出来。对于一个在北平住惯的人,读——

生(齐读):“对于一个在北平住惯的人……济南的冬天是没有风声的。”

师:好,那么这个“奇迹”写的是什么内容呢?因为没有风(师生齐说)而是一个奇迹。“奇迹”是指谁呢?指风的吧。那么“奇迹”能不能概括济南冬天的特点呢?可能是不行的。因为它只是说“没有风便是个奇迹”。我们再来看“宝地”,“而能有温晴的天气,济南真得算个宝地”,是“温晴”重要还是“宝地”重要?

生(齐说):温晴。

师:什么道理啊?我们换一句话来说。把“而能”改为“因为”,读——

生(齐读):因为有温晴的天气,济南真得算个宝地。

师:哪个重要啊?

生:温晴。

师:因为它是条件。只有温晴,因为温晴,济南才算是宝地。如果没有温晴了,它即使有山有水,也可能不是宝地。温晴至关重要。因此“宝地”是可以概括济南的特点的,但是“温晴”才是贯穿整个文章的线索。

名师教学点拨:在这个教学片段中,老师对学生的回答先不作点评,而是用激励的方法让学生进行“头脑风暴”,涌现出多种多样的答案,然后再进行总结分析,这种方式有利于学生进行独立深入的思考。

同时,老师在对学生的回答进行分析时,并没有简单地判断对错,而是带着同学们重新走入文本,让同学们自己在文本中寻找答案;再配合着“换一换”的方法,进一步激发学生的思维,真真切切地训练了学生分析文本的能力,从一个理答就达成了训练学生分析能力的目标。

例2

导思型理答
——以张化万的《礼物》教学片段为例[①]

师:同学们,在你收到的礼物中,有没有什么礼物被你好好保存着?

生:我有一个篮球,是奶奶送给我的。

师:你为什么要保存这只篮球?

生:因为我最喜欢打篮球了,每个星期天都打。

师:看来你是个运动健将。那你知道奶奶给你买篮球的钱是怎么来的吗?

生:是奶奶积攒下来的。

师:怎么积攒下来?

生:是她把地里种的菜卖掉积攒下来的。

师:看来这真是一份来之不易的礼物,你是得好好保存它。

生:去年元旦节那天,老师送给我们全班同学每人一张新年贺卡。

师:你为什么要保存这张贺卡?

生:因为这是老师送的,老师在贺卡上写了一句话:新年要有新的进步。

师:这是老师对你的一份祝福和希望,确实值得你珍藏。

师:拥有是快乐的,付出也是美好的。下面我们来聊聊送出的礼物,谁来说说你的故事?(板书:送出)

(点评:从“收到”到“送出”,着意打开另一扇思维之窗。)

---

①张化万.《礼物》作文课堂教学实录[EB/OL].http://www.zzstep.com/1671462-xiaoxue.html,2013-03-29.

生：上一年级的时候，教师节那天，我送给张老师一只“大狗熊”。我把“大狗熊”放在讲台桌上，张老师一进门就问是谁送的，当她知道是我时高兴地说“谢谢你”。

师：为什么要送老师“大狗熊”？

生：别人都送贺卡，我想送个特别点的。

师：你真是个有心人。不过，以后不要买什么东西送老师。如果你觉得要表达对老师的感情的话，自己做一张贺卡就足够了。

（点评：这是必要的引导，否则等于倡导学生向老师送礼。）

生：三八妇女节，我送妈妈一幅图画，图上画了妈妈的脸，还写了一句话：祝妈妈节日快乐！

师：为什么送妈妈画呢？

生：我没有钱买礼物，自己动手画的礼物更能代表我的心意。

师：妈妈高兴吗？说了什么？

生：高兴，她没说什么，只是笑了。

师：也许要说的都饱含在这笑容中了。

生：在我外公七十大寿的时候，我决定送给外公一只豪华的“轮船”。那天，我把这只“轮船”拿出来放到外公面前，对他说：“外公，祝您生日快乐、寿比南山、福如东海！”

师：外公收到礼物时是怎样的？

生：外公捧着“轮船”高兴得合不拢嘴，直夸我是个好孙女。

生：我送给爷爷一台收音机，我爷爷最喜欢听收音机了，天天都听。可是有一天收音机坏了，奶奶叫他去买一台，爷爷舍不得花钱就自己修，但是修不好。我想爷爷没收音机听，一定很闷，于是我就用攒下的零花钱和吃喜酒得来的红包给爷爷买了一台。这下爷爷又能收听节目了。

师：你送给爷爷的不仅仅是一台收音机，更是一份精神上的享受。

名师教学点拨：该教学片段中，老师采用的是“追问”的方式，让学生进一步讲出了自己为什么要送礼物。这样做既训练了学生的口语表达能力和语言组织能力，也能让学生进一步思考自我动机，培养学生深层次思考问题的习惯，所以，“追问”是教师理答中很常见的有效方式之一。

该课例另外一个亮点在于，他将收到礼物的人的深层心理剖析了出来，用情义感动学生，让学生在送礼物的同时也能得到来自他人的爱，有利于雕塑学生的价值观，引导学生正确价值观的形成。所以，教师正面的理答分析对学生的成长也具有重要意义。

例3

针对性理答

——以薛法根的《天鹅的故事》教学片段为例[①]

师：刚才同学们自学了课文中的生字、新词，又通过自己的努力，读通读顺了课文，很了不起！一个故事，一般都有起因、经过、结果。斯杰潘老人给“我”讲的这个关于天鹅的故事，你能不能用两三句话简要地写出来呢？

学生静静地阅读、概括。教师巡视，发现典型。

师：同学们写得很投入！现在谁愿意来读一读自己概括的故事？

生：（教师将学生写的内容投影到大屏幕上）起因，有一天，突然寒潮降临。经过，老天鹅和一群天鹅破冰的事情。结果，斯杰潘老人背着枪走了。

师：（边点评边帮学生修改）你写了三句话，把起因、经过、结果交代得很清楚。老师也有三句话，一是删去“起因”“经过”“结果”这三个词，三句话就连贯了。二是“寒潮”与“突然”调换一下位置，删去“的事情”。三是故事还没结果，老人走了，天鹅呢？不见了！（生笑）再听听别人的看法，把结果改一改，好吗？

生：寒潮突然降临，湖面被冻住了。一只老天鹅用自己的胸脯和翅膀敲打湖面，使湖面破裂。最终，他们成功了。

师：这是结了冰的湖面，改成“敲打冰面、冰面破裂”更恰当些，你赞成吗？（生点头）

生：老师，我觉得“敲打冰面”不恰当，天鹅是用身体扑打冰面的。

师：你比老师用词更准确！改！

生：老师，天鹅是一次又一次用身体扑打冰面的。

师：多重要啊！加！

---

①李健.教得实，才能学得真——观评薛法根《天鹅的故事》课堂教学[J].小学语文教学，2010(12)：17-18.

生:不是一只天鹅扑打冰面的,有很多只天鹅一起扑打的。

师:多好的建议啊!这句话添在哪儿呢?

生:添在使湖面……使冰面破裂前面。改成,后来,一群天鹅齐心协力来破冰。

师:“齐心协力”用得妙!请你再来读一读这段话。

生:寒潮突然降临,湖面被冻住了。一只老天鹅一次又一次地用自己的胸脯和翅膀扑打冰面,后来一群天鹅齐心协力来破冰。最终,他们成功了。

师:你看,这样一修改,故事就清楚、明白了。谁还想来交流?

生:寒潮突然降临,湖面结了冰,天鹅没有吃的了。一只老天鹅用自己的身体破冰,后来其他天鹅一起破冰找吃的。最后,他们有吃的了。

师:没吃的,找吃的,有吃的。(生笑)这就是起因、经过、结果!“没吃的”才破冰!你抓得准!当然,最好不要老想着用这个“吃的”。(生大笑)现在,老师建议大家把自己概括的内容仔细读一读,改一改,注意,要学会汲取别人的长处,把好词好句“偷过来”!

名师教学点拨:在这段理答对话教学片段中,薛法根老师针对不同学生的回答,分别指出具体的修改意见。理答中教师要避免出现程式化的评价形式,如“你真棒”“你写得真好”等,这样有利于学生发散思维,使他们更加积极主动地参与课堂教学,也营造了班级学术讨论时热烈的氛围。

当学生的回答出现明显错误时,教师运用委婉、商量的语气及时进行否定理答,指出错误点,正确引导学生思路;并积极发现和赞美学生的闪光点,充分肯定每一个学生的回答。

例4

情景活动式理答

——以贾志敏的《快乐的日子》教学片段为例①

生(念):今天,我到附近的一个菜园里去抓蜜蜂。(师插话:小心蜇着)我抓了好一会儿,一只蜜蜂也没抓到。正在我心急的时候,(师插话:“正在”不要随便用,你用了“正在”。后面就要出毛病了)突然,飞来了一只小蜜蜂,我

①贾志敏.贾老师教作文[M].上海:百家出版社,2007:90.

看见(师插话:用不着“正在”,没有什么非常要紧的事嘛。一只蜜蜂也没捉住,不要用“突然飞来”,你面前有好多蜜蜂。应该说,这时候,在我面前出现……)这时候,我面前出现了一只小蜜蜂,我看见后,连忙蹑手蹑脚地走到一棵菜的后面,弯下腰。

师:你要交代这只蜜蜂在哪里,是在飞呢,还是停在哪里?

生:在飞。

师:在飞,那为什么要蹑手蹑脚呢?你应该快步,不应该隐蔽,应该飞快地,猛地,我猛地。

……

师:念不下去了,你再看看。谁再来念?

生(念):《捉知了》知了真多,它们叫得是那么响!“你看,一只知了!”我抬头顺着小伙伴指的方向看……

……

师:能说说我们为什么要保护青蛙吗?

生 d:青蛙是庄稼的保护神。

生 d:青蛙是人类的好朋友。

生 d:青蛙是捉虫能手。

老师把上述三句话重复了一遍,予以肯定。然后请一高一矮的两位同学走到讲台前,一个站在贾老师面前,一个站在贾老师后面。

师:我们三个这样站队好吗?

生:不好。应该按高矮个儿站。矮个儿站前面。(贾老师按同学说的,重新站队)

师:这样站,是吗?那么,刚才 d 同学说的三句话应该怎样排列呢?

生恍然大悟,纷纷举手。

生:应该先说“青蛙是捉虫能手”,再说“青蛙是庄稼的保护神”,最后说“青蛙是人类的好朋友”。因为青蛙是捉虫能手,所以才说它是庄稼的保护神;因为它是庄稼的保护神,所以说它是人类的好朋友。

名师教学点拨:在这个教学片段中,贾志敏老师不直接回答如何正确排列语句,而是通过一个小小的教学活动对学生的回答做出了回应。这种理答方式，使学生对语句排列顺序的知识有了直观形象的理解，同时又促进了师生之间的互动，及时反馈教学信息，增强了课堂教学的时效性。

这种理答方式要根据学生的回答做出智慧灵活的反映，以发挥理答的最大作用；还要求教师对学生可能出现的问题有充分预设，否则无法应对学生在课堂中多种多样的生成性问题。

例5

诊断性理答

——以王崧舟的《圆明园的毁灭》教学片段为例①

师：好，停下笔，让我们再来看一眼圆明园。面对这被英法联军毁灭的圆明园，你想说什么？

生：我想对英法侵略者说，你们真的忍心放这把火吗？你们是一群狼心狗肺的东西，我鄙视你们。鄙视这种遗臭万年的行为。

师：孩子有志气！

生：中国人民永远憎恨你们，憎恨你们那颗无耻的心。

师：要牢记这一笔血债啊。孩子，不能好了伤疤忘了疼。

生：英法联军，我们会永远记住这把大火，我们会以两把大火还给你们的。

众生笑，掌声。

师：我知道这是你内心的两把大火，这必将是化作你振兴中国，使国家富强的力量啊。

生：这把大火毁灭了我们圆明园的雄伟建筑，举世闻名，可见放这把大火的英法联军多么残忍啊。

师：我们不应该仅仅停留在痛恨上，面对这把大火，我们还应该对自己说——

生：中国人一时的懦弱造成我们举世闻名的圆明园的毁灭。

师：从这把大火中，孩子你读出了一点，落后就要挨打。

生：中国人啊，你们怎么会那么懦弱呢，一场大火也不敢救，你们应该对

①郑百苗.高唱生命的同一首歌：特级教师于永正、窦桂梅、王崧舟《圆明园的毁灭》课堂教学片段赏析[J].黑龙江教育(小学文选)，2006(5)：4-7.

猪狗不如的人给点压力啊。

师：孩子，我明白你的意思，我知道你对当时的清政府和当时的军队不满，如果换作是你——一个血性的男儿，一定会挺身而出，有志气啊。

名师教学点拨：诊断性理答是指教师对学生的回答给予肯定或否定的评价，给学生指明方向，明确思路。根据学生回答问题的不同给予"简单肯定—重复肯定—提升肯定"。

在这个教学片段中，王崧舟老师采用了"提升肯定"的理答策略。在前面几个板块的铺垫和渲染的基础上，学生对圆明园的美丽已经有了深刻的体会。因此当这样美得让人心醉的东西被无情毁灭，清政府消极回避、昏庸无能，学生强烈的情感便如黄河之水飞泻而下。而当学生在对话中不由自主地流露出对英法联军的憎恨时，王老师充分肯定孩子的想法后，又将问题提升了一个层面："我们不应该仅仅停留在痛恨上，面对这把大火，我们还应该对自己说——"于是，孩子又一次在对话中明白"落后就要挨打，中国人应该自强自立"。这时文本的内涵进一步得到升华。

例6

追问式理答

——以窦桂梅的《圆明园的毁灭》教学片段为例①

师：面对这样的毁灭，请你选择其中的一个角色，当时你会怎么想？怎么做呢？这样的体验是属于你自己的，请你冷静地琢磨琢磨，选择一种，谈谈看。

抽生回答。

师：你是谁？

生：我是一位普普通通的老百姓，我会想，这么好的建筑物，就在三天之内毁于一旦，实在是太可惜了。如果有可能的话，我会再去好好留恋一下，然后再慢慢地回想以前的壮观。

生：假如时间可以倒流的话，我一定会去那边守卫圆明园。

师：你为什么要那样做？

①郑百苗.高唱生命的同一首歌：特级教师于永正、窦桂梅、王崧舟《圆明园的毁灭》课堂教学片段赏析[J].黑龙江教育(小学文选)，2006(5)：4-7.

生：因为圆明园是我国古代人民的心血，智慧的结晶。

师：这是皇家园林，烧不烧跟我有什么关系。

生：因为它属于祖国。

师：不管怎样的结局，经过岁月的沉淀，它始终是属于人类的。

师：你这位老百姓已经上升到有一份历史责任感和维护民族尊严的层面了。

生：我是一位普普通通的士兵，我会想，你们的罪恶是铁证如山的，我会去学习武功向他们讨回我们的东西。因为他们抢去的东西并不是他们的，是我国人民自己用心血创造出来的。

生：我想当一名百姓。我总结出来一句话，落后就要挨打，中国必须强大。

生：假如我是一名皇帝，我会为自己的平庸感到耻辱，我会默默地努力，找机会把英国和法国在1860年10月6日夺走的东西夺回来。

师：重要的不是去夺回来，而是要懂得中国必须强大。

生：假如我是一名士兵，我会想，为什么火药是我们中国发明的，而它却被帝国主义用来当作轰击我们祖国大门的工具，为什么？为什么？那些侵略者为什么要毁灭圆明园？我要守住这一片废墟，给人们一份沉甸甸的思考。（掌声）

师：沉甸甸的思考，为什么？

生：如果我是一位大臣，如果我有足够的权利，我会调动北洋水师，去保护圆明园。

师：通过同学们刚才说的，我明白了一个道理，我要为今天同学们的回答喝彩。看来像圆明园那样的悲剧再也不会发生了，因为有了你们的存在。

名师教学点拨：“追问”是当学生就某一问题回答后，为了引领学生深入思考，紧接学生的回答而创设一些问题。追问是纵式思考，变感知为理解。

以上的教学片段，窦桂梅老师采用“追问”理答策略。在对话教学中，教师与文本的对话是前提，学生与文本的对话是生生、师生对话的基础。窦老师让学生把自己想象成皇帝、大臣、士兵以及老百姓，站在不同角色的立场上想象一下，面对侵略者的暴行，自己会怎么说，怎么做。在老师的启发下，学生走进角色，成了角色，他们思绪万千，在强烈爱国情感的推动下，他们畅所欲言，纷纷说出了自己的深切感受，在此过程中经历了一次精神的洗礼。师生对话中无处不闪现着窦桂梅老师的教学智慧。

例7

激励性理答创智

——以于永正老师的《圆明园的毁灭》教学片段为例①

师：看了课文的插图，那样好的皇家园林变成残垣断壁，你难道不想说些什么吗？

师（边走边问）：有写诗的吗，咱们班有诗人吗？

师巡视。

师：把自己写的读出来，读出你的情。再读一遍，发现问题自己改。（请坐端正）我们交流一下各自的感受。

生：八国联军真是丧尽天良。我们祖国现在强大起来了，再也不怕你们到我们的国土上胡作非为！

师：我们今天强大起来了，他们再来胡作非为已是不可能了，历史不会重演！

生：圆明园的毁灭不仅仅是对中国及世界文化的一种伤害，也是一种深刻的教训。帝国主义，罢手吧，这是世界每个渴望和平、渴望平等之人的呼唤。我最想对自己说的是：落后就要挨打，朋友们，站起来吧，让我们的祖国更加强大起来吧！（掌声）

师：你说出了所有中国人的心声。小小年纪，说出了所有中国人想说的话。

生：我恨，他们凭什么在中国的领土上烧杀抢掠；我恨，当时的清政府为什么那么无能。团结起来吧，用我们的行动告诉那些狂妄自大的人：今天的中国很强大，明天的中国更强大，让帝国主义在我们面前发抖吧！（掌声）

（每一个发言的孩子都充满激情。）

师：同学们说的话，表达了所有中国人的心声，英法联军可以把圆明园毁灭，但是，圆明园将留在每个中国人的心中……

①郑百苗.高唱生命的同一首歌：特级教师于永正、窦桂梅、王崧舟《圆明园的毁灭》课堂教学片段赏析[J].黑龙江教育（小学文选），2006(5)：4-7.

名师教学点拨：激励性理答是指教师对学生回答问题后的积极反应和处理。它是一种教学行为，也是一种教学评价，更是一种重要的课堂教学对话。教师在进行激励性理答时，首先要融入真情、激情、热情，教师动情，学生才能入情。老师应及时运用语言、表情、眼神等给予学生激励，传达教师对学生的爱。

在教学这个片段时，当学生纷纷表达对圆明园被毁灭后的所思所想时，于老师及时运用激励性理答策略，充分肯定学生的观点，让孩子在尊重中得到激励，获得成长。

三、名师支招

（一）充分预设，从容理答

孙双金说：“上课最高的境界就是循循善诱，用智慧的理答引导学生一步一步跟着老师走。”①

王崧舟说，教师应坚信理答的技术是可以训练的。②

增强理答意识十分重要。备课的时候，要多下一些工夫考虑学生可能会怎样回答你的问题，如果这样回答，你怎么应对？如果那样回答，你怎么应对？如果学生答不到点子上，你又怎么应对。时间长了，理答就成为一种下意识的行为，这样才能在课堂上洒脱自如，凸显理答的智慧。一个智慧理答更该关注的是什么？那就是面对孩子，把他们当作真正有生命的个体。

（二）意料之外，机智理答

苏霍姆林斯基说：“教育的技巧不在于能预见到课堂的所有细节，而在于根据当时的具体情况，巧妙地在学生不知不觉之中做出相应的变动。”③

---

①项阳.智慧理答：精彩课堂的魅力修炼——对六位著名特级教师关于“理答行为”的访谈评析[J].语文教学通讯，2009(Z3)：20-25.

②项阳.智慧理答：精彩课堂的魅力修炼——对六位著名特级教师关于“理答行为”的访谈评析[J].语文教学通讯，2009(Z3)：20-25.

③苏霍姆林斯基.给教师的建议[M].北京：教育科学出版社，1984：67

一、教学困惑

（一）困惑描述

困惑1：语文教学强调知识学习、能力训练，但内容呆板，缺乏生活气息。

长期以来，语文教学一味强调知识的学习，能力的训练，理解文本成为主要目标。教学内容单调乏味，纯粹的知识技能远离现实生活，如讲到古诗就是“托物言志”，讲到小说就是“人物、情节、环境”。语文教学把原本富有生气的文章分解得七零八落，变成了一个个没有生命的零部件。那么如何挖掘语文教学内容中的生活资源，唤起学生的情感体验，让学生不再感到语文是身外之物？

困惑2：语文教学活动固定，课堂沉闷，教学过程缺少学生的生活体验。

语文教学往往是通过认知活动传递和获得书本知识。教学内容中所蕴含的知识、审美、情感方式和道德观念多是由教师自上而下地传授。每篇文章都围绕主题思想、人物性格、写作特点进行分析，导致学生的思维局限于认知，缺少体验、感悟、内省等，语文课堂木讷、沉闷。那么如何通过生活化的教学设计，调动学生的情感思维和积极性，将生活体验与课堂教学融为一体呢？

（二）典型误例

例1

《陋室铭》教学片段

师：通过疏通文义，大家已经了解了文章内容，那么现在能回答老师之前提出的那个问题了吗？（课件展示问题）我们看，“斯是陋室，惟吾德馨”，作者既承认屋子简陋，又不觉得简陋，原因是什么？

生：是因为作者品德高尚。

师：“苔痕上阶绿，草色入帘青。谈笑有鸿儒，往来无白丁。可以调素琴，阅金经。无丝竹之乱耳，无案牍之劳形”分别写了陋室的哪些特点？表现了作者怎样的品质？

生：写陋室环境清幽，主人交往之雅和主人生活情趣高雅，同时也看出作者较清贫，但作者却苦中作乐，体现出作者的安贫乐道。

师：“南阳诸葛庐，西蜀子云亭。孔子云：‘何陋之有？’”运用类比，引古贤之名，定证“陋室”，意在以古代名贤自比，表明自己亦有古代贤人的志趣和抱负。

师：作者这篇文章的标题是在写物，可真实情况是写物还是写人呢？

生：写人。

师：主要写人的什么？

生：品德高尚。

师：那同学们，作者借陋室来表达自己的志向，这种写法叫什么？

生：托物言志。

师板书：

托物——陋室

言志——表达了作者高洁傲岸的情操和安贫乐道的情趣

师：请大家找出揭示主旨的句子。

生：“斯是陋室，惟吾德馨。”

师：作者以陋室不陋，表达了自己高洁傲岸的节操和安贫乐道的志趣。

问题指瑕：在教学过程中，老师运用简单的文本内容讲解，通过提炼文本信息，灌输知识点，这样很容易导致以下问题。

(1)学生对文本的认识流于表面，仅仅从现实环境中看到作者生活简朴，不能分析作者对宁静质朴的生活的描写其实是本性使然。对于知识点的讲解看似水到渠成，实则僵化无趣。

(2)单一的文本串讲形式，学生局限在字句中机械地思考，没有生活体验和发散思维，难以与自己的生活经验相连，学习难入情景。课堂教学形式的单调，导致学生缺少学习兴趣，课堂气氛沉闷。

例2

《背影》教学片段

师：这节课我们来分析一下《背影》这一篇课文中父亲的形象。有哪位同学能找出朱自清先生笔下描写父亲这一人物的语句？并尝试分析一下。

生1:“我看见他戴着黑布小帽,穿着黑布大马褂,深青布棉袍,蹒跚地走到铁道边,慢慢探身下去,尚不大难。可是他穿过铁道,要爬上那边月台,就不容易了。他用两手攀着上面,两脚再向上缩;他肥胖的身子向左微倾,显出努力的样子。”这一段是在描写父亲努力地跑到月台上为儿子去买橘子,体现了浓浓的父爱,表现了一个爱自己孩子的父亲形象。

师:很好,这位同学的分析很到位,这的确是一个爱孩子的父亲。

生2:他再三嘱咐茶房,甚是仔细。但他终于不放心,怕茶房不妥帖。临行的儿子不管年纪有多大,在父亲的眼中都只是孩子。也许孩子觉得无所谓,但是对于父亲而言,孩子是最甜蜜的负担。

师:很好,同学们分析得很到位。父亲的爱就是这般深沉而伟大。同学们找得很好。接下来,请同学们寻找描写父亲具体动作的语句,并体会其中的具体含义和情感。

……

问题指瑕:该课例中,老师仅仅通过文本内容的复述,向学生讲述抽象的父爱是什么样子的,学生难以体会父爱的深沉与伟大。感情本来就属于比较抽象的概念,因此老师可以结合平日里学生的父母是如何对待他们的,然后让他们有了自己切身的感受与体会,才能让他们更好地理解作者父亲的那份爱。

二、名师示范

例1

教学中文章语言、人物情感的生活化探讨

——以董旭午的《老王》教学片段为例①

师:我再问大家一个问题,老王什么时候去世的?

生(齐声):在作者家回去的第二天!

师:去世前一天他到作者家干什么去了?

①徐莹莹.坚守心底的“生活化语文”——董旭午老师《老王》教读课例研究[J].现代语文(教学研究版),2012(11):20-21.

生(齐声):送鸡蛋和香油!

师:他当时都怎样啦?请同学们读读那一段。

生齐读那一段。

师:这一段中哪个词、哪个句子给你的印象最深?

生1:“镶嵌”“他简直像棺材里倒出来的,就像我想像里的僵尸,骷髅上绷着一层枯黄的干皮,打上一棍就会散成一堆白骨”。

师(微笑):那再请你说说理由。

生1:“镶嵌”这个词显得很僵硬,没有活力。这个句子嘛,表现老王的身体已经极度虚弱了。

师(自语):身体都这样了,该在家好好待着,可老王却不肯,还要到作者家去送东西。孩子们想一想,老王是否会预感到自己快到大限了?

生(小声嘀咕):可能吧。

师:是呀,病得都快不行了,老王还巴心巴肝想着作者一家,关心他们的生活,把自己仅存的那点儿好东西送去。杨绛一家能得到这样一颗真诚关爱他们的心,能说不幸运吗?请孩子们注意这几句话——“我谢了他的好香油,谢了他的大鸡蛋,然后转身进屋去”。句子中的“好”和“大”可否删掉?为什么?

生(齐声):不能删掉。

生2:“好”字强调香油好,“大”字强调鸡蛋大,突出老王总是关心别人,不考虑自己。(板书:关心别人)

生3:我认为,还指作者很喜欢这鸡蛋和香油,很感激老王。

生4:我认为这两种情况都存在。老王把自己家最好的东西都送给了作者,作者也觉得很温暖,很感激。

师:是的。老王家的鸡蛋全是双蛋黄啊,老王家的香油咋就那么香呢,这分明是对老王的赞美和感恩嘛。鸡蛋也许不那么大,香油也许不那么香,但老王的心是真诚的、香甜的,令人一辈子感动,于是,在作者的眼里这鸡蛋就显得更大,香油也最香。也就是说,老王完全把杨绛当作亲人一样来看待了,对杨绛一家是实心实意地关爱,就像自己亲人一样。我小时候过生日那天早上,妈妈会悄悄地塞给我一个鸡蛋,说:“今天是你的生日,你悄悄地吃掉,不要让其他人看到。”那时候这个物品是相当珍贵的。老王把他仅有的一点最珍贵的东西送给了他心中最亲近的人，所以说，老王对作者一家是真心实意的关爱，相对于老王来说，作者是幸运的。孩子们，你们也都有这样的体验吧：心里喜爱某个东西，怎么看都很出色，都比其他的要好。

生（齐声高声）：有！

名师教学点拨：董旭午老师两次应邀到徐州执教《老王》，分别在初中和高中进行。这两节课有一个显著的共性，即都充分体现了董老师的“生活化语文”的教学追求。以上教学片段中的生活化教学主要体现在以下两方面。

（1）咀嚼课文语言生活化。董老师在分析“大”和“好”两个字的妙处时，并非仅仅局限于文本本身，而是由文本语言引发学生生活感悟。他风趣地说“老王家的鸡蛋全是双蛋黄啊，老王家的香油咋就那么香呢”，这分明是对老王的赞美和感恩嘛。虽然只是风趣的几句话，但是道出了作者使用这两个字的妙处，若将两个字删去，表达效果就会发生变化，作者这种赞美和感恩之情就荡然无存了。这样一比较，学生就品出了文字的冷暖，读出了作者的情感，学会了一种选择词语的方法。

（2）品读人物情感生活化。课文中人物的情感通过语言文字抒发，但归根到底是来自生活，在课堂教学的过程中，需要把作者的生活、读者的生活联系文本的生活环境，才能更好地把握人物的情感。董老师为了能让学生更好地理解老王把作者一家人当作亲人来看待的这样一种情感，举出了自己小时候过生日妈妈会悄悄给他吃鸡蛋的例子。通过讲述自己的生活经历，无疑会使学生能够相对容易地走进文本生活和作者生活，深刻地理解老王对待杨绛一家人的真心实意，同时也认识到老王的善良、朴实和厚道。

例2

角色扮演，将文本对话引入生活场景

——以李吉林的《春晓》教学片段为例①

师：现在请小朋友做诗人，一边表演，一边把你写的诗朗诵给大家听。

生：（做睡眠状，半夜听到风雨声、鸟叫声，醒来揉眼）春眠不觉晓，处处闻

①戴延勇，李勇.从李吉林老师课例谈语文教学方式的生活化[J].小学语文教学，2013(29)：50-51.

啼鸟。(走到窗前看看,回想起来了)夜来风雨声,花落知多少。

师:现在大家学会了诗歌,放学回家后背给奶奶听,奶奶听不懂,你就讲给奶奶听,好吗?

学生同桌分角色准备、试练。

师:现在老师做“奶奶”。

生:奶奶,今天我们学了一首诗,题目是“春晓”。

奶:你会背吗? 背给我听。

生背全诗。

奶:什么意思,奶奶听不懂。什么不觉“小”,不觉“大”的?

生:奶奶,这首诗是说春天早晨很好睡觉,不知不觉已经天亮了。这个“晓”不是大小的“小”,是日字旁的“晓”,是说天亮了。

奶:又怎么闻到啼鸟?

生:“闻”是听到,是门字框,底下是一个“耳”,意思是春天早晨到处听到鸟叫。

名师教学点拨:《义务教育语文课程标准(2011年版)》强调:“语文课程是学生学习运用祖国语言文字的课程,学习资源和实践机会无处不在,无时不有。”陶行知先生也指出:“生活即教育。”生活处处是语文,生活时时是语文。要做到这一点,就要求教师指导学生关注生活,有意识地让学生把生活“语文化”,让生活的源水不断地滋润着学生的心田,丰富语文课堂资源,真正做到生活即语文,语文即生活。

李吉林老师采用角色扮演的方式,让学生在“家庭生活”中通过与“奶奶”的对话来对《春晓》这首诗进行讲解与分析,让学生无时无刻不接触语文,学习语文,这样留下的印象也更加深刻。追溯到平时我们学习语文,比如从与父母的交流到看产品的使用说明书,从看电视到帮助家长做家务,无一不是语文听说读写能力的运用。

例3

由日常活动引入，探究文本奥秘
——以曾凡雄的《死海不死》教学设计为例①

一、导入新课，激发兴趣

师：大家喜欢游泳吗？喜欢的同学是因为你总能浮在水面，自由自在地游来游去，不喜欢的同学是因为你一下去就沉到河里去了，你说，那哪敢游泳啊。今天我告诉大家一个游泳的神奇地方，人在水里能和在陆地上一样，可以蹲着、站着，可以盘腿而坐，也可以迈开八字步状如鸭行，更有趣的是在水中还能跑步，玩累了，把两手一伸在水面上仰天一躺，像一叶扁舟顺流漂荡，宛如睡在凉席上，实在舒服。你们想了解这个神奇的地方吗？今天我们就来学习这篇科学小品——《死海不死》。

二、整体感知，厘清思路

1.速读全文，说文章大意。

请同学们速读全文，然后复述全文。

明确：在亚洲西部巴勒斯坦和约旦交界处，有一个“死海”，死海中没有鱼虾、水草，海边也寸草不生，可是人到海里却不会被淹没，这是由于死海的含盐量高、咸度高。死海地处约旦和巴勒斯坦之间南北走向的大裂谷的中段，它的源头主要是约旦河。河水中含有很多盐类，再加之河水不断蒸发，盐类沉淀下来，最终形成了这个咸水湖。过去的死海是荒凉的，现在开发利用后的死海有了许多生气，但是由于蒸发量大于输入量，死海将来可能干涸。

……

名师教学点拨：教育专家崔峦指出，要改变教学内容单薄、教学形式单一、教学过程凝固、教学方法僵化的状况，课堂就要向自然、向社会、向现实生活开放。对于一些相对抽象的课堂内容，教师要善用一些方式，让教学内容更贴近生活，便于学生理解。

曾凡雄老师通过课堂提问的方式，让学生回忆游泳时的身体形态，引导学生思维穿梭，将说明文学习同学生的日常生活联系起来。“你们想了解这

①曾凡雄．死海不死［EB/OL］．http://www.teachercn.com/zxyw/Html/ZHYSJA/1753NJNavdxB1115120342.Html，2004-09-25.

个神奇的地方吗?”学生将生活中的具体情境与文本内容相结合,激发了学生想进一步探寻个中缘由的欲望。这样下来,就比单纯的讲解和强调更为生动形象了。

例4

运用生活“活教材”,让教学氛围生活化
——以程少堂的《荷花淀》教学片段为例①

师:我们再看,这篇小说写了很多人,写了很多人际关系。那么,写了哪些人际关系呢?这个问题很简单,我来说。写了父子关系。水生回来说:“爹哩?”女人说:“睡了。”写了父子关系吧,写了夫妻关系吧,还写了那些女人之间的关系吧,也写了男人和男人即战士和战士之间的关系,对不对?也写了那些战士和他们妻子之间的关系。但是,我现在要同学们具体地通过品味语言,来说一说这篇小说写人和人之间关系有什么特点。各种人和人之间关系有一个共性,但我们要具体地说。大家先看教材,看对话。

学生翻阅教材。

师:首先我们看一下夫妻之间,水生和他的媳妇之间的关系。大家看第2页。水生和他媳妇之间的对话,特别是他媳妇对水生说的话,非常简洁,但是又情意绵绵。是吧?我们看第2页,“水生笑了一下,女人看出他笑得不像平常,‘怎么了,你?’”这句话很多资料上都有。我把它改一改,有两种改法。一种是把“你”字去掉,改成“怎么了?”另一种是把主语“你”提到前面去,改成“你怎么了?”它们有什么不同?表达的感情有什么不同?

生:少了一种夫妻之间的关怀,还有她对丈夫的一种挂心的感觉。

师:比较焦急,是吧?所以她先把一种状态问出来,然后再问“你”怎么样。如果不要“你”呢——“怎么了?”张晶说挺陌生的,好像不是很亲切。这位同学说生硬了一点,这样说比较温柔,而且比较急切,这个你们自己体会一下。大家在问老师问题的时候,也有两种问法。“老师,请问这个问题,我不大懂。”这是一种问法,是比较好的。还有一种问法是:“这个问题我不大懂,老师。”这也可以,强调的是问题。但是说“这个问题我不大懂”行不行?不大好。

---

①邹玲,程少堂.用另一种眼光读孙犁:从《荷花淀》看中国文化——《荷花淀》教学实录[J].语文建设,2004(5):15-17.

师：再往下看，女人低着头说："你总是很积极的。"这句话，我有两种改法，丈夫要上前线去了，我这么改，女人说(撒娇地)："不嘛，你不要走嘛！"(笑声)这样可不可以？(学生答：不可以)那为什么不可以？那是个什么形象？小女人，不关心国家大事，这是现代概念，过去是不明大义。

师：我再改一改，女人这么说(耍泼地)："行啊！你走，我搬回我妈妈家！"(笑声)可不可以？也不可以呀，耍泼也不行。

师：接下来我们再改一句："女人鼻子有些酸，但她并没有哭。"我把它这么改："女人的泪水直往下淌，她咬了咬牙。"可不可以？(笑声)中国文化有一个特点，就是(学生说：忍！)忍，也是对的。孔子在编《诗经》时说了句话："乐而不淫，哀而不——"(学生齐答："伤")对，还是我们班的同学知道。"乐而不淫"是"富贵不能淫"的"淫"。"乐而不淫，哀而不伤"的意思是：乐而不过度，哀伤的时候也不过度。在这个地方也是一样的，主要是表现觉悟了的中华民族女性的精神状态。

名师教学点拨：程少堂老师抓住文本中人际关系这一点进行充分挖掘，具体通过品味语言，来分析这篇小说人和人之间关系的特点。教学氛围生活化要求学生不仅仅是为学而学，教师要通过课堂教学带领学生走进现实生活这本"活教材"，避免知识学习和生活内容出现脱节。

程老师将课堂文本教学引入现实生活中，通过品味语言的不同改法，发掘不同人际关系的不同特点，感受其中的不同感情，让学生内心真正走进课本。程老师运用学生日常生活最熟悉的话语，激发学生学习兴趣，细细体会情感，最后再引入中国文化的内涵，提高学生文化素养，真正做到了在教学中发现生活，实现教学内容和生活内容融为一体。

例5

实物观察，让作文教学"生活化"
——以杨姗的观察胖大海的作文训练为例①

一、激趣，引导观察

1.(导入)世间万物丰富多彩、美不胜收，而且有着千丝万缕的联系，孩子们只要细心观察，用心思考，就会发现事物的奥秘，享受到观察的乐趣。通过

①杨姗.观察中的发现——作文课教学设计[EB/OL]. http://wenku.baidu.com/link? url=EXLPx1 K2gc PoTFd Nwef LRI-3yra2p 8pc Zk PrK X3yn9b Z-LK5Xfv PliUDNRNK Jsc8nw Dsx5 S8X1X CfpJc TFDxX3x JC-QO HuLb G5cy Gotzq G,2012-03-16.

第二单元的学习和平常的积累，你们知道哪些观察事物的方法呢？

生：我们可以用眼睛看。

师：看什么呢？

生：看形状、颜色、大小。

（小结）其实，孩子们，我们观察一种事物，要发现它的特点，不光要看、摸、闻、尝，还要充分发挥想象，谁最会观察，最会想象，谁就会有了不起的发现。

2.今天老师也给大家带来了一种神奇的种子，请孩子们用上刚才咱们说到的好方法，仔细观察种子的样子。（板书：样子）观察时，孩子们要注意观察的顺序，先要看，看它的形状、颜色、大小，再摸一摸，有什么感觉，最后，闻一闻，有什么气味。

3.学生观察。

4.抽生汇报，指导学生按照顺序说，并且要加上自己丰富的想象。

5.（小结）孩子们刚才不仅观察得认真，而且说得也是丰富多彩。这样的种子以前有没有见过？

生：没有。

师：那老师告诉你们，它的名字叫“胖大海”，听了这个名字，你有什么疑问吗？

生提出疑问。

名师教学点拨：叶圣陶先生说：“生活如泉源，文章犹如溪，泉源丰盈，溪流自然活泼地昼夜不息。”生活化作文教学关注学生的生活体验以及生活体验后如何真诚、自然、准确地表达自己的真情实感，不同的生活，必然给不同个性的学生带来不同的体验，将这独特的体验表达出来，就是原汁原味的生活。

观察是获取知识和积累写作素材的重要途径，杨姗老师通过让学生从形状、颜色、触觉、味觉、用途等多角度进行观察，让他们逐渐对胖大海这一物品有了一种更加直观与立体的印象，从而在写作文时可以更真实、细致地描写出胖大海在自己心中的印象。而且这种观察实物的作文指导课有利于学生形成一种对周围事物的敏锐观察力，一旦学生养成了观察生活的习惯，他们非但不会害怕作文，还会常常产生写作文的冲动。同时杨老师采用小组合作的方式来观察，可以起到培养学生团结协作的能力，也可起到使大家思想融会贯通的作用。

三、名师支招

(一)重视生活与教学的关系

陶行知说：“教育不通过生活是没有用的，需要生活的教育，用生活来教育，为生活需要而办教育，教育与生活是分不开的。”①

因为对一个人来说，生活环境潜移默化的教育作用是很大的，生活中的点点滴滴都对一个人的成长有着至关重要的作用。从生活中学到的东西远比从书本上学到的东西更容易让我们接受。这对学生来说也是一样的，所以作为语文老师，要重视在教学中联系生活的重要性，无论是教学的内容还是形式都可以联系生活，这样的授课方式更容易提高学生学习的积极性，更容易达到很好的知识传授效果。

(二)挖掘教学内容中的生活因素

于漪说：“要变语文自我封闭性为开放性，开发语文教育空间，面向生活，面向社会，面向活泼的中学生，不用机械训练，消磨学生的青春。”②

语文教师要具有一双会开发语文教学资源的慧眼，挖掘生活中的语文素材。要时刻指导学生随时留意自己身边的寻常琐事，对身边的小事，重新审视，利用自己已有的语文知识和生活知识，进行再认识，表达出感悟。

(三)采用灵动的生活化教学设计

1.教读策略生活化。

董旭午说：“教师在课堂教读过程中引导学生深读课文，走进课文生活，

---

①江苏省陶行知研究会，南京晓庄师范学校.陶行知文集[M].南京：江苏教育出版社，2001：977.

②王振华.浅谈语文教学与生活的联系[J].新课程(中学)，2014(14)：125.

与作者和作品主人公进行深度的心灵对话。”①

引领学生充分体验、感受，思考作者何以这样而不那样遣词造句、谋篇布局、运招用技，进而真正理解作者语言文字运用和文章结构布局的妙处，既到位地学好“文”，也用心地学做人。让语文熔铸在生活中，让生活体现在语文中。

2.提炼整理生活化。

董旭午说：“教师要在课堂上引导学生，把自己用生命和心灵体验、感悟到的最初那个毛坯式结论，用简明、准确的语言提炼、加工、整理出来。”②

教师长期坚持将课堂感悟转化为生活化的东西，逐渐自觉地养成习惯，并慢慢培养和提升学生自主独立的精神和人格。当文学类的文本在一次又一次的阅读之中，快速地转化为富有生活气息但又不乏诗意的文稿之时，语文便会变得直观化、形象化、具体化，文学与学生之间，正在不断贴近。

3.思辨训练生活化。

董旭午说：“教师要善于抓住一个个契机，点燃学生的思辨火花，对学生进行思辨训练，以促进学生自主养成思辨习惯。”③

语文教学，并不仅仅止于每一堂语文课，任何一个场所，任何一个时间，都是开展语言教学的最佳阶段。因而教师可以开展由课内到课外、由书本到生活、由学校到社会的语文教学，长期坚持思辨训练，不断提升学生的语文能力和素养，帮助学生形成独立思维能力和自主人格。

4.学文悟写生活化

董旭午说：“课堂教读只有回归生活，才会充满情趣和活力，才会真正唤醒学生对语言的热爱，才会充分调动起他们主动参与的积极性，才会最有效地完成语文教学的本务。”④

在课堂上教师引导学生学懂悟透作者遣词造句、布局谋篇、运招用技的缘由，实现以教师“教读”促学生“学写”，达到学文悟写生活化的理想境界。

---

①董旭午.《老王》“生活化语文”教学设计[J].语文建设，2012(Z1)：42-44.

②董旭午.《老王》“生活化语文”教学设计[J].语文建设，2012(Z1)：42-44.

③董旭午.《老王》“生活化语文”教学设计[J].语文建设，2012(Z1)：42-44.

④马陵中学教研室.记董旭午教授的“生活化语文教学研究”专题讲座[EB/OL].http://www.sqmlzx.net/show.asp? id=2915，2014-10-27.

课堂教读生活化了，学生的语文和人文素养的提升才有可能是有根基的和扎实高效的。董旭午先生指出：“回归语文教学的本真，牢固树立以生活为中心的知识观、教育观和价值观，建构生活化体系，做实真语文教学，让学生自觉地过上一种课内外高度对接、有机融合的真语文学习生活，积极努力地学好文立好人。”

（公丽　周丹　王皓月　思路万·革命　刘田田　刘小倩　杨茉　曾霖　杨柳）

第三章　语言训练困惑

第一节　如何开展“概括段落和文章大意”类语言训练?

概括段落和文章大意、提炼文章主要内容,是重要的语文训练内容。细分来看,段落大意是每一意义段的主要内容,文章大意则是阅读者在分段的基础上,用几句精练的话对文章主要内容的高度概括。所以段落大意是文章大意联系的意义脉络,而文章大意又是对段落大意的综合统领。如何在教学中清晰地引导学生概括段落和文章大意,是阅读教学的重点和难点。

一、教学困惑

(一)困惑描述

困惑1:不知如何分段,没有主动给文章分段的习惯。

每当学生遇到有一定难度的分段,或是分段标准复杂的文章时,便会茫然失措。缺乏主动探究文章分段的意识和习惯,久而久之,学生就会自动忽略对段落大意的概括。这种忽视会导致对文章宏观把握能力的缺失,直接影响文本的理解能力。那么我们该如何有效培养学生主动概括段落大意的习惯呢?

困惑2:把“概括段落大意”扭曲成“复述段落大意”。

概括段落大意对学生的信息提取、整合能力有着较高的要求,但是很多概括段落大意被误解为“复述段落大意”,导致学生在概括段落大意过程中容易抓不住段落重点、分不清主次,该删的不删,“大意”无从概括。所以教师该如何开展扎实的“概括”训练呢?

困惑3:过分关注段落关键词,不利于对文章整体脉络的把握。

有的教师误以为概括文章大意就是将段落大意简单组合在一起。其实不然,概括文章大意不仅需要各个部分的组合,也需要中心脉络的串联,需要很强的综合性,要求学生立足于文章整体,否则阅读过程中学生容易囿于对关键词的关注而影响对文章的整体感知。那么,到底该如何重视对文章整体脉络的把握?

(二)典型误例

《掌声》教学片段

……

师:以前的英子是什么样的?

生:忧郁的。

师:你看看,多会抓关键词啊!(板书:忧郁)

……

师:是啊,身体的残疾使小英子躲躲藏藏,失去了童年生活的快乐。她总是感觉自己很差,不如别人,这说明她的心里还非常的自——

生(齐):卑。

师:是的。(板书:自卑)

……

师:后来英子就像变了一个人似的,有什么变化呢?原来小英子默默地坐在教室里,现在——和大家一起游戏。

师:小英子还叫同学教她跳舞,说明她对自己充满了——

生:信心。

师:好,让我们把体会记下来。(板书:开朗 自信)

师:是什么让英子有这么大的变化呢?

生:同学们的掌声。

师:现在你能用黑板上这些词,概括文章的主要内容吗?谁来试试?

生:以前英子非常忧郁和自卑,可是经过这次故事会后,变得开朗和自信了。

师:这就是课文的主要内容,记住,孩子们,抓住关键词句,我们就能很好地概括出课文的主要内容。

问题指瑕:该课例中的老师虽然准确地让学生找出文章的关键词,并让学生根据关键词流畅地概括出文章大意,但是却忽略了一点——学生的概括只是围绕关键词进行,未能整体关照全文,忽略了文章本身的因果脉络,在情节复述上明显地偏离了故事中心。英子是因为“同学们的掌声”变得自信,而不是因为这个环境——“故事会”让她变得自信。遗憾的是,老师也没有及时发现这一错误。

二、名师示范

例1

打破分段的标准答案,将学习权利归还学生
——以钱梦龙的《谈骨气》教学片段为例①

师:下面我们分几步来阅读课文。第一步先做什么?

生:先问“课文写了什么”。

师:为了方便说明,我们要把文章分成几个部分。你们看,分几个部分好?

生1:分三个部分。第一结构段是第1自然段到第4自然段,第二结构段是第5自然段到第9自然段,第三结构段是第10自然段。第1~4自然段说什么是中国人的骨气,第5~9自然段举出了我们祖先有骨气的动人事迹,最后第10自然段总结。

有学生有不同意见。

师:你也讲一讲你的理由。

生2:第1自然段主要揭示了中心论点,应该单独成为一个结构段;第二结构段先讲了什么是骨气,然后列举了几个例子,具体说明;第三结构段主要是总结全文。

师:你们同意谁啊?

(生小声说生1)

师:看来生2的意见大家都不同意啊。你们要不要听听老师的意见呢?

---

①钱梦龙.钱梦龙经典课例品读[M].上海:华东师范大学出版社,2015:147.

生：要！

师：两种方法我都同意，（生愕然）因为他们讲的都有道理啊……

名师教学点拨：传统教学模式中，教师在教授如何概括段落大意时总是会提前规定好一个标准的分段模式，然后引导学生根据标准模式对段落进行概括。这么做其实大大降低了学生阅读的积极性和效率，这样的学习必定是被动、无灵活性的。

钱梦龙老师执教的《谈骨气》是一个经典的案例。对传统的概括段落大意是一个突破。钱老师先让学生根据文章大意自主划分段落，当学生之间产生冲突的时候，老师给予适当的分析指引。最难得的是，老师在这个过程中并未给出划分段落的标准答案，而是从学生的角度出发，认为两个不同的答案都可行。这不仅打破了传统单一答案的模式，同时把学习的自主权归还给了学生，给予学生在阅读过程中更加自由广阔的空间。

由上述课例可以发现：分段及概括段落大意其实是一个同步进行的过程，并没有先后次序，也不可人为割裂。钱老师通过让学生分段，也锻炼了学生自主理解并归纳段落大意的能力。

例2

抓住关键字
——以薛法根的《剪枝的学问》教学片段为例①

师：“我”几次到王大伯家的桃园去？分别是什么时候？

生：两次，第一次是“我”先去王大伯家看桃子……（生纷纷议论）

师：想一想再说——

生（修正）：第一次是“我”去王大伯家桃园，王大伯正在剪树枝；第二次是“我”和小伙伴在那里嬉戏；第三次是“我”在那边看到桃子又大又成熟。

师：你看，“成熟”真的需要一个思考的过程！（众笑）现在请你打开课文，把这三个表示时间的词画出来。

生（齐读）：“去年冬季的一天”“春天到了”“暑假里”。

师：去年冬季的一天，“我”去的时候看到什么？春天到了，“我”又看到什么？暑假里，“我”看到的又有什么不同？

①薛法根.教学的“舍”与“得”——《剪枝的学问》教学实录与思考[J].小学教学研究，2014(25)：9-12.

生：去年冬季的一天，“我”看到王大伯和其他的叔叔在忙着剪枝。

师：忙着剪枝，这是个关键词，画出来。

生：春天到了，“我”看见桃花开了，王大伯的桃园里红云片片。

生：暑假里，“我”看见一棵棵桃树上挂满了光鲜红润的桃子。

师：现在谁有本事把这三句话连起来说成一段话？

生：去年冬季的一天，“我”看见王大伯和其他的叔叔在忙着剪枝；春天到了，“我”看见王大伯的桃园里红云片片，桃花都开了；暑假里，“我”看见桃园里都结满了光鲜红润的桃子。

师：（赞叹地）多完整，多流畅！这三句话就是课文的主要内容。读完一篇课文要学会“概括”。（板书：概括）概括要注意两点，第一，按照课文的写作顺序概括；第二，要抓住关键词语来概括。

生：题目就能概括这篇文章了。（众惊奇）

师：这篇课文讲什么？

生：剪枝的学问！

师：太了不起了！题目往往概括了课文的主要内容或者所要表达的思想。这个小朋友真善于思考！

名师教学点拨：《义务教育语文新课程标准（2011 年版）》在各个学段对学生的概括能力有不同的要求，在第二学段（3—4 年级），学生要能初步复述叙事性作品的大意，能把握文章主要内容，并能简要转述。《剪枝的学问》是小学三年级下册的一篇课文，薛法根老师根据学情和教学目标，通过这篇课文对学生的概括能力进行了初步训练。

老师引导学生通过时间线来对几次去桃园进行了梳理，点出了抓住关键词在概括文章中的重要性，继而按照文章写作顺序对关键句进行串联，然后让学生自行概括出了文章的主要内容。教学过程简洁清晰，引导学生从实践中得出答案。

学生自行用题目对一篇文章进行了概括，实在是课堂中的惊喜，老师也不吝赞扬，继而点出了概括的另一方法，通过题目抓主要内容。这样的教学过程不仅灵活，在总目标的指导下根据学生的能力调整教学内容，而且鼓励学生积极思考，“跳一跳”，探寻更高的目标。

例3

厘清逻辑线

——以薛法根的《哪吒闹海》教学片段为例①

师：读完《哪吒闹海》这一个故事，我们可以用几句话把它清清楚楚地说出来，这叫概述。不管多么复杂的一件事，都可以用三句话概述。哪三句话呢？第一句：哪吒为何闹海？第二句：如何闹海？第三句：闹了又如何？请你根据这三个问题，概述一下这个故事。

生练习概述。

师：谁有这个本事？

生：东海龙王父子称霸一方、兴风作浪，哪吒决心治一治他们。（师插话：第一句）他来到海边，一摆浑天绫，搅得水晶宫摇晃了起来；（师插话：这里用分号，继续）他一扔乾坤圈，一下子就把夜叉给砸死了；（师插话：还是用分号，继续）他一抖浑天绫，就将三太子逼出了原形。（师插话：句号。这是第二句）从此，老百姓又过上了太平日子。（师插话：这是第三句）

师：谁还有本事说得不一样？

生：哪吒决心治一治胡作非为的东海龙王。（师插话：父子）哪吒决心治一治胡作非为的东海龙王父子，（师插话：第一句简洁明了）便带着乾坤圈和浑天绫来到大海边，他就那么轻轻一摆、一扔、一抖，便打死了夜叉和龙王的三太子。（师插话：了不起！将三闹用三个"一"概括，的确有本事！这是第二句）从此，东海龙王再也不敢胡作非为，老百姓又过上了太平日子。（师插话：第三句）

师：有个小建议，两次用到了"胡作非为"，重复了，可以换一个词语。

生：从此，东海龙王再也不敢兴风作浪了。

师：这样就完美了！谁还有本事概述？

生概述。

师：这三句话，为何闹，是原因；如何闹，是经过；闹了又如何，是结果。把原因、经过、结果说清楚，就能把这个故事说得——

①薛法根.《哪吒闹海》教学实录[J].江苏教育研究，2011(6)：11-14.

生：完完整整。

生：具体。

生：清清楚楚了。

名师教学点拨：此篇亦为小学三年级的一篇课文，此次薛法根老师更加细致地教学生从另一个角度来学习，对于叙述性文章可以通过厘清逻辑线，即原因、经过、结果来进行概括。此次他先点明了方法，让学生根据三要素来进行概括，便于在实践中进一步发现问题，最后再进行总结。

同时薛老师在教学引导中重视"简明与扼要"，强调语言的"简洁性与连贯性"，并在概括能力的训练中融入了对标点符号的指导和语言文辞的点拨，使多种知识不再彼此孤立，变得浑然一体。

例4

循序渐进，概括三部曲

——以余映潮的《神奇的极光》教学片段为例①

师：下面就是大家筛选信息，老师要告诉你们方法。这样一篇长文章，我们要明确它讲的是什么，就要提取文中的主要句子。通过提取主要句子，来知道这一篇文章、这段写的是什么，这就是"提取主句法"。那么，什么是提取主句呢？（大屏幕显示）

生读"提取主句法"：提取主句，就是提取文中的总说句、首括句、中心句、主旨句、结论句等重要句子，以表现文、段中的关键信息。

师：现在请你们提取全文的主句。

生1：我认为它就是标题——"神奇的极光"。

师："神奇的极光"就是全文的主句，一看到神奇的极光就有怎样的感觉？

生1：极光很漂亮。

师：就觉得这篇文章是写极光的。

师：请同学们提取第二部分第二段的主句。这个主句一提出，这段文字的主要内容就提取出来了。

师：你说一下。

---

①余映潮，李茂略.《神奇的极光》教学实录与评点[J].中学语文，2007(6)：41-43.

生2:“极光被视为自然界中最漂亮的奇观之一。”

师:这是第二段吗?第二部分的第二段?(笑)

生2:“在寒冷的极区,人们举目瞭望夜空,常常见到五光十色、千姿百态、各种各样形状的极光。”

师:这是主句吗?请注意总说的句子、概括的句子。请这位来说说。

生3:“人们将极光按其形态特征分成五种。”

师:对,我们能看到极光是一种自然现象。再深入一步,人们在科学研究中把极光分成五种是总说,后面分说有哪五种。所以,我们抓住这段的主句,就知道这段说的是极光从科学研究的角度来进行的分类。

师:再来一段。第三部分第二段,它的主句是什么?

生4:“由此可见,形成极光必不可少的条件是大气、磁场和太阳风。”

师:完全正确,你抓住的是“由此可见”,这个语言是表示总说的。

师:你看,我们的答案就是(大屏幕显示):全文的主句是“神奇的极光”,第二部分第二段的主句是“从科学研究的角度,人们将极光按其形态特征分成五种”,第三部分第二段的主句是“形成极光必不可少的条件是大气、磁场和太阳风”。

师:这个活动告诉我们,我们在读文章特别是说明文、政论文(论说文)时,如果把提取主句的方法用上,很快就能够明了文章的意思。

师:再举个例子,你们学过的《苏州园林》,其后面有一个练习——要求把全文的九个句子画出来,九个句子组合在一起就是全文内容的浓缩,全文的信息就这样出来了。

师:我们继续活动——组合要言,这也是一种方法。刚才老师说把《苏州园林》的九个句子画出来,把它们组合在一起,就是将全文的关键句子组合起来,这就叫“组合要言”。(大屏幕显示)

生读“组合要言法”:组合要言,就是着眼于摘取文、段的重点句,将其进行组合,加以综合性地表达,比较详细、完整而概括地表现事物的特点。

师:好!下面完成一个重要任务,从全文中找出若干个句子把它们组合起来,组合句子的目的就是概括地说明神奇的极光。开始吧!一定要做好记号!同桌之间相互合作。

同学们聚精会神地筛选句子。

师：再用一分钟的时间形成你们的结论，过一会儿就宣读你们的短文。谁来介绍你们的研究成果。

生：极光是天空中一种特殊的光，是人们能用肉眼看到的唯一高空大气现象。极光是自然界中最漂亮的奇观之一。人们将极光按其形态特征分成五种。极光的形体亮度变化也是很大，根据不完全统计，目前能分辨清楚的极光色调已达165种。极光是由大气、磁场和太阳风形成的。极光不仅是个光学现象，而且是个无线电现象，可以用雷达探测研究。

师：很聪明！能够找出主句组合起来，但不够简洁。有没有更简洁的表达？

生：极光是天空中一种特殊的光，它主要出现在南极区、北极区，它是一种光学现象、无线电现象。形成极光必不可少的条件是大气、磁场和太阳风，人们按其形态特征共把极光分为五种。

师：她的思维更巧妙一点，把前后语言的顺序调整了一下，不错。我想基本上就是这样，我们现在已经学会了用组合要言的方式来迅速地提取全文的信息。我们再来看一下：

（大屏幕显示）(1)极光是人们能用肉眼看到的唯一高空大气现象。这种光由高空大气中的放电辐射造成的。(2)出现在南半球的叫南极光，出现在北半球的叫北极光；南北极光泛称极光。(3)极光按其形态特征分为极光弧、极光带、极光幔、极光芒等五种。(4)极光有三个必不可少的条件：大气、磁场和太阳风。(5)极光不仅是光学现象，而且是个无线电现象。

师：全文的信息就这么点儿。如果再加上一句的话，就是刚才这位同学念的，它的色彩变化更是令人叹为观止。把色彩加上去，全文的信息就更加准确了。

师：下面我们再来训练一个考点。给你一篇文章，让你给一个事物下定义。我们现在就要给“极光”下定义。（大屏幕显示）

生读“定义特征法”：定义特征，就是从最准确的点和事物本质特点的角度，从原文中提炼出精确表现事物特征的信息，并用下定义的方式解说这种特征。

师：也就是说，你要写一个句子，这个句子非常精练，有很多修饰语，用一个句子把极光各个方面的特点表述出来。现在开始在你的笔记本上写下极光的定义。

学生进行写作。

师：好，再来宣读你们的学习成果。

生1：极光是由大气、磁场和太阳风形成的，主要出现在两极地区，是人们能用肉眼看到的唯一的高空大气现象。

师：很好。说了要素、原因、地点、现象。

生2：极光是自然界中最漂亮的奇观之一。它形成的必不可少的条件是大气、磁场和太阳风。它不仅是个光学现象，而且是个无线电现象。

师：他对上一位同学的定义作了一个补充。这位同学请说。

生3：极光是在大气、磁场和太阳风的条件下形成的一种人们能用肉眼看见的唯一高空大气现象，是有着非常美丽而奇妙的形态、颜色的光学现象和无线电现象。

师：也很好，词典上的解释就是你这样的解释。还有另外的说法吗？

生4：在大气、磁场和太阳风的条件下由高空放电辐射造成的光学现象、无线电现象叫作极光。

师：你们最大的优点是抓住了它的来龙去脉，也就是说抓住了事物的本质特征。所以我们学习说明文应经常练习“下定义”的方法。现在我们再来看一下词典上是怎样给极光下定义的……

师：这些都证明你们的定义是正确的。

师：这节课，我们一起努力实践了三种学习方法，希望对同学们有所启发。

名师教学点拨：《神奇的极光》作为一篇高中课文，余映潮老师并没有放松对学生概括能力的训练，此次通过对几种概括方法的学习来对课文内容进行了反复的熟悉，整堂课内容颇多，节奏紧密，较小学时的训练内容更为系统化，难度也提升了许多。

该课例介绍了三种方法：提取主句法、组合要言法、定义特征法。此三种方法的提出顺序亦有玄机，提取主句法是教授如何提取段落大意；组合要言法则是将主要句子进行提炼综合，从而得出文章大意；定义特征法则是灵活调整、打破课文顺序、抓住概念核心，进一步训练了学生的整合能力。这三种方法各有侧重，从段落局部、文章整体到灵活运用，形成了系统的、有层次的概括方法。

例5

新角色，新思考

——以杨薇的《记叙文阅读指导——内容概括》教学片段为例①

课堂例题展示。

17.选文主要通过哪两件事描写了女儿圆圆（钱媛）的聪慧可爱？请简要概括。（《我们仨》）

规范答案	问题答案	失分原因
巧妙地回答爸爸关于“谁先认识妈妈”的问话（2分）；为爸爸得到很多西瓜感到自豪。（2分）	圆圆不认识父亲，与父亲争论。与父亲熟悉后就同父亲一起玩耍；有人为父亲送了一担西瓜，圆圆感到惊奇并为父亲感到骄傲。	

师：我们一起来帮答题的同学分析一下，看看他的答案能得多少分，以及失分的原因是什么。

生比较规范答案与问题答案。

生1：我觉得他可以得2分，第一个采分点没得分，因为表述不够具体。

生2：我也觉得他可以得2分。这道题要求概括出两个事件，但问题答案概括出了四个事件。前三个事件概括得都不具体，没有针对性，不能满足题目中概括文中描写了女儿圆圆（钱媛）的聪慧可爱的两件事的要求。

师：你的分析是准确的，抓住了问题答案的症结——审题不细，没有紧扣题目中的关键词作答。那么，题目中的关键词除了“两件事”之外还有哪些呢？

生（齐）：“聪慧”“可爱”。

师：很好，同学们审题要细致，因为这将直接影响我们筛选答案的准确性。

名师教学点拨：这个例子针对如何概括大意进行了专门的训练，新颖活泼的教学形式有利于提升学生学习的积极性。教师打破传统的教学套路，让

---

①杨薇.《记叙文阅读指导——内容概括》教学实录[J].语文教学通讯，2013(22)：129-132.

学生站在老师的角度，以一个新角色面对标准答案和同学的答案，提高了学生的学习自主权，有利于学生站在考生以外的立场和题目对话，实现了从“怎么写”到主动思考“为何要这么写”的逻辑转变。同时问题答案与规范答案的对比能让学生更加容易发现自身的思维漏洞，进行查漏补缺。

三、名师支招

(一)给学生可探讨的自主天空

钱梦龙认为，首先要确认学生的主体地位，即确认学生是具有独立人格、主观能动性和自我发展潜能的活生生的人。只有首先确认了这个前提，教师才能在教学中定位自己的角色。①

宁鸿彬说：“正因为世上的文章(文学作品)是丰富多彩的，因此，段意和层意也应是不拘一格的。”②

传统教学模式虽然可以在短时间内让学生学到分段和概括段意的具体步骤，但是缺乏灵活性，比如看到一篇文章，学生都会自动地以“总—分—总”的模式或其他常见模式先入为主地进入文章段意的概括过程，其实这是错误的方法，是阅读训练的一大误区。

怎么打破传统的模式？答案只有一个，就是充分发挥学生的学习自主性，把学习的权利真正放回学生的手里，从根本上提高学生的积极性和语感能力。同时还应提升老师的教学观，让老师树立答案多元化、价值多元化的文本解读观，抛弃传统的答案唯一论。正如宁鸿彬老师说的：文学作品之所以是文学作品，正是因为其经典性和丰富性，所以不应以传统的文本分析方式来局限其在新时代下的多种解读可能。这种“新”一来是新时代赋予的，二来则是靠新时代下的新学子和老师们共同创造的教学价值，我们要明白这才是新教育中不可磨灭的人文光辉。

---

①吴连助.生本思想乃语文民主教育之魂——钱梦龙、宁鸿彬、魏书生、李镇西语文民主教育思想探析[J].语文教学通讯，2012(3)：7-9.

②宁鸿彬.培养学生读懂段落的能力(续二)[J].河北师范大学学报(哲学社会科学版)，1994(2)：133-136.

(二)明确概括段落大意的要点

1.三步法:扼要+简明+整体。

宁鸿彬说:“概括段意的基本要求有两点,第一是扼要,就是抓住要点;第二是简明,就是简单明白。”

宁鸿彬还说,概括段意和层意,一定要反映原作的特色,应确定概括段落大意并不是一般的阅读训练,它应有自己独特的训练方法,要求用简练的语言概括出段落的主要内容。学生在这方面存在的主要问题,一是重复内容,二是以偏代全。其次要求连贯性,就是把各段大意连起来,要能看出作者安排材料的顺序和各段之间的联系。最后把握文章的整体性,各段大意要围绕文章的中心内容进行概括。

2.三主式:学生主体,教师主导,训练主线。

钱梦龙说,学生为主体,教师为主导,训练为主线,是对教学过程中师生地位、作用和行为的一种概括描述,是一个动态过程。①

要明晰的是,概括段落大意是阅读训练里重要的一个分支。之所以称作是“训练”,是因为它需要培养出学生较强的理解能力和语言素养(语感)。但这种训练并不是简单地练习习题和当堂测试,而是能把这种训练真正融入课堂,成为教师教学过程中的一部分。钱梦龙老师强调“训练,是训和练两个语素构成的复合词,训指教师的指导、辅导;练指学生的实践、操作”。所以这种新时期的“训练”必定离不开老师和学生双方,以及双方产生的动态互动。

(三)遵循普遍原则

1.遵循由简到难的认知规律,从鼓励学生开口说做起。

瞿文茜说:“进入到三年级后,语文课文篇幅有所增长,教师在教学中可以有意识地选取课文中的一个或几个段落让学生进行概括……学生开始回答时难免胆怯,磕磕巴巴,甚至把原文照读一遍,这时老师不能操之过急,不要轻易打断学生的发言。要不断鼓励尽量多的学生张口说,尽可能多地发现

---

①钱梦龙.语文导读法——我的教学理念和实践[J].现代教学,2009(9):27-28.

学生不同的‘毛病’和普遍存在的问题，然后进行示范和纠正。‘万事开头难’，只要语文教师坚持常常练、课课练，长期坚持下来，学生的概括能力一定会有模有样。”①

2.遵循有章可循的研究规律，注意点拨，帮助学生提高概括的方法和技巧。

瞿文茜说：“概括的时候要注意抓关键词；要把时间、地点、人物、原因、过程、结果概括进去，否则就不全面；不同的课文体裁着眼点不同；语言要简练；等等。这些总结出的技巧能让学生比较快地体会到能力的提高，从而享受到‘我学会了概括’‘我能概括’的学习乐趣。”

3.遵循熟能生巧的普遍规律，有的放矢进行专项拓展训练。

瞿文茜说：“第一，要有一定的‘量’，选取课本外的段落、短文章，进行大量的练习，学生见得多才能练得全面。第二，要体现‘梯度’，一定阶段后，要进行增加难度的训练。如在一定时间内对一篇或几篇文章进行概况。第三，方式要‘活泼’，单调的训练容易疲劳，可以将概括能力训练与班里开展的各种活动结合起来，如办墙报、举行小比赛、小评论等，达到润物细无声的效果。”

（郑紫心　谭金金　旦增罗增）

第二节　如何开展“语言鉴赏和品评”类语言训练？

语言的鉴赏和品评，是以理解为基础、以审美为旨归的一项有较高难度的语文活动。《义务教育语文课程标准（2011 年版）》就在阅读方面对学生的语言鉴赏能力提出了明确的要求：“在通读课文的基础上……体味和推敲重要词句在语言环境中的意义和作用。”“对作品中感人的情境和形象，能说出自己的体验，品味作品中富于表现力的语言。”能够准确有效地赏析文本语言，是学生在阅读过程中必须具备的能力，因此，这也是语文教师在阅读教学过程中的重难点。

① 瞿文茜.浅谈小学中高段学生概括能力培养策略[C].江苏省教育学会学术年会报告文集，2015.

一、教学困惑

(一)困惑描述

困惑1:鉴赏语言时容易指向单一,角度狭窄,很难深刻全面地理解语句。

为了培养学生品味语言文字的能力,有的教师常会要求学生:“朗读全文,将你认为写得好的句子找出来,并说说好的理由。”由于大多学生习惯性地从修辞手法入手分析语言,于是就将全部精力集中在修辞语句上,而容易忽略词语句式、感情色彩、语言风格、言外之意等方面。那么,如何避免角度单一地赏析品评语言,带领学生更加深入全面地理解语言背后的内容,体会文章语言的精妙独到之处呢?

困惑2:没有根据文体来赏析语言特征,容易混淆文体。

不同的文体有不同的语言特征。不顾文体特征的语言赏析,将会使学生很难依据语言的特点辨别文体,同时让学生误以为好文章就是由优美语句组成的,直接导致学生在写作时,为了文章出彩而刻意堆砌大量辞藻,而忽视语句之间的联系。怎样才能准确地根据文体来赏析语言,避免出现“过于重视语言的优美,以致把说明文当成散文赏析”的情况呢?

困惑3:缺少独立思想,缺乏对文本真切的体验。

老师们在讲解语言赏析的具体答题方法上花了很多时间,总结了一些语言赏析类的答题公式和技巧,但学生在阅读鉴赏能力方面仍有所欠缺,原因就在于忽视了对文本真切的体验。因为套用公式时需要学生根据文本去修改公式的内容,特别是句子和关键词语表达的感情,一定是从文本中挖掘出来的。那么,如何在阅读鉴赏教学中,培养学生独立的文本思想,答题时不偏离文本语言呢?

(二)典型误例

《苏州园林》教学片段

师:感觉课文读起来怎样?

生:生动。

师:生动,怎么就生动了呢?

生:“没有……没有……”用了比喻的修辞手法。

师:如果从说明的角度说呢?

生:用了打比方的说明方法。

师:一样的意思,问的角度不一样,说法也不一样。继续读下面一句。(生读)这一句,你觉得是在说明,还是使用了其他的表达方式?

生:在议论。

师:你同意这位男生的观点吗?(生迟疑)其他同学呢?(有人赞同,有人显得困惑)这里的确是作者的议论,是强调“讲究自然之趣,对称不足取”。再继续往下读,大家齐读。

师:这里写了什么?

生:写了古老的藤萝。

师:以藤萝为例子,也是体现图画美。盘曲嶙峋是好画,珠光宝气也是画,让人欢悦。这里用了什么表达方式?

生茫然。(其他学生说是描写)

师:是的,这里作者进行了描写。本文生动。从这一小节可以看到文章除了运用了说明的方法,还有议论和描写。

问题指瑕:在教学过程中,教师运用生硬的教学模式,即从文本中挑拣出能简单印证知识点的语句来例证,很容易导致两个问题。

(1)教师提问限定较多,限制鉴赏。如只提问“这里用了什么表达方式”,不去探讨“这种表达方法给文本带来了怎样的效果”,这导致学生只能浅显地赏析文本语言,赏析不够深入。

(2)教学内容缺乏归纳总结。课堂内容虽然吸纳了一个一个小知识点,却没有给这些小知识点作一个总归纳,即这些表现方法的运用是为了体现“说明文语言的准确性”,导致课堂“形”散又“神”散。

二、名师示范

例1

多角度品味语言
——以余映潮的《散步》教学片段为例①

师：建议大家这样来品味语言：以"字、词、句、段对人物的表现作用"为话题，自选文句并联系上下文用简洁的语言进行评点。

如："我们在田野上散步：我，我的母亲，我的妻子和儿子"这句话。

品1："散步"紧紧扣题，全句点明了故事发生的地点、人物。

品2：全句很有意味，不用"三代人散步"而用现在的写法，表现出了浓浓的亲情。

品3："我"这个字摆的地方很重要，表现出"我"的一种责任感。

品4：这个句子的句式很美，这样写很庄重，表现出"散步"在"我"心中是一件很重要的事情。（学生动笔）

师：把你的见解讲给你的同桌听一下。（同桌交流）

师：把你的见解讲给大家听。

生：第5小节最后一句"小家伙突然叫起来：'前面也是妈妈和儿子，后面也是妈妈和儿子。'我们都笑了"，表现了"我"的儿子很活泼、天真，家庭很幸福、温馨。

师：评价的句式很整齐。

生：第4小节最后一句"这一切都使人想着一样东西——生命"，是作者的感慨，想到生命，是希望母亲像春天的万物一样有生机。

师：生命，在文章中很重要，通过景色描写的亮丽，表达出作者的愉悦，以及对母亲身体健康的祝愿。

生：两个"蹲"，"我蹲下来，背起了母亲；妻子也蹲下来，背起了儿子"，表达了"我"对母亲的尊重和"我"的使命感，句式整齐、优美；而且"我"和妻子各有所为，各为这个小家庭尽心尽力，一路上都是亲情。

---

①余映潮，周丽.《散步》课堂教学实录及评点[J].中学语文旬刊，2007(3)：33-35.

师：真是蹲得坚如磐石，背起的是生命的昨天和今天，一蹲一背，定格了一幅美好的充满亲情的画面。

生：“母亲摸摸孙儿的小脑瓜，变了主意：‘还是走小路吧。’”母亲开始未听从，但“摸”表现了对孙子的疼爱。“吧”表明有商量的余地，体现的是一种亲情的温暖。

师：这位老人很温柔，对小孩子非常关爱，这个细节很有意思。

生：“一霎时，我感到了责任的重大，就像民族领袖在严重关头时那样。”说明作者是家庭的核心，负有责任，要让全家人平静地度过每一天。

师：是啊，对中年人而言，有沉重的责任，自须背负。亲情、责任感在文中表现得很好，两个成熟的生命就要呵护下一代，善待上一代。

师总结：（投影）说到对这篇文章语言的欣赏，我们可重点关注句子。要品味它们的造型美、用词美、情趣美、意蕴美，要感受到它们对我们心灵的熏陶。

名师教学点拨：以上余映潮老师的课例，创造性地从多个维度鉴赏语言，彰显出独特的语言鉴赏风格。

（1）从构成语句的字词入手，对语言的精细解剖就是对语言准确性与优美性问题本质层面的观照，避免了从宏观的修辞方法开展鉴赏的惯性。

（2）从质朴的语言着手，带领学生品味用词的“造型美”“用词美”“情趣美”“意蕴美”，从而使学生脱离日常无意识式语言思维，让学生学会感受生活化语言的魅力。

例2

根据文体赏析语言
——以余映潮的《苏州园林》教学片段为例①

师：“倘若要我说说总的印象，我觉得苏州园林是我国各地园林的标本”，“标本”在这里是什么意思？

生：“标本”原指实物原样或经过整理、供学习研究时参考用的动物、植物、矿物。这里是典范、样本的意思。用这个词非常简练地说明了苏州园林

①余映潮.精段阅读，注重效益——例谈阅读教学设计的诗意手法(45)[J].语文教学通讯，2009(5)：20-21.

在各地园林中的重要地位以及对各地园林的广泛影响。

师：“如果谁要鉴赏我国的园林，苏州园林就不该错过。”后半句能否改为“谁就不该错过苏州园林”？

生：不能，原句突出了“苏州园林”。

师：“总之，一切都要为构成完美的图画而存在，决不容许有欠美伤美的败笔”，去掉“一切”“决不”，可以吗？

生：不能去掉，“一切”“决不”表示十分肯定的意思，强调苏州园林的总特点。

师：“假山的堆叠，可以说是一项艺术而不仅是技术”，“艺术”与“技术”有什么区别？

生：“艺术”是强调个人独创性的活动，其成果能给人以审美愉悦，并且无法复制；“技术”，意味着有固定的程序和手法，其成果是具有实际效用的东西，一般可以大量复制。

师：“水面假如成河道模样，往往安排桥梁”，去掉“往往”好不好？

生：去掉“往往”，会使表达失去分寸。原句强调“大多是这样，但又不全是”这一层意思。

师：“可是墙壁上有砖砌的各式镂空图案，廊子大多是两边无所依傍的，实际是隔而不隔，界而未界，因而更增加了景致的深度。”句中“隔而不隔，界而未界”是什么意思？

生：“隔而不隔，界而未界”的意思是，尽管猛一看花墙和廊子把景致分开了，但因为墙壁是镂空的，廊子两边无所依傍，所以景致并没有真正隔开，而只是缓冲了一下视线，使得景物不是一览无余地呈现在游览者眼前，而是渐次展开，给人“山重水复疑无路，柳暗花明又一村”的感觉。

名师教学点拨：《苏州园林》作为一篇经典的说明文，教师一般会从说明文语言的准确性入手，因此数值、副词等常常会被作为重点把握的对象。然而余映潮老师从选词、语序、副词等多方面入手，又用语言的替换对比出语言的选词、语序的独特性，更有利于学生把握说明文语言的准确性。

例3

回归语言,文本细读
——以党红英的《故都的秋》教学片段为例①

师:大家注意到了景物是按照清、静、悲凉来排列的,非常对应。牵牛花突出的是清,槐蕊突出的是静,秋雨、秋蝉、秋枣突出的是悲凉。(教师用屏幕显示,学生随读)我们先来看看文章对牵牛花的描写。大家自己来读一读关于牵牛花的描写。在读的过程中注意,作者在描写牵牛花时重点描写了牵牛花的什么?(学生自读)

师:写了牵牛花的什么?

生:花色。

师:对,郁达夫并没有写牵牛花摇曳参差的藤蔓,也没有写牵牛花扶疏映衬的花叶,而是写它的花色。作者怎么说的?

生:“牵牛花以蓝色或白色为佳,紫黑色次之,淡红者最下。”

师:作者为什么这样说?你觉得这种花色的选择合理吗?

生:我觉得合理,因为这样符合全文的基调。白色和蓝色比较清静,而紫黑色和红色热闹。

师:红色热闹,紫黑色热闹吗?

生:紫黑色太浓了,显示的基调也太低沉了。

师:对,太低沉、太压抑、太过于冰凉了。谁还有补充?

生:紫黑色不是清淡的颜色,蓝色和白色更能突出那个“清”字。

师:补充得非常好!我们知道,蓝色属于冷色,宁静、深远;白色是中性色调,素雅、纯净。它们与高阔的蓝天形成了和谐的秋的基调,给人的感觉是清凉疏朗的。不过作者仍嫌不够,在牵牛花出场前,他特意营造了一种充满北国情调的清凉的氛围:破屋、浓茶、碧天、驯鸽,这个时候再加上牵牛花的蓝朵,真的让人感到了扑面而来的秋天特有的清气。

名师教学点拨:《故都的秋》是一篇经典的鉴赏性散文。在散文教学中,教师时常脱离文本,抓取片段式的句子进行赏析。而党红英老师巧妙地紧扣

①汪力宏.亲近语言,回归文本,提升课堂的语文味[J].课外语文(教研版),2014(10):3-4.

文本，突出故都秋色的“清”“静”“悲凉”，从文本中选出最具特色的代表性语言，通过对语言细微的分析品味，让学生能从语句中品出秋的意味，从语言中赏析故都的秋，真正做到了语句与文本完美结合，感情随景而出。

例4

反复朗读，读中品鉴

——以李镇西的《再别康桥》教学片段为例①

师：大家鼓掌，说明读得不错。但是我还要问一下，你能不能给大家谈一谈你为什么要这样读，为什么要这样处理。

生：他有些地方表达……比如说……

师：请前一个同学谈一谈怎样处理。

生：他的第一段与最后一段是惜别的感情。中间部分是比较欢乐的，比如“在星辉斑斓里放歌”“我甘心做一条水草”要读得重一些，因为作者对康桥的感情是很深的。

师：刚才你读“放歌”时声音很大，为什么？

生：感觉。

师：读这一节，哪一个词作为基调？（生答：轻轻的）他为什么不走得壮烈一些？

生：他比较留恋。

师：我们对喜爱的东西总是轻拿轻放。第一次读得太重。（李老师模仿）“重重的我走了”。第一段再朗诵一下，咱们第一段的朗诵深受何思静同学的好评。继续第二节，大家一起读。（生读完）何思静同学评论一下，哪儿可以读得更好一些？

生：“那河畔的金柳”，“金”要读得重一些。读“新娘”时要读得幸福一些。（师示范）“波光里的艳影”，读到这儿眼前就要有一片波光。“荡漾”，要读得轻柔。（伴以手的动作）

师：咱们试读一下。（学生读第二段）何思静，怎么样？（何思静：感觉好一些）接下来第三自然段，你给大家说说应该怎么读。

---

①张冬.在朗读中寻找“钥匙”——李镇西老师《再别康桥》课例评析[J].文教资料，2010(2)：57-58.

生:"油油的"应该停顿一下。

师:为什么?

生:说不出来。"甘心"重一些。第三句稍微轻一些。

师:示范一下,好不好?

何思静示范。

师:读得太好了,就要像她这样读。我们一起读这一段。

师:下面一段怎么读?还是何思静同学你来读吧。

生:"天上的虹"要读得欢快一些。"彩虹似的梦",感情要重一些,声调要高昂一些。(示范)

师:你觉得哪一句、哪一段或哪一节打动了你?能说出理由吗?

生:我比较喜欢这里的第二段。我开始读的时候,他说金柳是夕阳,我想不通,就通过反复的读找到了感觉,通过联想想象河畔的金柳,金柳是一丝一丝的,构成了一种夕阳斜晖撒在上面,柳枝飘动的画面,给人的感觉就像一个新娘。

名师教学点拨:语文教学中对于语言的教学,诵读是关键的一步。汉语言文字的特点是情味浓烈、意象灵动,品悟是其内化的重要手段,即重体味、重咀嚼、重揣摩,尤其汉语言的韵味通常能在诵读过程中呈现出一种言有尽而意无穷的独特美感。在诵读的过程中,文学素养、语言赏析能力、情感领悟能力会以自然的方式得到提升。

李镇西老师以反复朗读的方式,一遍遍精确把握词语的读音轻重,并联系实际让学生做出对比,引导学生创设情境,在联想朗读中进入语言世界、进入作者的感情世界,在反复的过程中品鉴语言的韵味。

例5

创设情境,感知语言

——以窦桂梅的《初冬》教学片段为例①

师:先来学第一小节,谁来读?

生个别读,齐读。

---

①窦桂梅,于永正.《初冬》课堂实录及评析[J].小学青年教师,2001(7):32-34.

师:"雾"是个生字,你能不能根据这个字的字形来讲一讲雾?

生:"雾"是个生字,上边是"雨",下边是"服务"的"务",根据上边的"雨"字头我知道"雾"跟天气有关。

师:说得真好!那么你们想不想看看白茫茫的雾呢?

生:想!

师:那么好!跟老师一起来看看。(放录像)雾大不大?把你的感受读出来。

读字卡——"白茫茫"。

生读。

师:刚才提问题的同学,你懂了吗?

生:懂了!

师:把"白茫茫"放在句子中体会,谁能读读这句话?

生:早上白茫茫的一片大雾。

师:那么在早上,小山村在白茫茫的大雾中又是什么景象呢?快来读一下第三自然段。

生齐读。

师:这小节有几句话?这么多举手的,看来同学们读书都很用心。

生:这小节有两句话。

师:我们来一句句读,讲一讲,谁来读第一句?

生:(读略)讲的是雾太大,远处的塔、小山都望不见了,怎么望也望不见。

师:那么你怎样读才能让人感觉到远处的塔、小山怎么望也望不见?

生读。

师:谁能来给他评一评,读得怎么样?

生:她读得蛮好的!"都"读得很长,但我比她还要读得好。(读)

师:全班同学就像她这么读。

师:谁来读第二句,讲一讲?

生读。

师:请同学往前看,(师画田野,学生跟着说)远处的塔、小山都望不见了,近处的田野、树林都隔着一层纱,模模糊糊的,是什么样的?在生活中你见过吗?(老师边说边画)

名师教学点拨：窦桂梅老师的授课运用了多种方式创设情境。播放雾的录像，此种方式有助于学生感知课文。窦桂梅老师的课堂绘画，不仅有助于教学，也是教师自身素养的一种展示。两种方式都有利于教师创设情境，使学生身临其境，赏析语言的魅力，还原语言构建的情境，增强对语言的感知能力。

三、名师支招

（一）细读文本，多角度品味语言

余映潮说：“‘小步轻迈’是教学细节化之形，‘细腻品读’是教学细节化之神。”①

想要做好语言赏析，离不开细读文本，在此基础上才能进行深度解析语言。而赏析语言又是对语文综合能力的运用，其角度有很多，如字词运用、句式特点、修辞手法、情感色彩、表达技巧等，角度单一的语言赏析，只会流于语言形式，无法深入全面地理解语言背后的内容，难以体会文章语言的精妙独到。所以，赏析语言时，需要教师引导学生多维度品评，将语言鉴赏细节化。

（二）根据文体，有指向性地赏析语言

余映潮说：“如何做到‘得体’的教学呢？简单地说就是：要关注与尊重课文的文体特点，要注意感受与体味课文的情感氛围。如何做到‘得法’的教学呢？简单地说就是：要注意教学内容与教学方法的关系，要力求避免那些表面上看起来好像有趣味、似乎很热闹的低幼手段。”②

不同文体的语言赏析侧重点必定不同。散文、记叙文、说明文等更侧重于分析形式、内容，议论文、实用类文本等更侧重于作用。分析内容，则要培养学生联系上下文的意识，学会由浅入深地理解语句的多层含义；分析作用，则要引导学生整体分析语句在文中的作用，或者揣摩作者的写作意图，将精

①余映潮.特级教师成功的10句关键话[J].教育理论与实践，2008(15)：90-91.

②余映潮.得体得法，避免俗套——例谈阅读教学设计的诗意手法(78)[J].语文教学通讯，2012(32)：19-20.

力更多地放在对文本内容、主旨的理解上。有了指向性，不仅教师能够提高阅读教学的效率，而且学生也能根据文体的语言特点，选择恰当的方式进行赏析，从而提高对文本的理解能力。

（三）回归文本，培养学生独立的文本意识

于漪说：“学语文，讲究语感，讲究灵气。灵气对一个学生来说非常重要。所谓灵气，就是思维敏捷，视野开阔，想象丰富，富有创见。”①

鉴赏语言时根据总结的公式和运用技巧固然简便，但最怕的是老师和学生都脱离文本、缺乏个人思考而一味生搬硬套。《义务教育语文课程标准（2011 年版）》提出，要尊重学生个性化的阅读体验，不能用老师的标准答案取代学生的阅读体验。然而，在阅读教学中，教师大多采用传统的讲授法教学，使得学生很少有思考、发言的时间和机会，只能接受课堂上已有的答案。这种阅读教学方式易导致学生思维能力退化，不能理解文章深层次的含义。教师应该强调学生以自行读悟为基础，改变教学方式，把方法教给学生，把时间还给学生，让学生自己阅读、感悟，教师通过提问、交流、出题的方式检验学生的学习效果，从而使学生回归文本体验，培养独立的文本意识。

（四）采取多元化的教学方式

余映潮说：“对优美的短文进行有创意的朗读指导，让学生在反复的朗读中感受与感悟课文内容。”②

在语言赏析活动中，教师应该引导学生从语言文字入手理解内容，在理解内容的基础上，看看语言文字是如何表达情感、创造形象的。所以，教师应该创新教学方法，采取多元化的教学方式，从语言入手，通过“语言—形象—语言”的过程，让学生真正欣赏到语言的内涵。只有这样，才能在整体感知的基础上，砥砺学生锤炼词句、品评语言。

（王迪　田晔　李艳）

---

①于漪.“标准化试题”把语文教学引入了“死胡同”[J].人民教育，1998(6)：15-16.

②余映潮.整体阅读教学[J].中学语文教学，2008(6)：32.

第三节 如何开展多元“读写结合”训练?

读写结合是以文章为载体,设计与之相关的“读写”训练,使阅读、写作、思维训练三者融为一体。教师通过以读带写、以写促读的读写训练指导,使学生的思维得到发展,能力得到提升。因此读写结合的训练在整个语文教学中尤其重要。

一、教学困惑

(一)困惑描述

困惑1:阅读与写作的孤立,未能将两者有机结合。

课堂上,有很多教师会由于课堂时间有限,为追赶教学进度而忽视写作练习,或者是今天在课堂上进行了相关的阅读训练,而几天后才进行相关的写作训练,使得阅读训练和写作训练两者分离。在语言训练过程中,我们很容易走入只读不写、多读少写的模式中,使读和写的训练都无法达到预期效果。那么,如何在课堂教学过程中做到读与写的有机结合呢?

困惑2:读写的结合很盲目,凡是阅读课,最后都给出一个写作训练,与本次课的教学目标没有实际关联。

在给学生上阅读课时,教师普遍会犯的一个错误就是:课堂上教学的内容与学生的课下训练脱节,不能将“定篇”的作用发挥到最大。能选入课文的经典篇目必定有它值得借鉴和模仿之处,要么是情感,要么是优美的文笔。而许多老师在给学生教授这些篇目时没有将这些长处挖掘出来让学生们去借鉴和模范,通常是在课堂上洋洋洒洒地将文章剖析一番,一节课上完后就留给学生一个写作的课后作业,而这个作业往往不是紧扣课堂内容和文本内容的,显得又大又空。那么怎样做到将阅读课的教学目标与对学生的写作训练紧密结合,学生能够将课堂上所学的内容学以致用呢?让课后写作起到“趁热打铁”、加强巩固的作用,而不是给学生增加负担。

困惑3:读写结合训练不能做到多元化,走进了单一机械的“死胡同”。

许多教师将读写训练简单理解为“阅读文章之后进行模仿写作”,有对文章结构的仿写,有对表现手法的仿写,等等,这些都只是众多单一化中的一种表现。这样机械死板的训练使得课堂上的读写结合没有新意,学生麻木、积极性不高,教师也不愿意花费太多时间。那么如何避免进行读写结合训练时的单一机械,做到训练形式多样,达到教师在乐中教、学生在乐中学的教学效果呢?

(二)典型误例

《假如生活欺骗了你》教学实录

师:今天我们要学习一首外国的诗歌——《假如生活欺骗了你》。我们先一起把这首诗歌读一遍。

生齐读诗歌《假如生活欺骗了你》。

师:我们先了解一下这位作者。普希金……他曾两度被流放,这首诗就写于他被流放的过程中。我们看这首诗歌的题目,“假如生活欺骗了你”,是什么意思?

生没有回答。

师:那么这样,同桌之间先把这首诗歌读一读,再把自己的理解说一遍。

生同桌读诗歌。

师:好了,刚才那个问题,“生活欺骗了你”是指什么?

生:我们在生活中遇到的挫折。

师:生活中遇到的挫折,有没有补充的?

生:应该是生活抛弃了他,就像丑小鸭被妈妈抛弃了一样。(生笑)

……

师:我们先抛开背景。这里能表现背景的一个词,是哪个词?

生:忧郁。

师:忧郁就可以了。所以,可以跳开背景。忧郁已经饱含其中了。好了,还有哪些语句,让你有这种特殊的感觉?

生:“一切都是瞬息,一切都将会过去”。联系作者的生活经历,我知道此时他正面对生活的挫折。他这里说到"一切都是瞬息",说明这些挫折不是永远的,是暂时的,他认为只要面对它,这些挫折就会变成昨日的。

师:你抓住了这两句中的哪两个词?

生:"一切"和"都"。

师:"一切"和"都",我们把这两句一起读一下,体会一下这两个词。

生读。

师:这两个词语体现了作者内心对现实、对挫折的什么看法?

生(私语):认为挫折是暂时的。

师:是暂时的。谁站起来说说?

生:我觉得第一句,"假如生活欺骗了你,不要悲伤,不要心急",这句比较好。因为当时作者处于一个非常悲痛的时期,但是,他劝我们不要悲伤,不要心急。他内心忍受着许多痛苦,而当他即将成功的时候,仍能保持这样的心境,是了不起的。

师:你从哪些词语看出来的?其实在这里,我们只要把握一个句式就可以了,哪个句式?

生:假如……不要……不要……

师:我们一起来读一下,假如,预备起。

生读。

师:那么关于困难,挫折,我们已经清楚了,我们也知道了作者面对它的态度。不过我还有一个疑问,过去了的会成为亲切的怀恋,那些痛苦啊,挫折啊,那些困难啊,还怀恋它干什么呢?

生:成功后他可能会骄傲,骄傲的时候,想一下自己以前经历过这么多。

……

师:大家看,他提到感谢以前的痛苦,而且这种痛苦让他得到了磨炼。我们看看,过去了的到底指哪些?怎么去理解它的具体含义?

生:痛苦、忧郁、挫折。

师:只是忧郁吗?只是挫折吗?除了他的痛苦,更多的在于什么?他面对痛苦时——

生;乐观的心态。

师：乐观的一种心态，或者说与这种忧郁的日子相处时内心的一种什么？（生：自豪）……面对困难的时候，最关键的是面对困难的态度……我们经常听人说，面对我们的生活，我们应该去享受。享受生活，有些人只看到了"享受"二字，却不知道"享受"二字不仅仅包含一种快乐，其实也应该包含生活中的——

生：痛苦。

师：今天回去后，大家对照着这篇诗歌的形式、句式，完成一个简单的诗歌仿写。

……

问题指瑕：在教学过程中，老师采用的是传统的教学方法，带领学生从头到尾梳理课文，然后扣住文本引导学生分析感情，但这样很容易导致两个问题。

（1）学生学习到的只是跟着老师的提问去分析这篇课文里所包含的感情，而由于学生年龄小、阅历浅，无法与文章中很多深刻感情产生共鸣，如果老师不加以引导，学生往往只能停留在空泛的情感理解层面，不能与自己的生活实际相联系，造成教学与生活的脱节。

（2）老师没有结合阅读训练及时地进行写作训练，使得阅读与写作分离，导致学生对课文中的情感、所运用的写作方法和技巧都只停留在了解的阶段，而无法熟练运用文章用到的方法来表达自己的感情，这样只会使整个语言训练效果不合人意。

二、名师示范

例1

由易到难，正确引导

——以周国安的《西江月·夜行黄沙道中》教学片段为例①

师：请同学们齐声朗读《西江月·夜行黄沙道中》。

①周国安，袁爱国.说说《西江月》里那点"事"——读、说、写综合训练课堂实录及点评[J].中学语文教学参考，2015(7)：33-36.

师：有的同学可能会感到疑惑，这首词我们在七年级已经学过了，难道周老师要上一节古诗词复习课？非也！我们这一节不是古诗词复习课，而是关于记叙文的读、说、写综合训练课。

师：我发现这首词里藏着一个典型的记叙文结构，今天就让我们借这首词，一起走进记叙文写作的广阔天地，说说《西江月·夜行黄沙道中》里的那点"事"。

（屏幕显示）以第一人称简洁地说，一句话概括，50字以内。

生1：我夜行黄沙道中。

师：你抓住这首词的题目，说得确实很简洁。能不能换成白话文再说一次？

生1：我夜晚行走在黄沙岭的路上。

师：嗯。时间、地点、人物、事情俱全，"简"是"简"了，可有些信息似乎没交代清楚，譬如起因如何、经过怎样、结果是什么。（生1插话：记叙文六要素）你真聪明！对，借助记叙文六要素来概括，我们可以既做到"简"，又兼顾"明"。请你来试试。

（屏幕显示）时间：夜

地点：黄沙道中

人物：辛弃疾即"我"

起因：夜行

经过：听蝉蛙鸣　闻稻香　遇急雨

结果：见旧时茅店

生1：我半夜行走在黄沙岭的路上，听到了鸟啼蛙鸣，嗅到了稻花清香，遇到了急雨，看到了旧时的茅店。

师：有些同学可能觉得不过瘾，简洁是简洁了，可是毕竟只有一句话，能不能说得再具体些呢？

（屏幕显示）以第一人称，具体地说，说一段话，150字以内。

师：要说得具体，就要把过程展开。上面只是笼统地说"黄沙岭道中"，这是一段路程，中间肯定先后经过了一些具体的地点吧？请同学们圈出词中表示具体地点的词语。

生2:稻田里、山前、社林边茅店、溪桥。

师:“稻田里”是你从“稻花香里说丰年,听取蛙声一片”里读出来的,意思是辛弃疾走在“稻田里”,踩踏庄稼?(生2:换成“田间小路”)对,这样比较合适。后面“社林边茅店”和“溪桥”两个地点,哪个应摆在前面?(生2:先溪桥,再社林边茅店)

(屏幕显示)展示过程:田间小路—山前—溪桥—社林边茅店

师:好。针对一个具体地点只说一句话,合起来就是一段话。咱们采用小组合作的方法,四位同学围成一个小组,一人说一个地点,一个地点说一句。

2分钟后,学生发言。

生1:我走在田间小路上,鸟雀惊飞,蛙鸣不已,清风徐来,嗅着阵阵稻香,我满心喜悦,看来今年又是一个丰收年啊!

师:好。你连用几个四字词语,不仅说到三、四句,也兼顾到一、二句,展开得比较具体。

……

(屏幕显示)以第一人称,生写一篇生动的作文,不少于500字。

师:有些同学张大了嘴巴,觉得不可思议,认为难度很大。那么我们先来梳理一下线索吧。我发现这首词里面贯穿着一条感情线,映照出作者心情的起伏变化。整首词四句话,下面请同学们各提炼一个表现心情的词语,分别加以批注。

2分钟后。

师:我发现后三句话比较容易批注,所以我们先来解决后三句话。分别是——(生3:沉醉、焦急、惊喜)“焦急”这个词好像有点重,用“着急”似乎更贴切。

师:好,下面来“啃”第一句话。读读这句话,想象一下,并思考这样一个问题,你觉得这次夜行,作者是急匆匆赶路,还是慢悠悠地走着?(生3:悠然、悠闲、安闲)对啊,虽然是夜行,但作者显然被月下美景迷住了,他是一边走路一边赏景啊!

(屏幕显示)悠然—沉醉—着急—惊喜

师：接下来，请大家每人选一个表达心情的词语写一段话，不少于150字。4个人合起来就有将近600字了，这可相当于一篇大作文的篇幅。我看到有些同学又张嘴巴了，觉得难吗？

生4：难！

师：其实不算难。俗话说得好，难者不会，会者不难。下面老师教大家一个打开思路的方法，你一学就会，一会就不难了。在家里看过奶奶或妈妈切豆腐吗？（教师作切豆腐状）横着一刀，一块变成了几块？（生：两块）再竖着一刀，一块变成了几块？（生：四块）再平着一刀，一块变成了几块？（生：八块）好，咱们就以第一个心情词语"悠然"为例，看看"如何切豆腐"。先横着一刀，作者"因何悠然"又是"如何悠然"的呢？再竖着一刀，"如何悠然"，他有怎样的神态？（生4插话：动作、语言、心理）对啊，还有怎样的衣着、步履、手势？（学生纷纷点头，似有所悟）

师：我在行走间，发现大多数同学都写了10行，10行就是200个字。下面让我们分享、交流一下。

生1：我漫步在黄沙岭的路上，唇齿间还留着清茶的幽香。夜空格外澄澈明净，悠远的星闪烁着，像细碎的泪花。明月渐渐升上来，照着树梢、枝叶，扰得鸟雀有些惊慌，扑棱着翅膀，从这个枝头跳到那个枝头。凉气慢慢浸润、渲染，扩散出令人心旷神怡的清幽。一阵风拂来，好像拂到我的心底，清爽至极。这清风捎给我的可不只是清爽，还有多情的蝉鸣呢！此时我"飘飘乎如遗世独立，羽化而登仙"。于是，我放慢脚步，细细聆听，悠然观赏，尽情享受这份夏夜的惬意。

师：你的这一段描写层次很清晰，先写星月，再写清风，接着写蝉鸣，最后写自己悠然的感受。角度也饱满，既有嗅觉，也有视觉、听觉、触觉。有一句似乎不妥当，"飘飘乎如遗世独立，羽化而登仙"是苏轼《赤壁赋》的名句，你用这句确实能增加文采，但此句表达的是出世之美。这里，辛弃疾是因美景而惬意，是人世的悠然。

名师教学点拨：读写结合是提升写作教学效果的重要途径，周老师首先引导同学们诵读全文，在读的基础上引导学生概括全文，并自己组织语言将它说出来，既加深了学生对课文的理解，又为后面的写作训练打下了基础。

仿写、改写、扩写、缩写等都是常用的训练方式,周老师将这些传统的训练方式应用得很好。先精读文本,再深入分析文本,从文本中提炼重点的和经典的词语以及情感线索,引导学生根据这些词语和线索,由浅到深,由易到难,一点点地写,大胆地写。立足文本,当堂完成,集思广益,互相批评指正,互相学习。

例2

立足文本,以读促写

——以王雅莉的《谈生命》教学片段为例[①]

师:你认为生命是什么?

生沉默。

师:是不是说不清,没办法用准确的语言来描述"生命"?

生点头、无语。

师:有一位我们熟悉的文学大家"冰心"先生和同学们有相同的感触,她也说:"我不敢说生命是什么,我只能说生命像什么。"现在,请同学们打开书朗读《谈生命》,并找一找冰心把生命比作什么。(初读)

生:一江春水和一棵小树。

师:一江春水和生命有何相似点?作者为什么把生命比作一江春水?(关注比喻的特点:非同类事物,并且有相似点)

生1:一江春水遇到了巉岩和暴风雨,这些就像是生命中遇到的困难和挫折,所以把生命中遇到的挫折比作一江春水遇到巉岩和暴风雨。

师:既然巉岩能代表困难,为何还要写春水遇到暴风雨?既然二者比喻生命中的同一种境遇,那么这样写不就是重复吗?删一个不行吗?

生1:不行,既然这样写肯定有特殊的用意,所以不能删。(老师提示:有何特殊用意?)

……

生5:人又不能混浊,混浊比喻生命中的什么情景?

师:问得好?水能说是混浊,人呢?生命中遇到这样的灾难时,我们会感到什么?

---

①王雅莉.以读促写策略在7—9年级语文单元教学中的实施[D].石家庄:河北师范大学,2010.

生6:迷茫、迷惘、迷失……

师:很正确。那么,当这些时刻过去,“有时候他遇到了晚霞和新月,向他照耀,向他投影,清冷中带些幽幽的温暖……”这又比喻什么?

……

师:请你再读课文,找出你喜欢的句子,并说明理由。(品读)

生8:我喜欢“他消融了,归化了,说不上快乐,也没有悲哀”,这句话写出了生命最后时刻的平静、淡定、从容,只有经历过困难、挫折、痛苦才会体会到这么平静的生命光彩。

……

教学目的:通过这一环节,学生对文中的句子有了更直观的感悟,甚至能够当堂记住,这就为以后作文作了必要的语言积累。

师:请你找出文中能揭示主旨的句子,并说说你的理解。(悟读)

生11:“愿你的生命中有够多的云翳,来造成一个美丽的黄昏”,本句揭示了主旨,告诉我们生命中既有挫折又有成功,只有这样才会体味出生命的美好。

……

师:请你也用“生命像……”的句式来造句,表达你对生命的思考。(仿写迁移)

生13:生命像一杯咖啡,入口时味道苦涩,可是再仔细品尝,苦涩中透出一缕醇香。

生14:生命像一首歌,有时激昂,有时低沉,有时轻盈,有时沉重。

……

师课堂小结:冰心先生用形象的比喻写出了生命的曲折壮阔,我们也用自己的感悟描绘了心中对生命的解读。我们不仅要领悟生命的真谛,还要学习这种写作手法,将比喻运用到整篇文章当中,对比喻进行阐释,所以请你以“谈生命”为题目,将这个比喻句拓展为一篇作文。

(屏幕显示)写作迁移作业:以“生命像……”为格式造一个比喻句,并以此句为中心,将这个比喻句拓展为一篇作文,字数不限。

学生作文:

谈生命(书)

我不敢说生命是什么,我只能说生命像什么。

生命像一本书,一本厚厚的书,耐人寻味,意味深长。这本书中,有生命的缩影。

翻开这本书,犹如生命正开始,常常想翻到最后一页揭开谜底,但又不想错过其中精彩的内容,所以,只能一字一句地认真阅读。

书的开端,是一条恬静的小溪,缓缓流淌,安静而又平淡,在晨曦中沐浴阳光,在微风中轻声歌唱;书的高潮,是一条汹涌的江河,它怒吼着,拍打着岸上的岩石,冲击着沿岸的高山,水花溅起,巨浪翻滚,它永不止步地前进,即使遇见狂风、暴雨、惊雷,它心中前进的力量也不会让它退缩半步;书的结局,是一片广阔的大海,是一片在夜晚沉睡着的大海,它的浪花不像白昼那样惊骇,它的声音不像白昼那样嘶哑,它的波澜不像白昼那样壮阔。这时,它累了,需要休息,于是它渐渐地、轻轻地呼吸着,与黑夜一起沉睡。

书的开端,正是童年快乐无忧的时光。

书的高潮,正是青年激情奋进的岁月。

书的结局,正是暮年安逸平静的光阴。

这本生命之书,走马观花随手翻阅的,是愚者;勤勤恳恳仔细阅读的,是智者。

我们要做生命中的智者,要书写更美好绚烂的生命之书。

……

名师教学点拨:王雅莉老师从“以读促写”的角度开掘,一方面避免学生走入只思考人生不思考作文的圈子;另一方面避免把语文课上成哲学课。注重从选材、谋篇、遣词造句的角度拓展学生的写作思维,规范学生的写作结构,教授学生布局谋篇和前后照应等基本的写作策略。

王老师设计了“初读—品读—悟读—仿写”的读写结合过程,培养学生对语言的感悟能力,并争取将这种形象的比喻运用于自己的写作中。在读的过程中由浅入深,培养学生的感悟能力,体会作者的感情和用词用语的精妙,从中学习到写作的技巧,为后文的写作训练打下基础。

例3

立足课文语句，读写结合让课堂锦上添花
——以钱梦龙的《雁》教学片段为例①

师：……

今天我们要学的文章就是写一只雁，或者说两只雁的故事。现在来读一读课文。

……

师：读得很有精神。这两位同学的朗读有一个共同的特点，不仅声音响亮，而且很有感情。（订正男生朗读中的几个错别字，并说明"蓄满"和"噙满"的异同）

师：同学们，文章听完了，说说自己的感想。这儿没有标准答案。

……

生3：我觉得文章写出了人的无知、贪婪、冷酷，也写出了动物之间的亲情和爱情。

生4：写出了人的贪婪、无知对动物造成的伤害。

师：我读后也的确感受到了大雁的绝望、哀伤和悲痛，也感到了人的贪婪、无情。那么，你们是否觉得这篇文章缺了点什么？比如，你们是否关心这只大雁的命运。

生5：缺了结尾。

师：你们来为文章续写一个结尾吧。写好了以后读给大家听听。

学生写作，教师巡视，不时低头俯身和某个学生说些什么。

师：快点，有许多同学写好了，有几位写得不错。谁觉得自己写得还不错，先起来说说，好不好？

……

生10：公雁背起那只母雁，艰难地向上飞去。

生11：如张家主人所愿，那只公雁也落下来了，被人们抓住宰了吃掉了，不久，母雁哀伤而死。

---

①钱梦龙，窦爱君.人文关怀渗透于细节——钱梦龙老师执教《雁》及课后访谈录[J].教育科学论坛，2005(1)：51-53.

生12:公雁背起那只母雁,在天空中掉落下来,坠在石头上,双双摔死,洁白的羽毛沾满鲜血。

师:你们听了,觉得谁写得最动人?

生:徐胜浩写得最好。

师:按照雁的习性和人贪婪的本性,他写的可能最接近作者的原意。我们来看看原文的结尾。

屏幕上出示文稿,学生齐读。

"第二天一早,当张家的男人和女人推开门时,他们被眼前的景象惊呆了:两只雁头颈相交,死死地缠在一起,他们用这种方式自杀了。僵直的头仍冲着天空,那是他们的梦想。"

师:说说你读了之后有什么感受,有没有最欣赏的句子?

生13:我最欣赏"两只雁头颈相交,死死地缠在一起,他们用这种方式自杀了。"

师:注意最后一句,"僵直的头仍冲着天空,那是他们的梦想"。作者的写法较符合大雁的习性和人类的本性。许多同学怀着良好的愿望为它们安排了美好的结局,但在当时的条件下恐怕是不可能实现的。

现在请同学们一起来朗读,女同学读大雁的部分,男同学读张家主人部分。要读得更有感情,读出大雁的悲痛绝望和人们的贪婪冷漠。

学生男女对读。

师:读得很好。这个结尾让我想到了两句诗。(板书)"问世间情为何物?直教人生死相许"。虽然故事写的是两只大雁,但他们的悲剧催人泪下。作者把母雁叫作"妻子",公雁叫"丈夫"的这种手法叫……(学生齐答:拟人)但我们不光要知道这种手法叫拟人,更重要的是要知道作者为什么把它们拟人化。知道的同学请举手。(有较多学生举手)那么全都不知道,脑子一片空白的同学请举手。

教师指名一位举手的男生回答。

师:你觉得大雁的生命和人的生命相比怎么样呢?

生14:人和大雁有同样的情感。

师:人是大自然中的生命,大雁也是。这两种生命怎么样?

……

师：人是大自然赋予的生命，大雁也是大自然赋予的生命。生命是平等的，人并不是大自然的主人，并不是可以随意处置其他生命的霸主。

师：读完这篇文章，我想到法国哲学家史怀哲提出的“敬畏生命”。他也写了许多有关“敬畏生命”的文章。我们爱护、敬畏自己的生命，也要爱护、敬畏其他的生命，他说过一段有名的话（投影展示）：如果我是一个有思维的生命，我必须以同等的敬畏来尊敬其他生命，因为我明白，她那常常地渴望着圆满和发展的意愿，跟我是一模一样的，所以我认为毁灭、妨碍、阻止生命是极其悲伤的。（史怀哲）

……

师小结：最后，我来小结一下，人为什么残忍地对待动物？是因为贪婪。张家主人正是为了大雁肉和大雁蛋才害死了两只有情有义的鸟的。最后给大家推荐一首诗：

孤雁二首·其二

几行归塞尽，念尔独何之。

暮雨相呼失，寒塘欲下迟。

渚云低暗度，关月冷相随。

未必逢矰缴，孤飞自可疑。

翻译：几行北归的大雁消失在边塞的尽头……失群的孤雁啊……

这首诗很具体地写出了失群的孤雁那种恐惧、哀伤、孤独的心理。建议同学们课后把它找来，抄在笔记本上。今天的这堂课，我们合作得非常愉快，同学们特别爱动脑筋，希望大家发扬这种精神，把语文学得更好。

名师教学点拨：钱梦龙老师执教的《雁》，深度贯穿了钱老提出的“以学生为主体，以教师为主导，以训练为主线”的“三主”原则，立足文本，读写结合，内容充实。

语文课堂学习必须抓住文本，引导学生阅读、感悟，在对文本的学习中接受人文精神的熏陶。钱老师在教学中引导学生们一步步深入阅读，男生读、女生读、集体读，读后交流感情，在把握课文情感的基础上续写结尾，锻炼了学生读写结合的能力，做到了真正的以学生为主体，以训练为主线，课堂生成有趣生动。

续写这样一个小小的细节，能让所有的学生怦然心动。我们可以想到，在这样的教学活动中，能够利用课文语句撰写精短的故事结尾并激情地进行课堂交流，是多么富有情趣且具有实践价值的语文活动。这些熠熠闪光的教学活动，给我们以深刻的启迪：课文作为教学中的一个例子，不仅为学生的阅读理解提供了一个范本，同时也为学生的语言训练提供了一个取之不尽的“聚宝盆”。

例4

句段读写——仿写学用

——以余映潮的《纸船——寄母亲》教学片段为例

师：今天咱们学习一首抒情小诗《纸船——寄母亲》。这是冰心思念母亲的一首诗。今天的学习任务是：

（大屏幕显示）

深情地朗诵

细腻地感受

诗意地仿写

师：好，咱们开始第一个环节的学习。

（大屏幕显示）

深情地朗诵

教师示范朗读第一小节。

师：请大家进入诗境，齐读第一小节，力求每一个字都饱含感情。

全班同学朗读。

师（轻声地）：韵味不够。

教师再作示范，要求学生再读。全班学生再读课文。

教师示范朗读第二小节。

全班同学学读。

教师重点讲解朗读“站在船头上”的语调，强调小姑娘无可奈何的感受。让学生再读第二小节。

生读。

师：好。看第二个要点。要注意朗读时语音的轻重，节奏的快慢，语气的强弱，通过这些来表现诗情。

教师示范朗读第三小节。

同学们根据老师的训练要求朗读课文。

师：注意，“求她”一定要读出感情，“载”要读得重一点。请再读一遍这一句。

生读。

师：好，我们一起把整首诗读一遍。

生齐读全诗。

师：下面我们用另外的形式再读一遍，叫自由朗读。要求像拿朗诵稿一样拿着教材。读的时候这样开头：“纸船——寄母亲，作者冰心”。这样结尾：“朗读者某某某”，读出自己的名字。开始读。

生自由朗读全诗。

师：咱们达到了这三点要求，读这首诗表现出的韵味就不同了。请往下看，又来了一首通过写船表达思念的诗。

……

师：好，深情地朗读这个环节就进行到这里。下面进入第二个环节。

（大屏幕显示）

细腻地感受

师：有这样一个话题需要我们从课文中找内容来完成。

（大屏幕显示）

我从中感受到__________。横线上的内容可以是一个字眼，一个词，一个诗句，或是一节诗，全诗。感受到的内容可以是动作、心情、形态、景象、情境、声音、色彩、画面，或者是诗的结构、情感、手法……

师：也就是说，你的发言是自由的，你从某一个地方感受到什么就说什么，我先举一个例子：叠成一只一只很小的船儿，从舟上抛下在海里”，我就说我从“抛”字感受到船非常高，不然她为什么不把小船放到水里呢；我又感受到这个抛的情境是很动人的，纸船被抛下小船，散向大海，在水中漂荡；我还可以感受到作者的心情，她一定在说：小船呀，你飘吧，到我的母亲的旁边，带去我的思念吧。下面你就进入课文，找到一处地方，写下你能感受到的一句话。

同学们探寻，思考，在纸上写下各自的感受。

师：好，这个句子不一定都写完，我们要用语言表述出来，先同桌之间互相交流一下。

生相互交流。

……

师：现在进入第三个环节的学习。

（大屏幕显示）诗意地仿写

师：仿写什么呢？看诗的第三节，一起读一遍。

“母亲，倘若你梦中看见一只很小的白船儿……”

生读。

师：我们就仿写这一段。你们看，这一段一共四句。第一、二句，一定会有抒情对象，一定会有一次假设，在对人物抒情之中有一个“物”出现；第三、四句会将这种“物”转化成情感的载体，来表达自己的情意，同学们写作时，可表达各种感情，不一定都要表达思念。下面看一个例子。

（大屏幕显示）

盲人小朋友，倘若你在梦中看见一片蔚蓝的天空，

不要惊讶它无端入梦。

这是关爱你的人为你撑开的，

晴空万里，

是在告诉你心中要永远憧憬着温暖与光明。

师：老师再说一句，在写的时候，不一定非要写“在梦中”，比如你可以写：亲爱的老师，倘若你在桌上看到一束鲜花……也可以。抒情对象可以是爸爸、妈妈、老师，可以是需要关爱、救助的人，等等。

生各自仿写，师巡视，并作个别指导。

师：好，下面请同学们展示一下自己写的充满情感的文字。我想请几位同学到前面来，深情地朗读你写的文字，请举手示意。

有五个学生先后走到台前。

……

师：用这样的语言，也可以表达对生活的情感，表达出一点哲理，我们再

看别人写的一个片段吧，这是一首饱含哲理的小诗，请大家一起来朗读。

（大屏幕显示）

朋友，假如你窗前飘过最后一片粉红的花瓣，

请切切不要叹息落花的无情。

这是美丽的春姑娘向你告别，

笑语声声，是说每一个季节都值得热爱与珍惜。

师：我将这段话送给你们，你们的生活要笑语声声，你们的每一个季节、你们的每一天都值得你们热爱与珍惜。好，这节课就上到这里。

名师教学点拨：句段读写，语言学用，就是学用课文中的句式，学用课文中段落的表达技巧。这种活动量比较大的读写实践活动，达到了既阅读课文，又进行语言表达基本功训练的目的。余映潮老师的这堂课中进行了两次读写结合训练，深情地朗读，自由地朗读，教师带领学生进入情境之后，开展句段仿写，对文本的体会以“填空”的方式进行写作训练，让学生愿意写，知道写什么，怎么写。

阅读中的读与写是与生俱来的依存关系。可以说，在余老师的课例《纸船——寄母亲》的教学过程中，老师引导学生仔细深情品读后，在感受作品蕴含的情感的基调上，开展仿写活动，读读写写、读写结合，不论是从教学内容来看，还是从学生的课堂活动来看，收获的效果都是令人满意的，而且像这样的扎实有效的读写训练在日常教学中也是可以模仿应用的。读写结合式教学模式可以说是最自然、最常用、最通俗、最普遍的教学模式。

三、名师支招

（一）情感教育与技巧训练并重

钱梦龙说：“语文教学要走正道。”①

语文课程的特点是工具性与人文性的统一，人文性体现在完善学生的人格、陶冶情操、培养审美等方面，而工具性则主要体现在对语文知识的实际应

①钱梦龙，李华平.语文教学要走正道[J].语文教学通讯，2015(1)：8-13.

用方面。那么语文的正道是什么呢？语文的正道就是不偏离工具性与人文性，不可偏离工具性空谈情感教育，也不可忽视情感教育只教授死知识。而要做到“工具性与人文性的统一”，就要在教学中做到对学生进行读写综合训练，在读中体味文章的美，在写中提升综合技巧。同时，在读写结合训练的过程中要注重技巧方法的创新，但是所有的技巧都应立足文本。

（二）以读促写，读写结合，读中学写，用好课本

余映潮说：“阅读教学中最自然最实惠的语言实践方式就是读写结合。”

语文新教材编写的重要特点之一就是阅读与写作相结合。它不仅表现在“综合性学习”这种全新的教学体系上，更重要的是表现在课文阅读教学之中，显现出一种角度广、细水长流、时时训练的特点，不仅很好地体现了《义务教育语文课程标准（2011 年版）》中关于“教学中努力体现语文的实践性和综合性”“拓宽学生的学习空间”“增加学生语文实践的机会”的思想，而且还明确地“暗示”我们：阅读要拓展延伸，不仅要让同学们读起来，还要让同学们写起来，在读中学写，充分利用好课本这一宝贵资源，这些都是语文的实践活动。读写结合的策略可以是以训练语文基本功、培养初步读写能力为目标的仿写型读写，或以提高综合认知能力、培养审美情趣为宗旨的评论型读写，以及以培养健康感情、塑造高尚人格为导向的感触型读写。所以读写是形式、内容、方法、感情等方面的共同体现。

（三）拓展延伸，举一反三

叶圣陶先生说：“语文教材无非就是个例子，凭借这个例子要使学生能够举一反三，练习阅读和作文的熟练技能。”①

在语言训练过程中，许多老师只局限于仿写指定篇目，甚至常常指定具体格式与主题，这就使得学生也被拘束在其中，很少尝试自主写作，一定程度上丧失了创新能力与发散性思维。多元的读写结合的语言训练，首先要求我们读与写相互促进，通过老师多种途径、多种方式指导下的写，学生学会独立

---

①叶圣陶.叶圣陶教育文集[M].北京：人民教育出版社，1998：324

自主地写。教师对学生进行的语言训练方式可以是多种多样的,可以是仿写式、延伸式、铺陈式、逆向式,通过不同的方式训练学生各方面的语言能力。其次要以教材为起点发散开来,拓展延伸,不仅要训练学生的读写能力,更要提高学生的思维活跃度。

(杨明珠　米亚丽　马欢)

第四节　如何开展"朗读教学"的语言训练?

新课程标准语境下的"朗读"实际上是指向一种可以不断生成教育意义和教学功能的"教学状态",其本真之义在于:朗读教学即"在朗读中教学"。它将是一个以朗读为基础、以诵读为延伸、以涵泳为背景的教学流程,是一个文心、师心、学生的求知之心与外在课堂环境水乳交融的具体教学情境。在这一状态中,朗读与体验并行,想象与创造交织,多主体平等对话,教学意义尽在其中,教育宏旨亦有望得以实现。

一、教学困惑

(一)困惑描述

困惑1:教师怎样才能具有优异的朗读素养?

在语文教学理论异彩纷呈的今天,朗读教学在中小学教育中常常被忽视,其原因大概有三点:一是教师没有意识到朗读在语文教学中的重要作用;二是朗读未被纳入"应试体系",考试不考,教师也就不教;三是教师们自身没有接受过专业的朗读训练,缺乏朗读的技巧和能力。要解决朗读教学薄弱这一问题,教师朗读素养的提升尤为重要,只有会朗读、懂朗读的教师,才能教出会朗读的学生。那我们又该如何提升教师的朗读素养呢?

困惑2:很难将文本朗读和文本体味结合,使之相互作用。

朗读教学教什么,怎么教,一直是很多语文教师没有正面解决的问题。因为简单机械的朗读教学对学习语言、感悟语言的帮助是有限的,所以需要将朗读和文本体味相结合,一方面通过体味文本提高学生的朗读水平,另一方面通过朗读加深学生对文本的体悟。那么,怎样才能将文本朗读和文本理解更有效地结合,进行有价值的朗读教学呢?

(二)典型误例

《假如生活欺骗了你》教学片段

了解作者及创作背景。

……(并未进行初读)

理解诗歌内容。

师:请大家把这首诗歌集体朗读一遍。

同学们齐声朗读,声音洪亮,整齐划一。

师:有愿意为大家进行诗歌朗诵表演的吗?

不少同学举手,有两位同学为大家朗诵,有声有色,感情充沛。教师及时予以鼓励。

师:请大家先默读这首诗,思考:这首诗写了什么内容?

学生默读,教师巡视。

……

问题指瑕:在教学过程中,虽有朗读这一教学形式出现,但也仅仅是流于形式,毫无目的性。其并未将“朗读”与“体味”相结合,也并没有任何朗读知识的传授,全然是在“为朗读而朗读”。具体而言存在以下问题:

首先,在了解了作者及创作背景后进行初读是合理的,有助于学生熟悉文本,利于接下来分析诗歌内容。但集体“初读”诗歌真的能达到“整齐划一”的效果吗?只是了解了作者和创作背景后就请同学进行诗歌朗诵表演真的符合学生的认知规律?恐怕答案都是否定的,这样只为表演、不符合学生学习规律的朗读教学设计必然无效。

其次,教师请两位同学单独朗诵诗歌的时间远多于全体学生齐读的时间。请学生单独朗读的确有利于激发学生的积极性,但让学生单独朗读的时间过长在某种程度上也剥夺了其他学生进行朗读训练的权利，浪费了他们的时间。

最后，老师并未对学生的朗读进行具体有效的引导。倘若语文课上教师们都如此授课，那语文课于朗读方面的意义何在？

二、名师示范

例1

朗读与文本细读巧妙结合

——以余映潮的《记承天寺夜游》教学片段为例①

四、有味地朗读

（一）读出一点儿文言的味道

师：读出文言的味道除了有的音节要拉长一点儿以外，我们还要注意这个音节里所渗透出来的情感。我读，你们听一下，看哪些字需要拉长，且有情感的意味蕴含其中。

师范读。

师：哪几个字？

生（齐答）：念、盖、但。

师：“念——无与为乐者”，有一点寂寞之感；“盖——竹柏影也”，有一点兴奋；“但——少闲人如吾两人者耳”，有一点感慨之情。这三个字把它们的音节拖长一点，文言的味道就出来了。

生齐读课文，模仿老师的语音处理方式。

师：读出一点儿味道了。

（二）读出一点儿宁静的氛围

师：为什么要宁静呢？夜游，而且作者看起来心情不错，他写的是美景，要细细欣赏眼前的美景，所以心情不错。那么，宁静的氛围要怎么读出来呢？第一，语速缓一点；第二，音调低一点。轻声地朗读，注意那三个字的拖音仍然要保持。

生轻声朗读。

师：味道更浓一点儿了。

①余映潮，柳咏梅.《记承天寺夜游》教学实录及评点[J].中学语文（教学大参考），2010(13)：33-37

……

（三）读出一点儿夜游的兴致

师：有两个地方要读得快乐一点儿。现在我们看课文，你认为，哪两个地方或者哪两个字词要读得快乐一点儿呢？开始思考，我们讨论后再读。（生认真思考一分钟）

师：我们试着来交流，发表你的看法。

生：我觉得"相与步于中庭"要读出一点儿夜游的兴致来，因为见到了好朋友，自己的心情自然高兴起来。

师："相与步于中庭"，很惬意，虽然默默不语，但心灵是相通的。好，谢谢。

生：是"欣然起行"，月色照着，作者兴致非常好，于是便很快从床上爬起来，然后去找张怀民。

师："兴致"一词用得非常好，因为有兴致，所以"欣然起行"。好，继续。

生：是"怀民亦未寝"这句，作者去找张怀民，而且发现张怀民也没有睡觉……

师：怎么表述呢？"怀民亦未寝"这句，他发现……

生：怀民和自己一样。

师：我来找你玩，你居然也没睡觉，如果怀民睡着了，他就会觉得怎么样？很遗憾，很扫兴。很好，谢谢你。

生：我觉得"盖竹柏影也"体现出一种恍然大悟的高兴的心情。

师：看到那么美好的景色，那样皎洁的月光透过枝叶投射到地上，啊，原来是竹柏，"盖竹柏影也"，有点赞叹的味道。好，谢谢。

生：我觉得最后一句"但少闲人如吾两人者耳"，表达了作者当时不得志的一种心情。所以我觉得这句话写得非常好。

师：我给你补充一下，这个地方感情比较复杂，我们后面再来讨论它的感情。好，老师小结一下。刚才同学们找的几个地方，都要读出一点儿淡淡的快乐。（师朗读前三句话，强调"亦"字的欣喜）

师：接下来，我们再来读，让文言的味道、宁静的味道、高兴的味道一起表达出来。

生一起有味地朗读全文。

(四)读出一点儿复杂的情愫

师:作者很感慨,但这种感慨的意味我们一时又说不清楚。"何夜无月,何处无竹柏,但少闲人如吾两人者耳。"(师有感情地朗诵)是啊,这种复杂的情愫好像只可意会,不可言传,但是我们可以通过读来把它表现出来。现在请同学们合练一遍,把这四次的朗读感受表达出来,注意这个"盖"字,有点欣喜的味道,注意延长。"盖——竹柏影也。"

师有感情地诵读,生再齐读课文。

师:很好,我们都已经体悟到"神品"的力量了吧。它能够让我们这样去朗读,这也许是苏轼也没有想到的。好,下面开始第二个"有味"。

名师教学点拨:该课例中,余映潮老师将朗读设计为"有味地朗读",具体分为四个角度和层次:读出一点儿文言的味道,读出一点儿宁静的氛围,读出一点儿夜游的兴致,读出一点儿复杂的情愫。可以看出,"有味地朗读"的四个要求是有梯度的,由浅入深,逐步推进,由读通读顺文章到身心融入课文宁静的氛围,最终通过朗读达到理解人物的复杂情感的目的,一步步深化,由文面走入文心。

细细品味,我们还能发现其朗读教学具有很强的目的性、指导性、示范性。为培养学生的文言语感,帮助学生理解文本、理解苏轼,余老师作了由浅入深、多层次的朗读设计,并对学生的朗读进行了有效指导,真正实现了学生理解能力及文言语感的提升。

例2

在朗读中理解,在朗读中发现

——以窦桂梅的《林冲棒打洪教头》教学片段为例[①]

师:面对如此狂妄、无礼、骄横的洪教头,林冲只说了两个字——

生(朗读):"不敢。"

师:这"不敢"一个嫌不够,又重复了一遍——

生(朗读):"不敢,不敢。"

---

①窦桂梅.朗读就是理解,朗读更是发现——以《林冲棒打洪教头》教学为例[J].语文教学通讯(小学),2010(15):9-17.

师：别忘了，这两个"不敢"林冲是"连说"的——

生（朗读）："林冲连说：'不敢，不敢。'"

师：虽说自己曾是八十万禁军教头，可人外有人，洪教头毕竟也是教头，怎能造次？于是林冲连说——

生："不敢，不敢。"（读出了谦虚的语气）

师：我们听到态度如此"谦虚"。（板书：谦虚）想到人家是柴进的老师呀，不看僧面看佛面，这个礼节"我"懂啊，于是林冲连说——

生朗读，读出了很有礼貌的语气。

师：我听出了一份"知礼"。（板书：知礼）想到自己是个犯人，已经连遭不幸，多一事，不如少一事，还是忍着吧，于是林冲连说——

生："不敢，不敢。"（读出了一种忍受的语气）

师：多么忍让的林冲呀！（板书：忍让）

（在多重朗读人物语言中，感受人物性格。）

……

师：按理说，既然人家林冲不接招，这个故事就该结束了，可这好客的柴进又将了一军——

生（朗读）："我也正想看看二位教头的本事，林武师就不要推辞了。"

师：恭敬不如从命，于是又引出了第二次对话——

生（朗读）：众人来到堂前空地上。洪教头先脱了衣裳，拿起一条棒掂量一番，独自耍了一阵，然后喝道："来！来！来！"林冲只好也从地上拿起一条棒来说："请教了。"洪教头恨不得一口吞了林冲，便把棒在地上猛敲一下，冲向林冲。两个教头就在月光下一来一往，交起手来。

师：月亮已经上来了，照得厅堂外面如白昼。瞧——

生（朗读）：洪教头先脱了衣裳，拿起一条棒掂量一番，独自耍了一阵，然后喝道："来！来！来！"

师："洪教头先脱了衣裳"，那叫——摩拳擦掌、赤膊上阵，一副急不可耐的样子。

生："来！来！来！"（一副急不可耐的样子）

师：接着，洪教头拿起一条棒掂量一番，这是在干什么？

生：看“我”怎么教训你，带着胜券在握的喜悦，炫耀地说。

师：那就请你带着炫耀的语气再来读。

生：“来！来！来！”(带着一副胜券在握的语气)

师：这还没完，再看，洪教头又“独自耍了一阵”，这又是何意？

生：带着一副挑衅的语气。

师：那又该怎么说？

生：“来！来！来！”(带着一副挑衅的语气朗读)

师：别忘了洪教头是当一切准备停当，运满丹田之气，最后才喝道——

生：“来！来！来！”(带着“喝”声)

师：从声音的高低上，听出来，你是由高到低地朗读。

生：“来！来！来！”

师：你是由低到高地喝。

师：从语言的停顿上，还可以是两个字在前地喝——

生：“来来！——来！”

师：既然如此，从语言的停顿上，还会有两个字在后地喝。

生：“来！——来来！”

师：当然还可能从语气的节奏上，语气很快——

生：“来！来！来！”

师：从语气的节奏上，缓的语气。

生：“来！——来！——来！——”

师：这人要露脸，城墙都挡不住。这场比武宛如箭在弦上，一触即发！这要是李逵，肯定也跟着喝道：“来来来！我怕你这鸟人怎的！”

名师教学点拨：《林冲棒打洪教头》是《水浒传》中的选文，因其篇幅较长，存在一定的教学难度。窦桂梅老师采取“朗读题目－朗读外貌－朗读语言－朗读动作－朗读总结”的思路展开朗读教学。虽未细读全文，但思路明了、脉络清晰，对学生理解其中的思想感情有非常大的帮助。

这一教学片段，选择的是“朗读语言”中的一部分。窦老师在讲《林冲棒打洪教头》时，颇具古时说书人的气势，这种气势贯穿始终，荡气回肠。在朗读语言部分，窦老师极其强调细节，“不敢不敢”和“来来来”，一共七个字，窦老师引导学生仔细读、反复读，在一次次地品读中，不断加深对林冲和洪教头两个主要角色性格、命运的理解。需要说明的是，原文中为两个"来"，在这堂课的教学中，老师讲解时使用三个"来"，是为了通过朗读的语气、节奏等来突出人物的性格。

朗读就是理解，朗读就是发现。层层细读、层层深入，从读什么像什么，到读什么是什么，从表象到实质。窦老师的朗读教学方式值得我们学习。

例3

以朗读促语感

——以洪镇涛的《乡愁》教学为例[①]

师：我们今天学习台湾著名诗人余光中的一首诗《乡愁》，请大家推荐一位朗读最好的男同学把这首诗读一读。（学生推荐，一男生站起来朗读）

师：读得不错，还没有学习，就能读得这样好，确实读得好。女同学读得好的是哪一位？站起来，给大家读一读。（女生读）

师：读得不错，清楚，也有一定的感情，当然，要读得很好，还要深入读。

教师范读。掌声。

师：刚才听同学读了两遍，我读了一遍。你们感觉，在读这首诗的时候，语调应该是明快的还是深沉的？（生齐答：深沉的）节奏应该是急促的还是舒缓的？（生齐答：舒缓的）语调应该是深沉的，节奏应该是舒缓的！（板书：语调深沉　节奏舒缓）

师：为了帮助同学们理解这首诗，我想提几个问题请大家思考。

问题一：这首诗共有四个小节，大家觉得它们之间的顺序能改变吗？

……

问题二：第四节中"乡愁是一湾浅浅的海峡"，我觉得"浅浅的"用得不好，我想改为"深深的"，好吗？

……

问题三：我总觉得这首诗表达的意思较为含糊，诗人内心的思想没有明确地表达出来，我改写一下，大家评一评怎样。

---

①邓彤.取舍：语文教学设计的基点[J].中学语文教学，2007(1)：25.

小时候，乡愁是对母亲的思念，我在这头，母亲在那头

长大后，乡愁是对爱人的挂恋，我在这头，新娘在那头

后来啊，乡愁是对亲人的哀悼，我在坟墓外头，母亲在坟墓里头

而现在，乡愁是对祖国统一的渴望，我在这头，大陆在那头

师：怎么样？洪老师改得怎么样？

……

问题四：还有一个问题，每一段第二句都有一个"是"，把所有的"是"全改为"像"，"乡愁像一枚小小的邮票""乡愁像一张窄窄的船票""乡愁像一方矮矮的坟墓""乡愁像一湾浅浅的海峡"行不行？为什么？

生1：老师上课前说过，作者写这首诗酝酿了很长时间，如果改为"像"就感觉作者这种情感不是特别深刻。可实际上，作者已被这种情感困扰很久了，所以我认为用"是"更好一点。

师：这个没有说服我。"是"就深刻，改个"像"就不深刻，这个好像没有道理。谁再说？

生2：我觉得改为"像"给人置身事外的感觉，用"是"就是把所有的感情都寄托在邮票上、船票上、坟墓上和海峡上。

师：也没有说服我，可能这个问题有点难。大家想想，有时"是"是可以改为"像"的，"我是一只小鸟"和"我像一只小鸟"是相通的。"小时候，乡愁是一枚小小的邮票"，"乡愁"跟"邮票"有相似关系吗？有没有？有哪些地方相像？是不是个比喻呢？这里不是比喻，其实是个省略，应为"小时候，乡愁是寄托在一张小小的邮票上的"，因此不能改，它不是暗喻。注意一点，大家要朗读好，就要注意作者的感情发展是有层次的，要读出这种层次来。请刚才这个女同学来读。

女生读。

师：不错，基础很好，但是还没有突出感情。特别是第三小节。（师范读第三小节，并且解说作者很悲伤。师反复吟咏第三小节的"我在外头，母亲在里头"，然后让学生自己读全诗，要求放声读，自己读自己的，不要齐读）

师：再读几遍，背诵下来，我要检查。

师：会背的同学，请举手！

两女生分别背诵。

师:不仅背得准确,而且朗诵得很好。下课。

名师教学点拨:洪镇涛老师曾说:“语感教学的主要手段是实施语感训练。”语感训练包括两个方面,一是语感实践,二是语感分析。其中语感实践要求让学生多读、多听、多背、多说、多写成套的语言,因此“朗读”就成为语感教学必不可少的实施手段。

该课例就是上述理念的真切体现,教师十分重视读,不但反复读,而且还要背,其中提出了难易程度不同的四个问题,鼓励学生思考分析,对语言进行研磨,体味诗歌所表达的情感。在此基础上,通过学生试读、老师范读等方式,实现朗读与情感表达的有效结合,从而提升学生的语感。洪老师为我们提供了操作性很强的朗读教学流程。

例4

朗读让文本“入味”

——以王崧舟的《万里长城》教学片段为例①

师:同学们只读了一遍课文就能够对内容有这样的感受,这样的理解,真不简单。但是不深入字里行间,我们就无法感受长城的形象;不深入字里行间,我们就无法理解长城的内在精神。大家读这段话(指板书:长城的建筑年代久远)课文第二自然段,放开声音读,一边读一边仔细地琢磨体会,看看这段话里哪一个句子使你非常激动,使你情不自禁地想赞美它。找找这种感受!

师:把最令你感动的那个句子,使你情不自禁地产生赞美之情的那个句子用波浪线画出来。然后再仔仔细细地读。(生自由读、画)

师:(生画好后不读时)画好以后,自己反复出声地读这个句子。

师:来!最令你感动的,使你情不自禁地想赞美的那个句子,大声读!

生:“他像一条巨龙横卧在我国北方的崇山峻岭上……全长6500多公里。”我读了这句话,体会到了长城的长。从鸭绿江到嘉峪关,这段路是很长的。

师:多长?

---

①王崧舟.王崧舟执教《万里长城》课堂教学实录[EB/OL].http://www.520xy8.com/zhejiaoban/201409/75696.shtml,2014-11-23.

生:6500多公里。我还体会到了长城的气魄雄伟。

师:从哪儿体会到的?

生:"像一条巨龙横卧在我国的崇山峻岭上。"

师:体会得真好,请坐!同学们请看——(课件出示蜿蜒曲折的长城图像)(读)"他像一条巨龙……全长6500多公里。"书上说长城像巨龙一样,咱们找一找,长城跟巨龙之间哪些地方是相似的?

生:巨龙它很长,长城也非常长。

师:你从长度方面找到了长城跟巨龙相似的地方。

生:巨龙很大,很高。从长城的高高低低、蜿蜒曲折可以体会出它像巨龙一样高,一样蜿蜒曲折。

师:你从姿势方面找到了长城跟巨龙相似的地方。它们都是高高低低、蜿蜒曲折的。

生:长城和巨龙的特点都是气魄雄伟。

师:你是从气魄方面找到相似点的。真好!这个一般的人是找不到的。

生:我觉得巨龙就像中国一样,它跟长城一样,都是坚强、刚毅、庄重的。

师:体会得真好,你从长城的象征意义上找到相似的地方。真会读书!

生:龙是很灵活的,而长城也一样,我看出它是随着山势高高低低蜿蜒曲折的。我觉得这一点很像龙。

师:你也是从姿势角度找到相似的地方。

生:龙的头和长城的开头都是波浪形,弯弯曲曲的。

师:形状也一样。

生:人们看到龙都无不赞叹,人们看到长城也无不赞叹。

师:是啊!你从人们看到龙和看到长城的心情角度找到相似的地方。真好,同学们真会读书!但是,同学们请注意,在现实中真有巨龙吗?(生:没有)巨龙是人们想象的产物。它根本就不存在于这个世界上,但我们的长城呢?他却是实实在在地魏然屹立在我国北方的崇山峻岭上。他是那样的雄伟,那样的坚强,那样的刚毅,那样的庄重。当你想到这个的时候,你再读这个句子。读!把自个儿的感受读出来。

生(自由读):“他像一条巨龙横卧在我国北方的崇山峻岭上……全长6500多公里。”

师:把你此时此刻感受到的、体会到的读出来。

生1:“他像一条巨龙横卧在我国北方的崇山峻岭上……全长6500多公里。”

师:不错,谁能比他读得更有气魄。

生2读。

师:真好!巾帼不让须眉。谁能超过她?

生3读。

师:真有气魄。咱们一起读。

生齐读。

名师教学点拨:《万里长城》是一篇说明文。说明文属实用类文本,较之文学类文本相对枯燥,因此给学生留下了不易学习的印象。教师又往往采取千篇一律的说明文教学方式,机械呆板地讲解说明文文体知识,让学生产生一种“说明文不重要,掌握说明文的相关知识点就足够应对考试”的误解。

王崧舟老师以《万里长城》文本为出发点,以朗读教学的方式带给大家一堂别开生面的语文课。学生在思考如何将语句读好的时候,就自然而然地开始体味其中蕴含的思想、精神,当在此基础上进行说明文知识的渗透时,学生也更容易接受。这不失为一种值得借鉴的教学方式。

例5

“多姿多彩”的分层朗读

——以王君的《湖心亭看雪》教学片段为例①

师:请一位同学朗诵全文,同学们仔细听,初步感知一下课文内容。(一生陈熙之朗读,很有感情,师生简评)

师:再请一位同学读一遍。这次朗读的要求高了一点儿:这篇短文中啊,作者犯了一个颇严重的前后矛盾的错误,请你把它找出来。(生惊诧好奇。一生举手要求读,也还不错)

---

①王君.情趣盎然品文言——《湖心亭看雪》教学实录及评析[J].语文教学通讯,2005(4).

生:老师,我找出来了,文中开头是说独往湖心亭,应该是一个人,可是后文又出现了一个舟子在说话。

生:还不仅有舟子呢,前文还说"舟中人两三粒而已",到底是多少人啊,这几处都是矛盾的。

师:同学们好敏锐!名篇名作怎么可以前后矛盾呢?我们是不是应该和张岱商量一下让他改改?

生:我建议先不急,等咱们钻研了课文再作定夺,说不定这其中另有奥妙呢!(大部分同学表示同意)

师:来,我们一起再齐读一遍,这次要求更高了。文中有一个词语可以形象地概括出张岱的形象,请你找出来。(生齐读,老师适时多次幽默提醒:没有陈熙之读得好。学生会意,迅速主动调整)

生:老师,我找出来了,这个字是"痴"。(学生纷纷表示赞成,老师板书:痴)

……

师:想想,三天大雪之后的情景?

师:什么声音都没有。

师:用一个成语表达如何?

生(想了想):万籁俱寂。

师:这是从哪个感觉器官来描写的?

生:听觉。

师:能从其他角度来写吗?

生:湖上白茫茫的一片,白得刺人的眼睛,人呵出的气,到空中马上就被凝固了,耳边是呼呼的风声,空气都是冰凉的。

师:想象得还可以。也能用一个成语来表达吗?

生:天寒地冻。

师:好。这样天寒地冻的天气,你会在家干什么?

生:烤火。

生:缩在被窝里看书、睡觉。

生:喝热茶、热咖啡,聊天。

师：可是张岱居然在这样天寒地冻的天气里凌晨时分跑到湖上去看雪，你看他，是不是有些“怪异”啊？

生：就是，痴人首先是行为痴。（众笑）

师：妙！（板书：痴行）

生：还有，张岱眼中的西湖雪景我觉得也挺“异”的。

师：你有感情地读一遍，说说异在哪儿？（生读，挺有感情。但是抓耳挠腮说不出来）

师：来，咱们一起读这两句，细细体会一下。（生读，摇头晃脑，有些韵味儿）

生：这幅图嘛，反正就是觉得很不一样，一会儿大一会儿小的。（众笑）

师：不着急，我来帮你。老师觉得呀，这一句问题也挺多的。你看“天与云与山与水”多拖沓啊，古人不是说要惜墨如金吗，一连用了四个“与”，我看一个都不用也行。

生：不行，老师。

师：为什么不行？你听我读。（师去掉四个“与”，很认真地读）

生：效果不对了。

师：哪点不对？你得说服我。（大家仿佛表达不出来）

师：那我们对比读一读。先去掉“与”读一遍，然后再把原文读一遍。（生对比读了一遍）

生：哦，老师，我感觉出来了，这四个“与”并不多余，它让天、云、山、水四个景物融合在一起了，如果去掉，好像它们就有界限似的。

生：四个“与”字造就了一种天地苍茫的浩大气象。有这四个“与”，后文的“上下一白”才显得更有气势。

师：好样的，有眼光！来，咱们读出天地苍茫的景象。（生拖长音调读，摇头晃脑，韵味儿十足）

师：还有一个地方，老师不解啊。文中那些量词怎么这么怪啊！明明应该是这样的嘛：惟长堤一条、湖心亭一座与余舟一艘、湖中人两三个而已。

生：不好，显得好大哟！

师：大有什么不好吗？看得更清楚有什么不好吗？

生：前面的大和后面的小形成鲜明对比，这样才“异”嘛！（众笑）

师：哼，不仅是量词有问题，我还觉得顺序也有问题呢，如果我来写就这样安排“湖上影子，惟舟中人两三个、余舟一艘、湖心亭一座、长堤一条”，你看，这样越来越清晰，这符合人的心理要求嘛！

生：不好，味道全没有了。

师：啥味道？

生：好像作者要把自己融进苍茫宇宙的那种味道。

师(惊喜地)：漂亮！咱们读最后一句，把那个“而已”的味道读出来。(生反复读“舟中人两三粒而已”，教师反复指导“而已”的读法)

师：感觉到这“而已”的言外之意了吗？

生：景啊，人啊，不过是这沧海一粟罢了。在苍茫天地中，他们都似有似无，“天人合一”了！(师生惊喜，热烈鼓掌)

师：哦，这位同学真是一语惊醒梦中人，原来痴人眼中有痴景，是因为有个天人合一、融入宇宙的愿望啊！(板书：痴景)

名师教学点拨：该教学片段前半部分有三次朗读，次次朗读都紧扣文本，提出了不同要求。第一次朗读，感知全文；第二次朗读，深入文本细节；第三次朗读，提出“矛盾”，引出之后的文本分析。而且朗读的形式多姿多彩：从个人朗读到集体朗读，从课文文本的朗读到“想象朗读”“虚拟朗读”等，如此丰富多彩的朗读方式不仅推进了教学过程，而且有利于突破难点，层层深入文本。从中似乎也可悟出这个道理：“读”是方式，也是目的；是手段，也是结果。

三、名师支招

(一)重视朗读教学，提升朗读素养

于永正说，多数教师自己不会朗读，自然就不善教，“应试教育”影响了一代又一代人，教师也是应试教育的受害者，没有系统学过朗读，不会教朗读，不重视朗读。要改变朗读教学的现状，得改变教师的观念，提高教师的认识，让教师在教学中重视朗读并且提高自身的朗读水平。①

---

①于永正.朗读教学思考录[J].福建教育(小学版)，2012(11)：32-33.

1.提高实际朗读技能水平——勤于练习。

于老师又说:“朗读是一门艺术。朗读是对书面语言进行有声化的再创造。朗读受朗读者的道德情操、审美情趣、语文素养、艺术修养以及悟性等因素制约。因此,语文教师要在以上方面加强修炼,平时要多听、多读、多揣摩,力求准确、充分地读出课文的思想感情。一切能力都是在思考和实践中形成的,自然包括朗读能力。”①

2.构建朗读理论知识结构——勤于阅读。

于老师还说:“建议教师读两本书,一是美国作家吉姆·崔利斯写的《朗读手册》。读了这本书,一定会知道怎样教语文、怎样教育子女。但这本书只是讲朗读的意义,并未讲朗读的方法和技巧。要明白朗读的技巧,还得读第二本书——张颂先生写的《朗读学》。”②

(二)将“朗读”和“体味”结合

余映潮说:“在我的教学中,常常将‘朗读’与‘体味’合二为一,往往不是单纯的朗读,而是将朗读与分析、朗读与体味结合起来。这样,朗读在训练语感与训练阅读能力方面就能够起更加重要的作用,有些训练效果是单纯的朗读训练永远不可能达到的。”③

例:余映潮的《记承天寺夜游》教学设计

(1)用停顿或者角色扮演朗读的方式,将课文按两个层次、三个层次、四个层次来读。

(2)课文中除了“欣然起行”需要读出高兴的心情外,还有一个字也要读得快乐一点,体味一下,应该读好哪一个字?

(3)体味文意,用朗读的方式表现出文中作者的情感波澜。

(三)注重朗读层次性

洪镇涛说:“朗读可以分为三个层次。一是正确地朗读。要求读准字音

①于永正.朗读教学思考录[J].福建教育(小学版),2012(11):32-33.
②于永正.朗读教学思考录[J].福建教育(小学版),2012(11):32-33.
③余映潮.几种非常实用有效的课堂阅读训练形式[J].中学语文(教学大参考旬刊),2013(1):19-21.

（方言地区从实际出发，不要苛求），不读错。要达到朱熹的要求：读得字字响亮，不可误一字，不可少一字，不可多一字，不可倒一字。二是流畅地朗读。要求读得流畅，不阻滞，不梗塞，不把句子读破了，读出应有的轻重快慢高低来。三是有表情地朗读。要求读出思想，读出情感，读出形象，读出韵味。如叶圣陶说的：‘激昂处还他个激昂，委婉处还他个委婉。’”①

（四）追求创新境界

余映潮说：“其实，朗读教学还有着更为高远的创新境界。如将朗读作为一种训练的课型来设计，将朗读作为一种欣赏过程来设计，将朗读作为一种教材处理的手法来设计，将朗读作为一种信息提取的活动来设计，等等。”②

（刘斌竹　张好　王佳丽　韩巧莉　魏萍泽　韩静）

①洪镇涛.以读为主——阅读教学改革的方向及策略[J].河南教育(基教版),2008(1):35-37.

②余映潮.几种非常实用有效的课堂阅读训练形式[J].中学语文(教学大参考旬刊),2013(1):19-21.

第四章 文学作品教学困惑

第一节 如何教“意象”和“意境”?

意象和意境是文本鉴赏中两个重要的审美概念,是文学作品中抒发情感的基本要素。“意”即作者主观的思想情感,“象”即形象、物象,是指作者所依附的客观主体,故意象就是作者将个人情感注入客观事物中形成的主客体的统一。意境的构成要素是意象,作者通过多个饱含主观感情意象的相连,营造一种情境和情调,以此引起读者的共鸣和联想。意象和意境的教学是中小学语文教学的重难点。

一、教学困惑

(一)困惑描述

困惑1:学生无兴趣。

意象和意境这一知识点大多出现在诗歌、散文等文学作品中,需要读者借助丰富的想象,辅之以积极的主观体验才能理解。习惯于“读图”文化、“快餐”文化的现代学生,对意象和意境的学习兴趣不是很高。怎样才能帮助学生增强探讨意象、意境的积极性呢?

困惑2:固定模式的窠臼。

“诗中有哪些意象?这些意象有什么作用?”“诗歌构成了怎样的画面?表达了诗人什么样的情感?”固定的意象、意境鉴赏模式,忽视了对意境、意象的深度挖掘,使原本应该充满诗情画意的课堂变得枯燥无味。如何才能打破教学的僵化思维模式，让意象、意境的教学变得既有趣生动又能让学生扎实掌握知识点？

困惑3：教师自身对意象、意境理解和感悟不透彻。

一些作品的意象有深刻的含义和解读空间，但老师自身的理解和感悟不透彻，所以无法带动学生深入学习。教师究竟可以从哪些方面入手，才能深化对意象、意境的理解和感悟？

（二）典型课例

《天净沙·秋思》教学设计

师：文中都有哪些景物？

生：景物有枯藤、老树、昏鸦、小桥、流水、人家、古道、西风、瘦马、夕阳。

师：你能体会到作者所表达的情感吗？是什么样的？是不是非常孤独、寂寞、凄凉？

生：是的。

师：作者将主观情感倾注到客观的景物中，这些景物就被称为意象。这首小令是中国诗歌史上意象排列组合的成功典范，描写了作者旅途中所看到的秋天傍晚的景色。在作者精心选择和渲染的画面中，渗透着浪迹天涯的旅人在秋天的夕阳下的孤独和愁苦。因其出色的景物描写和情景交融的艺术手法，被称赞为"秋思之祖"。众多的意象组成了意境，这也是我们感受到凄清寂寞的主要原因。

问题指瑕：该课例是传统的教学模式。在指出景物之后，尚未充分唤醒学生的生活经验、情感体验之前，教师就开始一言堂地分析情感，而学生并没有充分参与到诗歌鉴赏之中，只是学习到简单生硬的定义，不能充分内化为自己的情感体验。此外，教师自身准备、积累不充足，讲解缺乏过渡、生硬、没有美感，学生领略不到文学之美。

二、名师示范

例1

替换意象，对比赏析
——以王君的《乡愁》教学片段为例①

……

生：一定要选“邮票”这个意象吗？可不可以把“乡愁是一枚小小的邮票”换作“乡愁是一句热热的叮咛”？

师：有意思。同学们评评。

生：我觉得可以，“叮咛”也是母亲常做的事情。

生：可以，但不太好，不够含蓄。

生：不好，很普通，大家都会这么想、这么写，没有创意。

生：根本不行。余光中写《乡愁》的时候，恐怕打电话还没有那么方便，母亲的叮咛不容易传达到吧。

生：“叮咛”不好，主要是不能引起最丰富的联想和想象。不像“邮票”这个词语让人遐想联翩，让人想象这一封封信里传递着母亲和儿子多少故事啊！

生：“邮票”标志着分离与挂念，这是每个人都知道的，所以会引起所有读者的共鸣。而且这个比喻很新颖别致。

生：如果不用“邮票”而用“叮咛”，后边的“这头”“那头”也不能用了，全诗的情感基调就被破坏了。

师：讨论得非常好，因为大家已经在不自觉中涉及了诗歌意象选择的要求，比如要新颖，要含蓄，要引发联想，等等。来，读这一小节，把你们的感悟用朗诵表达出来。（生反复读）

师：如果你现在来写“乡愁”，你会怎么选择比较新奇的意象呢？

生：乡愁是一通短短的电话。

生：乡愁是一封淡淡的 e-mail。

生：乡愁是电视台每日的天气预报。

---

①王君.听王君讲经典名篇[M].北京：人民出版社，2014：189

生：乡愁是摄像头前久久的等待。

……

名师教学点拨：该课例中，学生偶然之间提到将“邮票”这一意象替换成“叮咛”，王君老师就抓住这一点，引导学生进行替换对比。在学生充分表达自己的看法之后，老师为大家总结了含蓄、新颖、引发联想的意象选择要求。显然，这种替换比老师自己阐述讲解的效果好，能让学生更好地体悟这首诗歌的深刻内涵。

该课例还有一个别出心裁的地方：王老师请学生选择比较新奇的意象来写《乡愁》，学生选择了“电话”“e-mail”“天气预报”等。这些意象的选取充分体现了学生对文本的发现，对自我的发现。尤其是“天气预报”这一意象，初看令人愕然，细细一品，发现颇耐人寻味，可能比其他几个意象有着更为广阔的想象空间和更为丰富的意蕴。真正理解诗文的意境，才能对原诗内容进行丰富和再创造。在此过程中，学生不仅得到了“鱼”，更重要的是得到了“渔”。

例2

情景还原法——再现诗歌中的意象、意境
——以薛捷的《雨巷》教学为例①

一、“雨巷”“雨”

上课前屏幕显示江南水乡的风光图片，重点突出江南的小巷子。

师：江南是一个非常美丽的地方，江南的杏花春雨，杨柳微风，小桥流水，亭台楼阁，狭长的乌篷船，青石板路的小巷，莫不让人痴恋迷醉，流连忘返。今天，我们要领略的，就是江南的雨巷。（点击屏幕，显示课题）

师：请一位同学朗读第1节。其他同学，老师给你们一个任务，请你们想象第1节的画面。（点击屏幕，显示任务一：听朗诵并想象第1节的画面）

生：我们可以想象在一个白墙黑瓦的江南小巷，延伸着一条爬满青苔的小路，从远处走来一位穿着长袍、撑着油纸伞的很有书生气的诗人。小巷很安静，只能听见雨打在油纸伞上的声音。

师：很美，白墙黑瓦，江南的典型风格，还有着青苔，是什么路面？

---

①薛捷.《雨巷》教学实录[J].中学课程辅导（教师通讯），2013(7)：59-61.

生(齐答):青石板路。

师:巷子是宽是窄?

生(齐答):窄。

师:又很——

生(齐答):悠长安静。

师:诗中雨巷还有一个特点,请同学们阅读第5节,有一个什么词?

生(齐答):颓圮的篱墙。

师:这说明——

生:年代久远。

师:而且破旧。

师点击图片。

师:这是苏州的一条小巷,白墙乌瓦,青石板路,狭窄悠长,寂寥冷清,古旧残破——缺少了什么?

生(齐):雨。

师:是什么样的雨?

生(齐答):绵绵的细雨。

师:为什么是这样的雨?

生:"细"更突出了静,如果不是细雨,就不寂寥了。

师:不错,细雨更契合意境。我觉得它还是无声的雨丝,记得有一句诗叫"无边丝雨细如愁",细如愁的雨丝更符合诗人的心境。蒙蒙细雨中一条古老的江南小巷,白色的墙,黑色的瓦,青色的石板,狭窄又悠长,没有声音,没有阳光。这幅画给人什么样的感觉?

生(纷纷答):阴沉、凄凉、压抑……

师:能给我解释为什么连用两个"悠长"来修饰"雨巷"吗?

生:两个作用,一是使音韵和谐;二是重复强调,写出绵绵的忧思,更加突出诗人忧愁的心情。(掌声四起)

师:太好了。古人说,一切景语皆情语,因为忧愁苦闷,所以诗人觉得小巷悠长又寂寥,这悠长悠长的小巷恰是诗人绵绵无尽头的忧愁。李后主诗曰:"问君能有几多愁?恰似一江春水向东流。"(生不由自主地齐背)春水有多长，愁就有多长；愁有多长，巷子就有多长。

二、“丁香姑娘”“丁香”

师：我希望逢着的是一个——丁香一样结着愁怨的姑娘。

师：请同学们阅读第2节，为这位姑娘画像，（点击屏幕任务二）要具体一点，从相貌、发型、穿着（样式颜色）、神情、眼神、气质、油纸伞的颜色等方面想象，要形神兼备。

生：我觉得应该是披肩发，身材很高挑，穿着长裙，是那种淡淡的蓝紫色，有着江南韵味的那种清秀温柔的女子，撑着油纸伞在雨中漫步。

师：眼神、气质呢？

生：微微皱着眉头，眼神中有挥之不去的哀伤，气质很忧郁，和整个雨巷意境相吻合。

师：想象得很细致，可谓形神兼备。下文有对眼神的仔细描写，是——

生（齐答）：太息一般的眼光。

师：同学们的想象都是由哪几句诗想到的？

生（大声齐读）：“丁香一样的颜色，丁香一样的芬芳，丁香一样的忧愁。”

师：丁香花看过吗？

生（生好奇地齐答）：没有。

师：想不想看？

生（急切地齐答）：想。

师：你们先猜一猜丁香花应该是什么样的？是什么颜色？

生1：我想应该是小花瓣，白色。

生2：我觉得是淡淡的紫色。

师：为什么觉得是白色、紫色？红色、像太阳一样的黄色不好吗？

生：红色太热情，黄色太热烈，与这里的意境不相符，而白色纯洁淡雅，紫色有种忧伤的感觉。

师：你们有双善于发现美的眼睛，说得很准确，丁香花就是白色和紫色的，而且娇弱。（展示图片）

师：姑娘不仅有美丽的容颜，还有丁香般的——

生（齐）：芬芳。

师：这种芬芳应该是——

生：淡淡的，幽幽的，不似玫瑰般浓烈。

师：紫色是冷色调，给人高贵、忧郁的感觉。古人常把“丁香”和“愁”联系起来，以“丁香”写“愁”，写下了许多千古名篇。（屏幕显示诗句）

芭蕉不展丁香结，同向春风各自愁。——李商隐的《代赠二首·其一》

手卷真珠上玉钩，依前春恨锁重楼。风里落花谁是主？思悠悠！青鸟不传云外信，丁香空结雨中愁。回首绿波三楚暮，接天流。——南唐李璟《摊破浣溪沙》

师：寂寥的小巷，如愁的雨丝，昏黄的油纸伞，孤独瘦长的身影，远处跫音响起，丁香般的女子亭亭走来。3～6 节写出了丁香一样的姑娘由远而近，又由近而远的过程。我们仿佛看到了那一幅幅流动的画面。

……

师：今天，老师让你们“过把瘾”，当回导演，请你们拍一个电视短片。（屏幕显示要求）

师：要注意外景地、环境、季节、天气、道具、人物；选取哪几个景物（意象）、抓哪几个镜头（画面）、展现哪几个特写。

生独立思考 2 分钟，然后四人一组讨论 2 分钟。

师：从这几节中我们可以发现有三组镜头，亭亭走来—擦肩而过—逐渐远去；有三个特写，亭亭走来的身影—擦肩而过一刹那的太息—逐渐远去的美丽忧愁的背影。

名师教学点拨：这篇教学案例的优点在于，将诗中的意象以“打破砂锅问到底”的方式作了透彻的分析，如对“雨巷”“雨”“丁香般的姑娘”的分析，还原了诗中所描写的情景以及传达的情感，学生完全沉浸在意象的理解之中。

老师采用的手段有展示图片、播放歌曲、引导学生想象画面、为“丁香般的姑娘”画像、拍电视短片等，让学生以感兴趣的方式还原诗歌中的情景，使学生的注意力和情感始终集中在这首诗的学习上，教学方式既新颖又紧扣教学内容。

该课例在意象的分析和意境的还原上充分而有深度：问题设计巧妙，又作了关键性的引导；学生真正参与其中，因此整个教学过程非常丰富而充实。学生不仅充分掌握了诗中的意象，而且学会了一种分析诗歌意象的方法。

例3

多角度还原
——以王崧舟的《枫桥夜泊》教学片段为例①

一、启：从“钟声”这一意象入手，将各朝代诗歌串联在一起

师：当代词曲作家陈小奇写过一首歌，歌名叫《涛声依旧》。这首歌，不但曲子好听，歌词也写得相当出色。大家看，这是其中的两句。（大屏幕出示）

留连的钟声，还在敲打我的无眠。——陈小奇《涛声依旧》

师：大家注意看，歌词中有一个词叫“无眠”。

……

师：那么，是谁在敲打着“我”的无眠呢？

生：钟声。

师：“留连的钟声，还在敲打我的无眠。”那么，这是从哪里传来的钟声呢？大家看——（大屏幕出示）

十年旧约江南梦，
独听寒山半夜钟。
——[清]王士祯《夜雨题寒山寺寄西樵礼吉二首》

师：其实，早在两百多年前，清朝诗人王士祯就写过这样的钟声了。谁来读一读？

生朗读诗句。

师：读得好！那么，从诗中看，这是哪里的钟声呢？

生：寒山寺的。

师：没错，这是寒山寺的钟声。为了独听寒山寺的夜半钟声，诗人盼啊望啊，梦啊想啊，一等就是多少年？

生：十年。

师：十年，整整十年，可见这钟声的魅力！那么，这钟声为什么会有如此巨大的魅力呢？大家看——（大屏幕出示明代高启的诗歌《泊枫桥》）高启所写的钟声，也是寒山寺的钟声。让人奇怪的是，每次经过枫桥，每次听到寒山寺的钟声，高启总会想起一个人，谁？

生：张继。

①赵尚平.王崧舟《枫桥夜泊》教学实录[EB/OL].http://wenku.baidu.com/view/865e66d 00242a8956bece 498.html.2013-10-17.

师：张继？张继何许人也？为什么高启几度经过枫桥都要忆张继呢？大家看——

（大屏幕出示）

七年不到枫桥寺，客枕依然半夜钟。——［宋］陆游《宿枫桥》

师：早在八百多年前，宋朝诗人陆游就写过寒山寺的夜半钟声。从诗中看，七年前陆游曾经到过哪儿？

生：枫桥寺。

师：没错，寒山寺又名枫桥寺，因为它就在枫桥的边上。他到过寒山寺，听到过什么呢？

生：钟声。

师：七年之后，诗人陆游又到了哪儿？

生：又到了寒山寺。

师：又听到了什么？

生：钟声。

师：七年不变是钟声啊！一年又一年，一代又一代，变的是南来北往的客人，不变的却是那寒山寺的夜半钟声。十年不变是钟声，百年不变是钟声，千年不变的还是钟声。

（大屏幕再次依次出示）

——陈小奇《涛声依旧》

——［清］王士祯《夜雨题寒山寺寄西樵礼吉二首》

——［明］高启《泊枫桥》

——［宋］陆游《宿枫桥》

……（学生提问）

二、承：围绕“愁眠”进行意象与情感的分析

……

师：为什么读《枫桥夜泊》，你感到的却是忧愁、是孤独、是寂静、是凄凉呢？请大家静静地默读《枫桥夜泊》，看看注释，看看插图，联系联系自己的生活体验，想一想，诗的哪些地方向你传递着这样的感觉和情绪？

师：我们知道，枫桥夜泊的时候，应该是张继休息的时候，对吧？

生(自由应答):对。

师:但是,这个晚上,张继睡着了吗?

生(自由应答):没有。

师:没有?你怎么知道的?诗中的哪个词语直截了当地告诉你,张继没睡,根本就睡不着?哪个词?

生:愁眠。

师:都是愁眠。是吗?来,把"愁眠"这个词语圈出来。(板书:愁眠)

师:因为愁眠,这个晚上张继看到了什么?咱们一样一样地说,读读第一句诗,看到了什么?

生:月落。

师:(板书:月落)因为"愁眠",张继看着月亮渐渐地升起,又看着月亮渐渐地落下。当月亮完全落下的时候,天地之间,一片幽暗,一片朦胧。在一片幽暗和朦胧中,诗人在江边看到了什么?

生:枫树。

师:(板书:江枫)想象一下,那是怎样的"江枫"?

生:红红的。

师:那是被霜打过的缘故。秋风吹过,你看那江边的枫树——

生:在瑟瑟摇动。

生:落叶飘了下来。

师:落叶飘零,江枫瑟瑟。多么凄清、多么孤寂的画面啊!那么,诗人在江中又看到了什么呢?

生:渔火。

师:(板书:渔火)找一个词来形容形容你想象中的渔火。

生:忽明忽暗的。

生:若隐若现的。

生:一点一点的。

师:改成"星星点点的"也许会更好,这些是张继因为愁眠而看到的。愁眠啊愁眠,因为愁眠,张继又听到了什么?

生:乌啼。

师：(板书：乌啼)几声凄厉的乌啼，打破了夜的沉寂，但是，当乌啼声飘过，茫茫秋夜反而变得更加沉寂。还听到了什么？

生：钟声。

师：(板书：钟声)是的，姑苏城外寒山寺的夜半钟声。(板书：姑苏城外寒山寺，夜半钟声到客船)请把“钟声”圈出来。看到了，听到了，愁眠啊愁眠，因为愁眠，张继还感到了什么？

生：霜满天。

师：(板书：霜满天)大家知道，霜是覆盖在地上的，所以，李白才写过这样的诗句，床前明月光——

生(接答)：疑是地上霜。

师：对呀！霜怎么可能满天呢？难道是张继的感觉出了问题？

生：因为张继愁眠，所以感觉霜满天。

师：肯定跟张继的心情有关系，是吗？想一想，夜泊枫桥的这个晚上，张继冷不冷？

生：冷。

师：肯定冷！秋霜那么重，穿得又那么单薄，还是在江上，在船上，能不冷吗？其实，身体的冷还是其次，更要紧的是张继的心，他的心也是——

生：冷。

师：为什么？

生1：因为他很孤独。

生2：因为他考试落榜了。

师：看来你查过资料了。这只是一种可能，还可能因为什么呢？

生3：因为他思念他的亲人了。

生4：因为他觉得自己很无助。

师：身体感觉到的是一个“冷”字，心灵感觉到的更是一个“冷”字，于是，在诗人的感觉中，霜满地成了——

生(接答)：霜满天。

师：哪里是霜满天啊，分明是“冷满天”啊！

最后形成如下板书：

月落乌啼霜满天

江枫渔火对愁眠

姑苏城外寒山寺

夜半钟声到客船

师(指着板书):大家看,月落是景,乌啼是景;江枫是景,渔火是景;霜天是景,钟声是景。这景那景,都围绕着——

生(齐读):愁眠。

师:说得好!正所谓“一切景语皆情语”啊!月落是愁,乌啼是愁;江枫是愁,渔火是愁。一个看起来极其普通、极其简单的“对”字,对出的是诗人心中的无限——

生1:寂寞。

生2:孤独。

生3:忧愁。

生4:凄凉。

三、升:巧妙的板书,还原到中心意象“钟声”

师:月亮已经落下去了,诗人还看得见吗?

生(自由应答):看不见了。

师:(擦去“月落”)天地之间一片幽暗,乌鸦凄厉的叫声也已经消失了。(擦去“乌啼”)那满天的霜气看得见吗?(擦去“霜满天”)在一片幽暗和朦胧之中,那瑟瑟的江枫看得清吗?(擦去“江枫”)点点渔火忽明忽暗,若有若无。(擦去“渔火”)还有那姑苏城外的寒山寺,看得见吗?(擦去“姑苏城外寒山寺”“夜半”“到客船”)天地之间,一片幽暗,一片朦胧,似乎已经没有什么景物可以相对了。(擦去“对”)形成如下板书。

愁眠

钟声

四、转:月落时分听钟声

师:孩子们,古今中外,写愁眠的诗歌成千上万、数不胜数。在中国的古典诗歌中,写愁眠,尤其是写思乡的愁眠,更是比比皆是。大家看——

(大屏幕出示)

——[唐]李白《静夜思》

——[唐]张九龄《望月怀远》

——[宋]王安石《泊船瓜洲》

——[宋]苏轼《水调歌头·明月几时有》

……

师:大家一定已经发现,所有的愁眠都跟一种景物联系在了一起,这个景物就是——

生:明月。

师:正所谓,明月千里照愁眠,愁眠一夜望明月。于是,诗人的思乡之愁、怀人之情,都寄托在了那一轮皎皎的明月上。那么,在没有明月的夜晚,在月亮落下去的夜晚,诗人张继又把这份浓浓的思乡之愁、怀人之情寄托给了谁呢?

(大屏幕出示)

枫桥夜泊

[唐]张继

月落乌啼霜满天,江枫渔火对愁眠。

姑苏城外寒山寺,夜半钟声到客船。

师:劝解张继这份愁眠的是——

生:钟声。

师:孩子们,在张继之前,没有人这样写过钟声;在张继之后,尽管有很多人写过钟声,但是,没有一个人写得像张继这样扣人心弦,感人肺腑。这,正是《枫桥夜泊》这首诗能够流传千古的秘密所在。让我们再次满怀深情地走进这首千古绝唱——《枫桥夜泊》。

生齐读《枫桥夜泊》。

五、合:钟声悠悠情满天

师:于是,从张继之后,从《枫桥夜泊》之后,除了“明月千里寄相思”,在中国诗人的心中,又多了一种寄托愁绪的美好景物,那就是——钟声!这钟声穿越时空,穿越历史,在一代又一代诗人笔下悠悠回荡。

……

名师教学点拨:该课例在意象分析上有独特新颖的切入点。一般的教学都把重心放在“愁眠”一词上，而王崧舟老师在此基础上进一步挖掘，一句“那么，是谁在敲打着‘我’的无眠呢”引出“钟声”这个意象，进而围绕“钟声”拓展视野，按时间的先后顺序一步一步引入古人描写钟声的诗句，最后追溯到张继的《枫桥夜泊》，这是一个很新颖的导入。同时也给我们的意象教学打开一种新思路，在教学过程中不局限于一般传统的意象，不是死板呆滞地单纯找出意象然后分析。认真的文本细读，会带来不一样的视角，也会激发学生学习的热情和兴趣。

同时，该课例运用丰富的教学素材来还原意象，从现代歌词，穿越到清代、明代、宋代，再回到张继的唐代；从同学们熟悉的生活开始，体会“千年钟声千年愁”的魅力。

三、名师支招

（一）替换意象，对比鉴赏

黄厚江说：“要借助于阅读教学的文本和学习活动，组织语言训练，提高学生语言运用的能力和语言素养。”“在语言训练教学中要突出语言要素，提出明确合理的要求，并有到位的指导和评点，力求能有效提升学生的语言素养。”①

进行意象赏析时，教师同时也是在组织学生的语言训练，通过替换意象进行分析的活动，比老师空洞讲意象更能使学生在比较中感受语言的精妙，品悟到作者的思想感情，认识到准确用词的重要性。

老师在教学过程中要进行具体到位的指导和点评，用不同的语言材料去刺激学生，使他们用心去感受语言的丰富意蕴，从而逐渐形成敏锐的语感，提高学生鉴赏语言文字的能力。老师需要综合各方面，找到一个恰当的比较词，而不是随手拈来；在学生比较鉴赏的语言中，老师要总结归纳。

（二）多角度分析意象，唤起学生的情感体验与想象，还原意象世界

王崧舟说：“学文学作品、教文学作品，关键在于两条，第一条，能逐渐地

---

①黄厚江.语文教学必须突出语文训练[J].中学语文教学，2009(12)：9-13.

掌握‘将语言文字还原出一个意象世界’的方法和本领；第二条，能逐渐地领悟作者是如何凭借语言文字托出一个意象世界的诀窍和秘妙。”①

文学作品，尤其是诗歌，是寄托作者情感的载体，作者往往通过一系列客观事物，即意象来表达自己的情感，而不是直接地表达情感，因此要准确地把握一篇文学作品的真正情感内涵，就要从意象入手，挖掘隐藏其中的情感内涵，只有还原出作品中的意象所营造的情感氛围，才能完整地把握这篇文章。所以教师在教学中应该采用图片、音乐、视频、小道具等多种有效手段，还原诗歌中的意象，带领学生共同品味、赏析意象，体会作者的情感。用语言文字还原意象、意境，从各个角度进行描述，能够帮助学生真切体会到景物的特点，从而唤起生活体验，真实地感受到文学作品的美。

（三）深度解析，挖掘亮点，拓展深化

特级教师林梓说：“为学须有本原，须从本原上用力。”②

教师解读文本需有独到的功力，不能局限于文本，而要还原其本原，超越文本，找出文本的秘妙。

（四）改写诗文，进行再创造

余映潮说：“……在有关诗歌学习的实践活动、探究活动和综合性学习活动中开阔学生的视野，发展学生的语文能力。”

老师为学生提供再创造的平台，如改写意象、改写成散文、再创编诗歌等活动。只有真正理解了诗文的意境，才能对原诗进行丰富和再创造。学生将自己的感受、体会融入原诗文中，或用散文形式改写诗文，把读诗、悟诗和写作融为一体，或替换更新颖、深刻的意象，与生活联系起来，都能使理解、鉴赏能力得以增强。

余映潮说：“……力求做到对作品进行多元的开放性的解读，对作品的意蕴有新的发现；运用现代观念审视作品，就作品的思想内容或艺术特色的某一方面做出富有创意和个性的评述。”

---

①王崧舟.一切都在境中——评王自文老师执教的《生命的壮歌》[J].教学月刊(小学版)，2010(4)：16-18.

②王阳明.传习录[M].江西：江西教育出版社，2014：123

(五)运用朗读教学使学生充分感受意象、意境

吕叔湘说:"朗读是讲文学作品的好方法。"

文学作品内在的气质,通常通过意象的塑造与意境的营造外显出来。教师通过有效而细致的朗读指导,如传授重读、轻读的音节技法,可以使学生在掌握朗读技巧的同时,亲身感受作品内部散发的独特气质和意境。同时,思考诵读处理的过程,有利于学生形成对作品意象、意境的自我判断和阐释,使学生的个性化解读得以彰显,提高学生的鉴赏能力。

(王婷　方晗　赵青　李慧慧　魏圆元　谢佳宏)

第二节　如何教"情景交融"和"借景抒情"?

借景抒情是作者带着强烈的感情来描写景物,把思想、情感寄托在具体景物中,通过具体的景物描写来表达情感的抒情方式。"以我观物,物皆着我之色彩。"

情景交融是指主客体关系在心物感应、情景交融中达到物我统一,让读者觉得如见其人,如临其境。情景交融的关键在于充分表现出景物与人的情感的"同构性",而不在于除了纯粹写景以外非要加上一段直接的议论抒情。

借景抒情一般和触景生情对举,是艺术手法,而情景交融则是表达效果。

一、教学困惑

(一)困惑描述

困惑1:"写了什么景,表达了什么情感"的模式化提问套路,将景和情截然分开。

借景抒情和情景交融中"景"和"情"是紧密关联的,景物是带有感情色彩的景物,感情是附着于景物之上的,二者共同营造出一种情境,传达作者的情感。教师在教学过程中,如果只是程序化地告诉学生写了什么景、抒了什么

情，久而久之，学生会失去对课堂的新鲜感，不参与，不动脑，难以真正体会到"情"和"景"之间的关系以及其表达的妙处。那么，该怎样贯穿"情"和"景"，使学生在生动有趣的教学过程中体会借景抒情和情景交融的妙处呢？

困惑 2：写景散文过多，容易造成学生审美疲劳。

学生从小学起就大量接触写景散文，久而久之，在一些学生眼里，景物用文字表达出来就只是文字了，毫无美感和吸引力。那么，老师要怎样引导学生进入情景，真正通过自己的体会来把握借景抒情的艺术手法和情景交融的表达效果呢？

困惑 3：学生远离作者的写作时代，无法体会文本情景交融的具体内涵。

由于学生与作品产生的时代或作者本身的思想情感有一定的距离，所以对作者的处境及情感没办法感同身受，无法体会作品里情景交融的具体内涵。那么，教师怎样为学生最大化地还原作者当时的心境，深刻体会作者的情感呢？

（二）典型课例

《故都的秋》教学片段

……

师：作者笔下故都的秋具有"清、静、悲凉"的特点，那么文中集中描写故都秋景这一特点的是哪些段落？

生：是 3～11 自然段。

师：这些段落中主要写了哪些景？

生：第 3 自然段主要写了牵牛花，第 4 自然段主要写了槐树，第 5 自然段主要写了秋蝉，第 6～10 自然段主要写了秋雨，第 11 自然段主要写了果树。

师：很好。作者在对这些景物具体的描绘中，是如何体现故都秋"清、静、悲凉"的特点的呢？

生：……

师：现在我们从秋色来品味一下故都的秋味。作者描写秋色用了什么修辞手法呢？

生：比喻、拟人、夸张。

教师板书：

秋色

青天(蓝绿)　蓝朵(蓝色)　秋草(黄色)

落蕊(灰白)　树影(暗灰)　灰土(灰色)

灰沉沉的天(灰色)　青布(蓝绿)

枣树(淡绿微黄)

师:这些色彩大多是冷色。面对这么多的冷色,你心里会产生怎样的感受?

生:冷清。

生:寂寞。

生:悲凉。

师:对,在心情不好的情况下,越冷越孤独、越痛苦。如果你处在这样冷清和寂静的秋天,你心里会产生一种怎样的情感?

生:……

师:是悲凉。这便是故都的秋味。这与作者的心境有关,前面我们在学习本文的写作背景时,曾提到作者写作的心境,简单地说,作者心情不好,所以才会写出如此之景。由此我们可以看到情与景的密切关系。

问题指瑕:模式化教学。单薄地分析写了哪些景,体现了怎样的心情,虽然从分析景物色彩的角度出发进行解读,但单凭色彩学生恐怕不足以感受到秋天的悲凉。

教师对景、情的分析并不深刻,也没有联系学生的生活体验,学生无法体会到写景的精妙和作者的情感。

二、名师示范

例1

新思路奇问题，贯穿情景不分离
——以王君的《湖心亭看雪》教学片段为例①

老师带领学生回忆一些关于西湖的诗句。

师：是啊，同学们，诗人心中有一个春天，他笔下的西湖就春意盎然；诗人的心中有一份柔情，他笔下的西湖就温柔缠绵。可是，如果诗人的心中寒冰一片，他笔下的西湖会是什么样子的呢？让我们和张岱一起去《湖心亭看雪》。

（设疑导入）

第一遍朗读初步感知全文。

师：再请一位同学读一遍。这次朗读的要求高了一点儿：这篇短文中，作者犯了一个颇严重的前后矛盾的错误，请你把它找出来。（生惊诧、好奇）

生：老师，我找出来了，文中开头是说独往湖心亭，应该是一个人，可是后文又出现了一个舟子在说话。

生：还不仅有舟子呢，前文还说“舟中人两三粒而已”，到底是多少人啊？这几处都是矛盾的。

师：同学们好敏锐！名篇名作怎么可以前后矛盾呢？咱们钻研课文，说不定这其中另有奥妙呢！来，我们一起再来齐读一遍，这次要求更高了。文中啊，有一个词语可以形象地概括出张岱的形象，请你找出来。

生：老师，我找出来了，这个字是“痴”。

学生纷纷表示赞成，老师板书：痴。

师：对，这个张岱啊，就是一个与众不同的痴人。大家再自由读两遍，咱们讨论一下：他哪些地方表现出特别的“痴”了？

生自由朗读、讨论，纷纷举手。

生：“是日更定”，他居然在凌晨的时候去看雪，真不可思议！

生：还自称是一个人驾船去的，胆子可真大。（众笑）

---

①王君.情趣盎然品文言——《湖心亭看雪》教学实录及评析[J].语文教学通讯，2005(4)：22-25.

生：还不是一个普通的冬天的凌晨，是“大雪三日，湖中人鸟声俱绝”的时候去的。

……

（联系同学们的生活体验，反衬张岱的“行痴”）

师：可是张岱居然在这样天寒地冻的天气里凌晨时分跑到湖上去看雪，你看他，是不是有些“怪异”啊？

生：就是，痴人首先是行为痴。（众笑）

师：妙！（板书：行痴）

……

师：来，咱们一起读这两句，细细体会一下。

生读。

师：老师觉得呀，这一句问题也挺多的。你看“天与云与山与水”多拖沓啊，古人不是说要惜墨如金吗，一连用了四个“与”，我看一个都不用也行。

……

师：那我们对比读一读。先去掉“与”读一遍，然后再把原文读一遍。

生：这四个“与”并不多余，它让“天、云、山、水”四个景物融合在了一起，如果去掉，好像它们就有界限似的。

生：四个“与”字就造成了一种天地苍茫的浩大气象。有这四个“与”，后文的“上下一白”才显得更有气势。

师：好样的，有眼光！来，咱们读出天地苍茫的景象。

生拖长音调读，摇头晃脑，韵味儿十足。

师：还有一个地方，老师不解啊。你说文中那些量词怎么这么怪啊，明明应该是这样的嘛：惟长堤一条，湖心亭一座，与余舟一艘，湖中人两三个而已。

生：不好，显得好大哟！

师：大有什么不好吗？看得更清楚有什么不好吗？

生：前面的大和后面的小形成鲜明对比，这样才“异”嘛！（众笑）

师：不仅是量词有问题，我还觉得顺序也有问题呢，如果我来写就这样安排“湖上影子，惟舟中人两三个、余舟一艘、湖心亭一座、长堤一条”，你看，越来越清晰，这样越来越清晰，符合人的心理要求嘛！

生：不好，味道全没了。

师：啥味道？

生：好像作者要把自己融入苍茫宇宙的那种味道。

师：漂亮！咱们读读最后一句，把那个“而已”的味道读出来。

生反复读“舟中人两三粒而已”，老师反复指导“而已”的读法。

师：感觉到这“而已”的言外之意了吗？

生：景啊，人啊，不过是这沧海一粟罢了，在苍茫天地中，他们都似有似无，天人合一了！

师：哦，这同学真是一语惊醒梦中人，原来痴人眼中有痴景，是因为有个天人合一，融入宇宙的愿望啊！（师板书：痴景）

生：老师，如此安静的环境，后文突然又写喝酒聊天什么的，是不是将意境全破坏了？

师：问得好。说不定这后边还藏着关于“痴人”的秘密呢！咱们先到对话中去找。来，请一位同学读读“大喜”一句。

一生起，读得回肠荡气，神态、语气俱佳。

师：客说：“湖中焉得更有此人！”“此人”是哪种人？咱们用文言文说出来。

生：湖中焉得有此雅兴之人。

生：湖中焉得有此豪情之人。

生：湖中此人，知音也！

生：志同道合，三生有幸！（众笑）

师：是啊，酒逢知己千杯少啊，可是，老师有一疑问啊，饮酒之前不问姓氏，饮酒之后才问；问却避而不答姓氏，只说“是金陵人，客此”，然后不留地址，不留电话，不留 e-mail，这段奇遇，张岱是不是处理得太草率了？（众笑）

生：应该是故意的吧。正如舟子所说：“莫说相公痴，更有痴似相公者！”文中三人都是痴人，何需留名，一留反而就俗了。

师：这样看来，张岱追求的人生是一种什么样的人生啊？

生：他不愿和人深交，他生活在自己的内心世界中。

生：他只愿融入自然中，和自然为友，而不愿进入世俗的生活。

师:我们现在来看最初我们发现的那个矛盾,是张岱数不清楚人数吗?是张岱一不小心犯了一个可笑的错误吗?

生:我懂了,根本就不是失误,根本就是因为他“眼中无人”,知音尚且不顾,何况舟子。(生鼓掌)

师:那他的眼中只有什么呢?

生:只有自己的心,只有自然,他是属于自然的。

师:哦,同学们一点拨,老师懂了。世上居然有如此痴人,视世俗世界而不顾,一心要把自己融入自然之中。可是张岱笔下的自然如此清冷,如此浩大,如此孤独,这其中会不会有更深层次的原因呢?同学们,找找,就在全文第一句第一个词语,还有注释。

生急看,恍然大悟。

生:他想:你怎知我心!大明已亡,我岂可因那繁华红尘忘记故国?

生:他想:我无力改变这天下,那我就在这山水之间来度过余生罢。

生:达则兼济天下,穷则独善其身,我张岱,决不媚俗失节,一湖寒冰,就是我的志向。(生鼓掌)

师:同学们,老师非常佩服你们。在我们的共同努力下,我们终于透过痴行、痴景触摸到了并且走进了张岱这位痴人之痴心。(板书:痴心)中国历史上,有多少这样的古代文人啊!他们在现实中被压弯了腰,他们在现实中透不过气来了。于是,他们只有在大自然中来伸一伸他们被压弯了的腰杆,在大自然中来深深地呼吸一口干净的空气。他们宁愿自己是山是水,是树是花是草,是一朵云,是一片冰。他们不仅仅寄情于山水,而且寄情于阔大宁静、清寒灵动之山水。他们在这片山水中寻找心灵的归依,寻找心智的独一。同学们,正如那位同学所说,雪是其节,冰是其志,苍茫天地是其归宿,凌寒独立是其人格。让我们回顾大家非常熟悉的柳宗元的那首《江雪》。

师生齐诵《江雪》。

师:同学们,孤舟一寒士,独品满湖冰。我将曹雪芹《红楼梦》中的一首名诗送给大家,你们再细细去品张岱之痴吧,“满纸荒唐言,一把辛酸泪。都云作者痴,谁解其中味。”

在动情的朗读中结束全文。

名师教学点拨：新思路奇问题，贯穿情景不分离。课堂初始，王君老师巧妙设置了主问题“是不是独游湖心亭”，之后是“痴人”的情感定位，后又引导学生赏析“痴景”，从四个“与”、“量词”、“词序”、重点词“而已”几个方面，采用替换对比的手法，让同学们体会到如此写景的妙处。“以我观物，物皆着我之色彩”，又回到情感的分析，结合文章最后两段的船上饮酒，加上写作背景，学生顿时了解到作者的痴人痴行。自始至终，课堂没有脱离情感赏析景，没有脱离文本分析情，情景分析贯穿其中。

例2

改动对比显差异

——以袁文的《故都的秋》教学片段为例①

师：我们首先来品读第3自然段。（配乐齐读）

师：老师将文章第3自然段进行了特别的改写，同学们任选一处品析改动前后的不同之处。

（投影）在北平即使你不出门去吧，就是在皇城人海之中，租一间破屋住着，早晨起来，泡一碗浓茶，坐在院中，你也能看到蓝色的天，飞过的鸽子，你还能看到透过槐树射下来的日光，也会注意到墙壁腰上像喇叭似的牵牛花。如果你观察仔细，你还会注意到牵牛花下长着秋草，使作陪衬。

生1：原文的“一坐”显出闲适、轻松。

师：“一坐”的词性是？

生1：动词，动作描写。

生2：我鉴赏“看得到很高很高的碧绿的天色，听得到青天下驯鸽的飞声”，改动后，没有了细节的描写。如“很高很高”，可以看出作者的闲适；“驯鸽的飞声”是很细小的，一般不容易听到，在这里以声衬静，更显出院落的安静。

师：以声衬静让人联想起“蝉噪林逾静，鸟鸣山更幽”。很好，继续。

生3：我找到的是“从槐树叶底，朝东细数着一丝一丝漏下来的日光，或在破壁腰中，静对着像喇叭似的牵牛花”，“细数”“静对”这两个形容词，表现出悠然闲适的状态。

---

①袁文，袁学民.《故都的秋》课例赏鉴[J].语文教学通讯（高中），2015(C1)：96-99.

师：很好，你读出的是作者的闲适。

生4：粗看，“一丝一丝”是个量词，实际写出了阳光柔美的质感，让我们读到了文字背后作者细腻的情感。

师：你的发言很有质感，从量词的角度，由景读到了景后的作者。

生5：我找到的是最后一句，“最好，还要在牵牛花底，教长着几根疏疏落落的尖细且长的秋草，使作陪衬”。作者在画面中排布如何使得它更美，可见作者很闲适，沉醉在这样的景中，也沉醉在这样的心绪里。

师：我也沉醉在你的答案里。郁达夫有部很出名的小说，名字中也有沉醉——《春风沉醉的晚上》，希望你去读读。

名师教学点拨：整段的改写篇幅较长，能考查学生多方面的能力。如细读文本、反复比较的能力，以及解读文本、联想想象的能力，促进学生对情与景的理解。整段改写还使学生对于一地之景和一时之情体验得更精细，感受不同笔调下景物和情感的不同，生动地体会情景交融或借景抒情的韵味。

对比阅读满足了学生的想象力，常常会使文本解读更新颖。课堂一反传统体会“寂静、悲凉”的北国之秋的陈旧套路，启发学生围绕“特别”二字，解读出郁达夫笔底“悠然闲适”的北方秋日。

例3

品读关键字词句，感受其中情与意

——以余映潮的《济南的冬天》教学片段为例①

师：第二次品读欣赏，画出“小摇篮”，它在第二自然段；画出“带水纹的花衣”，它在第三自然段；画出“小水墨画”，它在第四自然段；画出“蓝水晶”，它在第五自然段。如果说作者使用了高妙的修辞技法，在每一个段落里都用了一个关键的比喻句来写美丽的济南的冬天的话，那么这四个比喻句在每一段里面的作用都值得我们欣赏。注意老师的表述，老师没有说“你最喜欢、最欣赏的是哪一个”，老师说的是“你最能够欣赏的是哪一个”，也就是说，你不仅要欣赏，还要讲出你欣赏的内容。好的，开始思考。

生思考。

师：请你来。

①余映潮，黄亚东，杨晓蓉.《济南的冬天》教学实录[J].语文教学通讯，2010(35)：59.

生1：我认为我最能欣赏的应该是“空灵的蓝水晶”，这样很贴切的比喻更让我们感受到好像看到了一幅风景秀丽的画卷。

师：嗯，分析得多么好啊！“空灵的蓝水晶”表现的是一种纯净的美。

师：好，请你来。

生2：我最能欣赏的是第二段的把小山比作一个摇篮，也体现了济南的冬天的温晴。

师：嗯，对，不仅表现了“温晴”，还表现了另外一个“温情”，情感的情。继续，哪一位？（有同学第二次举手）

师：好，来试一下，先来试一下。

生3：我更能欣赏的是“带水纹的花衣”，这个比喻形象又准确地写出了雪草覆盖的状态，进一步说明了济南的冬天的温晴。

师：嗯，美丽，山色的美丽，这个比喻还让我们展开思绪，想到“带水纹的花衣”，它的整体的美可能就是一个漂亮的小姑娘。

生4：我最能够欣赏的是第五段的“空灵的蓝水晶”，绿水与蓝天应和，它们相得益彰，即使之间相差了十万八千里，也是那么地融为一体。

师：啊，这样诗意的表达呀，太让我惊叹了！而且我还建议你，如果还加上一句话的话，那就是“美丽的色彩，那么蓝汪汪的”。好，谢谢。

生5：我最能理解的也是“带水纹的花衣”，也能看出这座山很生机勃勃。

师：嗯，给我们一种美丽的动感，好，谢谢。还有一个地方没说到吧？

生6：我觉得“小水墨画”这个比喻最好，因为它后面加了一句“也许是唐代的名手画的吧”，这张小水墨画肯定是非常赋有诗意的，这就更衬托出济南的山景的美。

师：好，如果说把你的“唐代的名手画的吧”再引申一下，就是古朴。啊，这个冬天，这种色彩显得很古朴，那种画面的构图显得很古朴。好，谢谢你帮了我的忙。刚才我还是于心不忍……（师准备结束这一环节，又有生举手）

师：还是让你说一下。（大家笑）

生7：我也认为“空灵的蓝水晶”写得好，因为天上和水中都是蓝颜色的，这蓝颜色融为了一体，仿佛让我们置身于一个画中，所以我认为“空灵的蓝水晶”写得很好。

师：嗯，好的，你要感谢我满足了你的愿望。（众生笑）好，小结一下，作记录。（边放幻灯片边小结）摇篮太美了，写出了秀美的山形地貌、舒适的冬暖环境；（给时间让学生记录）带水纹的花衣，表现的是雪后山色的斑斓和大自然小山的飘逸美好的情韵；（给时间让学生记录）小水墨画，凸显的是山村的疏朗点缀。山村点缀在小山上，远远看去，那样美丽，而且因为是冬天，所以它的色彩是古朴淡雅的，这足见作者用小水墨画来比喻冬天的济南城内的小山的精致之美；（给时间让学生记录）空灵的蓝水晶，则显示了天光水色的清净和温暖泉城的亮丽。（给时间让学生记录）总的来看，这篇文章表现手法最高妙的地方就是——以小喻大，以小绘大，从而表现出景物的诗情画意。

师：好，下面的内容，我给大家讲一下，作好记录。（边放映幻灯片边讲解）美妙之处——这一段用了反复的手法，写晴朗的日子里的小雪，写了山上，写了山尖，写了山坡，写了山腰，反复地写；化静为动，带水纹的花衣，就给了我们这样的感受；有个术语要知道，叫以虚写实，“叫你希望看见一点更美的山的肌肤”，我们是看不见的，我们要想象，就像朱自清的《春》的结尾，春天像小姑娘，春天像小伙子，都是以虚写实；更重要的是段末点题，在描述景物之后有一个抒情式的点题，使整个段落在结构上、在情感上都显得很精致，段末点题，就是下小雪吧。所以这是它基本的美点。

名师教学点拨：该课例抓住关键句品读鉴赏，使学生通过一字一句的品味，勾连上下文，联系体验，透过语言的美感进一步感受到更深层次的东西。这不失为一种常见的有效教学方法。

同时，余映潮老师还注意总结提升，在学生回答的基础上，为学生补充赏景析情的方法：反复、以虚写实、段末点题等手法，有效提高了学生的赏析水平。

例4

巧引旧知，共悟情感
——以于漪的《春》教学片段为例①

师：今天我们学习朱自清的《春》。一提到春啊，你们眼前会不会仿佛展现出阳光明媚、东风浩荡、绿满天下的美丽景色。一提到春，我们就会感到有无限的生机，有无穷的力量！所以古往今来，很多诗人用笔墨来描绘春天美丽的景色。我们曾经学过一些绝句，现在我问一问大家，杜甫是怎样描绘春天的？

生1："两个黄鹂鸣翠柳，一行白鹭上青天。窗含西岭千秋雪，门泊东吴万里船。"

师：他是从两个黄鹂在青绿色的柳条上鸣啭来描绘春天的美好啊！再想想看，王安石也有一首诗是描绘春天的，这首诗背得出来吧？谁来背背看？有一个名句，想想看。"京口瓜洲……"预备——起。

生（集体）："京口瓜洲一水间，钟山只隔数重山。春风又绿江南岸，明月何时照我还。"

师：哪一个句子是写春的？

生（集体）："春风又绿江南岸。"

师：哪一个字用得特别好？

生（集体）："绿"。

师："又绿江南岸"，这是从什么角度来写的啊？——从春风的角度。春风一吹，江南岸边就怎么样？

生（集体）：绿。

师：绿——绿满天下！绝句，它只有四句，往往只是从一个或两个角度来写的，也就是选取春天的一个或者两三个景来写春。今天我们学习朱自清的这篇散文，其中写春的内容可多啦！这里写了：草、花、风、雨、山、水、树、蜜蜂、蝴蝶等等。现在，请同学们读一读，并思考：这篇文章是怎样写春的呢？同学们读了以后，分分看，哪几节写迎春？哪几节写绘春？哪几节写颂春？（边讲边指板书"迎春""绘春""颂春"）

---

①语文备课大师.于漪《春》教学实录[EB/OL].http://www.xiexingcun.com/mingshi/HTML/40491.html,2012-03-22.

……

师:“仿佛”——满树已经结了果。“仿佛”,很重要,注意!如果说这时候已经结了果,那就不符合实际。所以一定要用“仿佛”。接着就写“花下”,写蝴蝶、蜜蜂。这里有个词用得非常好,这个词把热闹的情景写了出来,是什么呀?

生(集体):“闹”。

师:“闹”!这个“闹”字呀,在我们诗词里也有,“红杏枝头春意闹”!杏树它会有声音吗?没有的。这个“闹”字,就把春天的什么——“繁花似锦”的热闹气氛都刻画出来了!这里是写蜜蜂的“闹”。蜜蜂是怎样的呢?“嗡嗡地”。“嗡嗡地闹着”,就是写这个热闹的情景。蝴蝶怎么样呀?花下大大小小的蝴蝶在穿梭,飞来飞去。

……

师:写风。一开始,作者写风的时候就引用了——

生(部分):宋朝志南和尚的诗句。

师:噢,志南和尚的《绝句》。我们背背看,预备——起。

生(集体):“古木荫中系短篷,杖藜扶我过桥东。沾衣不湿杏花雨,吹面不寒杨柳风。”

师:好,我们之前在早读课上读了他的《绝句》,说到其中有一句名句,“吹面不寒杨柳风”。你看呀,今天的这篇文章就将这句名句运用进去了!“吹面不寒杨柳风”,运用在这儿写风。那么,这里怎样写风的呢?首先是写风的姿态,(板书:态)然后再写风里夹着很多味道。(板书:味)请同学们看看,文章是怎么写风的姿态的?请同学们找出写风的姿态的关键词。

……

师:对。好,我们再来看,草呢?雨中的草是怎样的呢?

生(集体):“青得逼你的眼”。

师:哪个词用得好?

生(集体):“逼”。

师:对。这个“逼”字说明什么呢?

生(集体):刺眼。

师：喔，很刺眼，“逼你的眼”。大家理解得很好。大家想想看，王安石的《书湖阴先生壁》，诗中有一句话，记得吧？

生（部分）：“两山排闼送青来”。

师：喔，对，已经想起来了，“两山排闼送青来”。这两座山好像把门逼着推开，然后把“青”送来了。清楚了吧？“逼你的眼”，大家理解得很好。

……

名师教学点拨：为了让学生感受到美景和作者洋溢着的诗情，于漪老师在导入部分和正文讲解中引入学生学过的诗句，以调动学生头脑中与课文相关的原有知识，加强学生对关键字词的理解，让学生展开对春天的想象。这样在大方向上对学生的理解进行引导，使学生形成一定的整体感知，以至在后面的情感体会中不会出现大的偏差。同时，也帮助学生对新旧知识进行整合，加强他们对旧知识的回忆和对新知识的积累。

同时，于老师还注重让学生领悟文章中描写景色特点的手法，并将日常生活中的写作结合起来，将教学和生活联系起来，真正落到实处。

三、名师支招

（一）陌生与期待——打破模式化教学

王崧舟说：“对学生而言，每一堂课，都应该成为一个不可复制的唯一的存在。”“‘陌生化’是彰显教学结构诗意的基本策略。充满诗意的教学结构总是在‘熟悉’和‘陌生’的两极之间寻求期待的视野和投入的张力。”①

（二）情化的自然，“情”“景”不分离

王崧舟说：“在文学解读中，必须切实把握文学感情化的特性和规律，着力于作品中‘情化的自然’的审美透视。”“审美解读是将文本从静态的物质符号中解放出来，还原为鲜活生命的唯一可能的魔术。但是，审美解读并不需

①王崧舟.自赎与拯救：诗意语文的再发现[J].语文教学通讯，2008(13)：12-19.

要对作品的原意复原，也无法复原，而需要一种创造性的审美态度。”①

“借景抒情”“情景交融”，一切景都不能与情截然分离，教师需要用一条课堂主线来贯穿情景，无论是巧妙地设置“主问题”，还是“文本细读”，创造性地引导学生进行审美活动，一切水到渠成，不脱节，不突兀。

（三）改动分析，对比阅读

孙绍振说：“根据艺术形象提供的线索，把未经加工的原生的形态想象出来，找出艺术和原生形态之间的差异，有了差异就不愁没有矛盾了。”②

改动原文本，使之产生与原文在表现张力和表现内容上的差异，能够让学生直接感受到不同语言对于表现不同情和景的作用。同时也有利于让学生理解，作者于遣词造句之间，在景物中寄托了一种特定的情感，这种情感通常有赖于特定词句来表现。这正是情景交融或借景抒情的要义之一。

这一方法使学生在拓展中既丰富了知识，辨识了语言特色，又使学生得到了思维锻炼。

（四）品析关键词句

余映潮说：“在教师示范的前提下，学生或独立地或合作地对课文中的词句进行评点，进行赏析。这是高层次的精细的读写活动，给人一种极为美好的感觉。”③

程少堂说，语文课要教出情感美，应该要品味语言文字之美。④

语文课要教出情感美，应该品味语言文字之美。教师找出文章中一定要赏析的字句，或者引导同学们发现，在学生赏析的基础上，了解到学生空缺的知识点，在此基础上进行补充和重点讲解，不断增强学生赏析词句的能力，这不失为一种有效的教学方法。

---

①王崧舟.自赎与拯救：诗意语文的再发现[J].语文教学通讯，2008(13)：12-19.

②张国强.对比阅读法在散文教学中的应用[C].国家教师科研专项基金科研成果，2016.

③余映潮.语言教学的创新设计[EB/OL]http://www.gmw.cn/01gmrb/2005-05/25/content_238221.htm

④程少堂.“语文味儿”理论构想[J].语文教学与研究，2003(13)：6-10.

(五)知识迁移,厚积薄发,唤起、补充学生的生活经验

于漪说:“当前语文教学对学生进行素质教育有两点尤为重要,一是让学生重视积累,学会积累……较长时间以来,我们的语文教学重分析,轻积累,有的文章甚至被分析得支离破碎,这不能不说是一种严重的失误。‘厚积而薄发’,学生‘积’得很少,又‘发’什么呢?”①

对一篇课文,学生之所以理解不了、感受不到、欣赏不来,原因是其生活经验及百科知识不足,或者没能将生活经验及百科知识与阅读这一篇课文真正地联系起来。因此,在日常的教学活动中,老师应善于引导学生注重对学习过的知识的积累和运用。比如,在新的教学活动中,激活个体头脑中所具有的与所阅读内容有关的原有知识,以及将这一原有知识与课文中的新信息整合起来以理解新信息。这样的方法不仅能提高学生对新知识的理解领悟能力,而且促进了学生对旧知识进行运用和回顾,做到学以致用。

(王婷　方晗　赵青　李慧慧　魏圆元　谢佳宏)

第三节　如何进行“炼字”教学?

简单地说,对字词进行艺术化加工的方法就叫作炼字。具体是指作者根据内容和意境的需要,在用字遣词时进行精细的锤炼推敲和创造性的搭配,精心挑选最贴切、最富有表现力的字词来表情达意。其目的在于以最恰当的字词,贴切生动地表现人或事物,使所用的字词获得简练精美、形象生动、含蓄深刻的表达效果。

① 于漪.于漪新世纪教育论丛:反思[M].南宁:广西教育出版社,2009:201.

一、教学困惑

(一)困惑描述

困惑1:炼字的教学目的何在?如何让学生更好地体会炼字的妙处?

炼字教学的真正目的并非只为了应付考试,更本质的作用在于让学生掌握炼字的技巧,更好地体会炼字的妙处,最后把这种炼字的能力运用到实践中去,更好地写作表达。关键问题是:如何在语文教学中让学生体会到炼字的妙处,爱上炼字?

困惑2:哪些字需要锤炼?

一首诗、一句话之所以吸引我们,通常就是某一个字用得恰到妙处。那么实际教学中,究竟有哪些字、词需要我们进行分析和锤炼呢?

困惑3:如何进行有效的炼字教学设计与教学活动?

如果说上述两个困惑只是课前准备阶段所要考虑的问题,那么在实际的上课过程中或者当师范生进行课堂预设时,所面临的问题就是该如何使教学过程有效了。所谓"有效",即要求教学有实际的教学效果,主要是指通过教师一段时间的教学后,学生所获得的具体进步或发展。反观一些关于炼字的课堂教学,是有其形而无其实,看上去热闹非凡,但总觉得贫乏而肤浅,教师教之无益,学生听之无用。那么如何才能设计出有效的炼字教学活动呢?

(二)典型误例

《游园不值》教学片段

师:同学们,今天我们来简单学习一下古诗中的炼字艺术。炼字艺术是古诗鉴赏中考查的重要内容,但是由于同学们已经不用填诗作词,所以往往对"炼字"一头雾水。我们首先来看这首诗。

(课件出示《游园不值》)

生(齐读):"应怜屐齿印苍苔,小扣柴扉久不开。春色满园关不住,一枝红杏出墙来。"

师：叶绍翁在写第一句的时候，一开始是将这个“怜”字写作了“嫌”字，大家觉得哪个字更好？为什么？

生：肯定是“怜”字更好，“怜”就是怜爱的意思，突出了诗人对于“苍苔”的爱护和喜爱。

师：谁对“苍苔”的爱护？是“诗人”吗？

生：嗯……

师：好，我们来看这句话翻译后应该是什么意思呢。第一句和第二句是有因果关系的，第二句肯定是诗人“小扣柴扉久不开”啦，那这是为什么呢？

生：因为“应怜屐齿印苍苔”。

师：对的。那这句话的主语应该是谁呢？是不是园主人？这句话就是说作者猜想由于园主人不想让屐齿踩上苍苔，所以造成了作者“小扣柴扉久不开”，对不对？

生：啊，明白了，谢谢老师。

师：好的，那我们回到刚才那个问题。“怜”与“嫌”哪个更好？

生：我也觉得“怜”好，因为……因为作者最后选择了这个字，说明这个字比“嫌”好呀。

师：哈哈，好吧好吧。那大家觉得“应怜屐齿印苍苔”中的“印”用得好不好呢？

生：老师，我觉得这个字用得很好，因为……

问题指瑕：“炼字”的关键是老师要能真正让学生理解这个字为什么要“炼”。而要理解这个字的妙处，一个大的前提就在于让学生明白整句诗甚至整首诗的意义。案例中老师开门见山地把“怜”与“嫌”哪个更好的问题抛出来，而没有引导学生理解诗文意思，造成了学生回答时的困惑。

此外，课堂是一个不断进行思维碰撞的地方，在教学炼字的过程中，教师不要太早给出暗示，框定学生思维。该课例中的老师虽然没有明确地点明“怜”比“嫌”好，但已经有机智的学生发现了隐含的情感倾向，“因为作者最后选择了这个字，说明这个字比‘嫌’好呀”。

二、名师示范

例1

炼字手段的多元化
——以窦桂梅的《游园不值》教学片段为例①

……

师：那么这样的一座园，这样的一些普通的景物，诗人又对它们赋予了怎样的感情呢？请同学们再一次默默地读这首古诗。请你拿起笔，一边读一边品，诗中的哪个字包含了作者特别的感情？

生默默地品。

生：对苍苔的感情体现在“怜”这个字上。“怜”是爱惜的意思。

师：他刚才有一个新的发现，对苍苔的感情是——

生：爱惜。

师：你是从哪个字看出来的？

生：怜。

师：注意他感受到的那份爱惜。如果这个“怜”按现在的意思，我们会想起一个词，那叫——

师：可怜，可是他理解为爱惜，这让我想起我们曾经背过的那首“可怜九月初三夜”，这个“怜”和那个“怜”有异曲同工之妙，所以你也理解这个“怜”为——

生齐说：爱惜。

师：你知道吗？叶绍翁在最初写的时候用的是“嫌”，说到“嫌”，你肯定会想起一个词叫“嫌弃”，那这句话的意思就是——

生：大概主人嫌弃我不让我踩苍苔，所以他就不给我开门。

师：嗯，你看，用上这个“嫌”字，和这个园主人的感情一下拉远了。可是用“嫌”字也可能说明园主人的爱惜之情，也说明“我”爱惜。那么若要说“我”爱惜的话，这个“应”字就可以变成——

---

①窦桂梅.游园路上的精神相遇——《游园不值》教学实录及评析[J].小学教学参考(语文版)，2006(6)：7-12.

生：应该。

师：对了，“我”应该，“我”理所当然地爱惜——

生：苍苔。

师：既然他说的这个怜是爱惜的意思，那除了有爱的成分，还有惜的意思了，爱说明喜爱，那惜在哪里？再读读这一句。

一生读最后一句。

师：哪个字说明他惜苍苔？

生：印。

师：说出来。

生大声地说：印。

师：哎哟哟，你们太厉害了，是“印”，你想继续讲还是请别的同学讲？那你讲吧。

生：“印”这个字说明诗人十分珍惜苍苔。

师：所以他说是印而不是——

生：踩。

师：哎哟哟，亲爱的同学们，这印是谁留下来的呀？

生：诗人。

师：诗人的——

生：脚印。

师：脚印还是屐齿的印？

生：屐齿的印。

师：请问，叶绍翁为什么要穿木屐来呢？

生：因为古时候只有木屐。

师：有没有不同意见，我穿草鞋也行，我穿别的鞋也可以，宋朝的时候也有很多种鞋呀。

生：因为诗人不想穿草鞋，不想去破坏它。

师：所以他穿木屐，下面有几个轮就有几个齿会留下印，要不然那整个鞋底一下去就会踩了一片，是吧。还有呢，亲爱的同学们，叶绍翁穿着木屐来，那可是身份的象征啊，在当时，穿木屐，说明很——

生：很高贵。

师:说明自己很——

生:很休闲。

师:说明诗人是很休闲的,他要自然地打扮,还要那份轻松的潇洒,还要体现对大自然、对园子的特别的喜爱,所以“我”就要穿木屐来——游——园,这说明“我”对苍苔的——

生:爱。

师:但是,如这位同学所说,尽管如此,“我”的屐下面有齿,会给苍苔留下印,因此“我”仍觉得——

生:可惜。

生:明白了,这“怜”才是真真切切地——

生:爱惜。

……

师:同学们,你瞧瞧,这个“怜”字啊,还有一种特别的感情,这里还藏着一个美丽的故事呢!(课件出示)

生:小楼一夜听春雨,深巷明朝卖杏花。

师:陆游的《临安春雨初霁》知道吗?叶绍翁看到他好朋友的这首诗后说:“你也写杏花,你是通过那春雨来写杏花啊,看,我偏偏要避重就轻,我不写春雨,我写春雨后的苍苔,所以这一句我要特别地重重地来写,我所见的、我所喜爱的都浓缩到一个字上。”那便是——

生:怜。

名师教学点拨:该课例紧扣两个字,展开了有条不紊的“炼字”教学,堪称炼字教学的典范。

(1)明确炼字对象。炼字教学中,最重要的就是所选的字要禁得起“炼”,有“炼”的价值。教学片段中,窦桂梅老师选取了最能集中体现作者感情的“怜”“印”二字展开教学,整个教学活动牢牢扣住重点字词进行。

(2)炼字手段多元。课例中的炼字手段灵活多元:知识迁移(用以前学过的古诗“可怜九月初三夜”)、换字对比(作者选取“怜”而非“嫌”的原因)和以诗解诗(引入陆游《临安春雨初霁》)等教学方法完成了对炼字对象的讲析和探究,真正做到了把诗歌中的炼字分析好、讲透彻。

例2

关键词教学
——以王君的《老王》教学片段为例[①]

（投影展示）

他靠着活命的只是一辆破旧的三轮车。

师：这是老王的状态。思考：哪一个词语最深刻地告诉了我们老王的生存状态？

生：活命。

师：为什么？

生：我们平常都拥有很多东西，而他只有一辆破旧的三轮车。所以他的生活很艰苦。

师：活命意味着艰苦。我们平时不是活命，是什么？

生：生活。

师：没错！我们是过日子，我们是生活，但是老王是——

生：生存。

师：对，生存状态下的生活。活命。什么是活命？这就是活命——

师：我们先听一听老王自己的解说吧！现在你们就是老王。请把这段文字转换成老王的倾诉，讲给坐在他车上的杨绛听。动脑筋，王老师帮你开头。唉——

（投影展示）

据老王自己讲：北京解放后，蹬三轮的都组织起来，那时候他“脑袋慢”“没绕过来”“晚了一步”，就“进不去了”，他感叹自己“人老了，没用了”。

学生转换身份表达，教师点评。

师：这丫头很有创意啊。她作了创造性的提炼。她把所有文字都变成了“唉”。服！其实这段文字所蕴含的就是生命中的无数个“唉”。这就是什么？活命啊！首先被社会抛弃。其次呢，比较第一段末尾，读一读，他的家庭状况如何？看看王老师大屏幕上的表达可以吗？比较！

---

①王君.“活”出高贵的生“命”——《老王》课堂教学实录[J].语文教学通讯，2012(26)：14-18.

（投影展示）

改文：有个死了的哥哥，有两个没出息的侄儿，此外就没什么亲人。

原文：有个哥哥，死了，有两个侄儿，“没出息”，此外就没什么亲人。

生：我觉得不如原文写得好啊。

师：原文为什么好？

生：原文想表达的就是他没有什么亲人。然而修改的表达直接阐述他有一个死了的哥哥，有两个没有出息的侄儿。但是若说他有一个哥哥，有两个侄儿，可能会觉得他还有一点儿依靠。

师：你看书很不仔细，你还没有真正地读书，还没有进行仔细的比较。你来试试！

生：改文是“有个死了的哥哥，有两个没有出息的侄儿。此外就没有什么亲人”，而原文是“有个哥哥，死了；有两个侄儿，没出息。此外就没有什么亲人了”。

师：哪点不一样？

生：就是说，前一个显得平淡一些，而后面则更加强调“死了，没出息，就没”。

师：好，强调！听出差距来了吗？词语换了顺序就起到了强调的作用。他发现的玄妙你没有发现。他读书比你仔细。向他学习。来，我们配合一下。你现在是老王，我是杨绛，你慢一点儿啊，我们来对话。

师生分角色对话。

师：孩子们，这就叫作“活命”啊！没有家庭，没有亲人。再读大屏幕上第一句，预备——起！

（投影展示）

老王只有一只眼，另一只是“田螺眼”，瞎的。乘客不愿坐他的车，怕他看不清，撞了什么。

生读。

师：停！如果王老师只有一只眼，你们会同情我吗？（环视大家，孩子们故意淘气，说不）

师：都不？唉，世道人心哟。王老师只有一只眼，你们不同情。那如果老王只有一只眼，周围的人会怎样对他指指点点呢？我想起曾讨论过的小悦悦事件。鲁迅说中国人有很多——

生：看客！

师：对，现在我们就来看看这些看客是如何对老王指指点点的。

读文中相关语段。

师：他把大家的心里话都说出来了，“活该！造孽。可怜之人必有可恨之处”。同学们，这就叫作——

生：活命。

师：好，我们继续读书。现在我是杨绛，你们都是老王啊。如果我是杨绛，你们怎么回答我啊？

读文中相关语句。

师：好的。只有他的破败的小屋。没有家。这就是什么？读——

生：活命。

师：这就是活命的状态！再读大屏幕上的文字。预备——起！

名师教学点拨：该教学片段中，王君老师紧紧抓住“活命”这一关键词，贯穿了散落在文中各个地方的信息，引导学生一步步去感受老王生存的不易。同时，也正是动用了文本中大量的富有表现力的语言，才完成了对“活命”这一关键词的“炼字”教学过程，不仅让学生体会到了杨绛作品“沉淀简洁”的语言特色，而且也领着学生“沉入到词语”的深处去，去领悟“生命最本真最炫目的华丽”，不断地丰富着心灵。

例3

以丰富的素材为支撑

——以刘浚波的课堂教学片段为例

师：传说中，苏东坡有个聪明的妹妹苏小妹，其诗才在东坡之上。一次妹妹出题考哥哥，要大哥在“轻风细柳”和“淡月梅花”之中各加一字。苏东坡不假思索，张口就来：“轻风摇细柳，淡月映梅花。”不料苏小妹不屑，讥之曰“俗”。（生笑）苏东坡认真思索后，再来两句：“轻风舞细柳，淡月隐梅花。”小妹微笑道：“虽好，但仍不属上品。”东坡哑然。苏小妹不慌不忙，念出答案：“轻风扶细柳，淡月失梅花。”东坡吟诵玩味之后，不禁叫绝。大家品味一下，说出这两个字的妙处。

生1:东坡用"摇""舞"二字,均显出风的强劲,与"轻风"不符,也不能体现"细柳"的轻盈。"轻风"徐徐,若有若无,只有"扶"字才恰到好处地描绘出清风徐来时柳枝的柔美之态,与"轻""细"相宜,和谐自然。恬静的月亮已经辉映大地,梅花自然就没有白天那么显眼了。在月光照映下,也就淡然失色了。这样一个"失"字,就勾画了月色和梅花相互交融的情景。

……

师:是呀,两句诗以江、山、花、鸟四种景色,分别写碧绿、青翠、火红、洁白四种颜色,景色清新,令人赏心悦目。刚才我们对古代诗人在诗歌中的炼字有了初步了解,下面我们以小组为单位,品味几首诗,思考:你认为哪个字用得好?请说说理由?

(课件出示)细雨鱼儿出,微风燕子斜。(杜甫《水槛遣心二首》之一)

绿杨烟外晓寒轻,红杏枝头春意闹。(宋祁《木兰花》)

映阶碧草自春色,隔叶黄鹂空好音。(杜甫《蜀相》)

一道残阳铺水中,半江瑟瑟半江红。可怜九月初三夜,露似珍珠月似弓。(白居易《暮江吟》)

生生交流。

师:大家自由发言,发言时不必局限于诗句的顺序。

生4:我说第二首。作者用一个"闹"字,使人觉得杏花绽放得热烈,把一派春意盎然、生机蓬勃的景色表现得淋漓尽致。

生7:我觉得第三首中的关键词是"自"与"空"。反衬的方法用得妙。尽管阶前的春草十分碧绿、悦目,那藏身在森森的柏叶之中的黄鹂的歌声十分悦耳,但此时的诗人却好像没有见到、没有听到,因为这时的杜甫无心赏玩,他心里正在怀念诸葛亮。诗人的意图,是把祠堂的春景写得十分美好,然后再用"自""空"二字将这美景一起抹掉,更加突出了诗人对诸葛亮的敬仰之情。

生8:我说第一首。第一首描绘了微风细雨中鱼和燕子的动态,写得确实妙,依我看,如果不考虑押韵,"斜"字可用"倾倒"的"倾"代替,"倾"更能形容燕子在风中翻飞的动态。(生议论纷纷)

……

生 9:“铺”字用得准确。诗名为《暮江吟》,所写的当是傍晚时分的景色,这时太阳已经接近地平线,几乎是贴着地面照射过来的,的确像“铺”在江面上。

生 10:用“铺”字还写出了秋天夕阳的柔和与江面的平静,给人安静闲适的感觉。

生 6:我认为诗中“瑟瑟”二字用得好。诗人观察非常细致,江水在夕阳落照中,受光多的地方,现出一片红色,受光少的地方,现出深深的碧绿色,诗人把傍晚江面细波粼粼、光色变化的景象写得非常形象。

师:几位同学结合诗歌内容和诗人的情感,品味出了诗人炼字的妙处。那么,诗人炼字到底有什么好处呢?大家思考、交流一下。

生 11:有的字能把诗人的情感融注其中,像《蜀相》中的“空”和“自”。

生 1:有的字能把诗人的意思准确地表达出来,像《早梅》中的“一”字。

生 7:有的诗人为了让后人记住他,特意在遣词造句上下功夫。(生大笑,师亦笑)

生 12:有的字能够创设一种美妙的意境,给我们以美的享受。

师:刚才几位同学的归纳很有概括性,王文川同学的看法也未尝没有道理。下面我们把几位同学的看法归纳一下。古代诗人锤炼语言,目的是要传达准确的诗意、描绘生动的形象、创设恰当的意境、抒发独特的情感。当然,古人炼字,有时一字有一用,有时一字有多用,我们不能胶柱鼓瑟。

师:给大家布置一个练习。我们来看秦观的《春日》,请在后两句中各加上一个字,使之符合诗歌意趣。下课。

名师教学点拨:语文教学需要丰富的教学素材,炼字教学更是如此。该教学片段动用了大量的教学素材,显示出如下优势。

首先,炼字故事的导入,激发了学生的学习兴趣,使课堂不显枯燥。

其次,大量丰富教学素材的提供,让学生真正得到切实的练习,不搞花架子。同时给学生选择的空间,选择自己有感悟的诗句来说,减少那种让学生生厌的压迫感,达到循序渐进的效果。素材不仅要丰富,同时要有利用价值,大而空的素材反而会收到相反的效果。

最后,所选的每一个素材都与最后总结的炼字好处一一对应,准确又不啰唆。

例4

扎实的语言基本功
——以黄厚江的《阿房宫赋》教学片段为例①

师:刚才老师诵读了全文,为了加强效果,配上了古典的音乐。现在同学们可以先自由诵读一下,有谁愿意尝试一下?选择一两个句子、一两个片段,能够在诵读中表现赋的特点。有哪位同学主动试一下?(指名)你读一下第二小节。

一生读第二小节。

师:总的来说不错,就是意味的表现稍微欠缺了一点。比如"而望幸焉"这里,可以稍微慢些,表现等了好久都等不到皇上的期盼心理。当然读好这一段,关键在于虚词的处理,你们知道是哪一个吗?

生(齐):也。

师:对,大家数一数,这里一共有几个"也"字?

生(齐):六个。

师:那你们体会一下这六个"也"表达的效果是否一样。有哪一个"也"和其他"也"的作用是不同的?有没有发现?

生(齐):最后一个。

师:对。前面五个"也"是表判断,而最后一个"也"更多的是强调。前面五个句子的并列关系更为紧密,而最后一个句子要相对疏离一些,所以大家读的时候要注意语气。最后"辘辘远听,杳不知其所之也",车远远地来了,宫女心中充满了希望,"要到我这里来了",车又慢慢地远走了,心中的失望随着车声的远去而增强。皇帝看不见了,车声听不到了,我们要读出这种效果来,让我们觉得宫女仍然在翘首盼望。下面同学们集体把这一段再读一下。

生集体读。

师:"杳"字还是读得太急了,同学们课后再仔细琢磨一下。"辘辘远听,杳——不知其所之也",不要太急。

……

名师教学点拨:俗话说"打铁先要自身硬"。黄厚江老师《阿房宫赋》第二

---

①语文轩网.特级教师黄厚江《阿房宫赋》课堂教学实录+特级教师点评(精品)[EB/OL].http://www.yuwen888.com/e/action/ShowInfo.php? classid=36&id=44744,2010-01-17.

小节中六个“也”的教学，就体现了炼字对教师基本功的要求。所以他能从三个方面点拨炼字。

(1)从“也”所表达的语气来讲，有表判断和表强调的不同。

(2)从句子结构来讲，前五句是紧密的并列结构，最后一句结构稍有不同。

(3)从宫女的心理来讲，最后一句应该读得与前几句不同。一个“也”的指导，把内容、结构、虚词、语法、修辞都串起来了，让学生体悟出宫嫔对皇上到来急切的期盼、喜悦、焦虑、失落又有一点无奈的心态。

此外，黄老师也很讲究炼字教学的艺术。

(1)引导学生联系上下文，从语境入手来理解“也”字的内涵。

(2)体会用词，从字词的感情色彩入手，深入品析虚词的强化情感的作用。

(3)黄老师遵循以“言”带“文”的思路，着眼于炼字、炼句来实现言文统一。注重在解词析句中领悟文章意蕴，体悟文学、文化内涵；在探究文意时积累文言知识，培养文言语感。

(4)黄老师在这段教学过程中，能够循循善诱，尊重学生知识学习的逻辑过程，以读代讲，分析引导，最后又回到朗读上，体现了黄老师独特的教学艺术。

例5

微格解剖

——以王崧舟的“千年钟声，千年文化——《枫桥夜泊》”教学片段为例[①]

师：用诗人自己的话来说，江枫渔火——

生(齐读)：对愁眠。

师：(板书：对)孩子们，你们注意过这个看起来很普通、很不起眼的“对”字吗？什么是“对”？为什么要用这个“对”？大家看——

(大屏幕出示)

对：①对待，对付。如对事不对人。

②面向，朝着。如对着高山。

---

①王崧舟，吴琳，张华.钟声出寒山，经典传千年——互动评析王崧舟《枫桥夜泊》一课的教学[J].语文教学通讯，2009(7)：41-48.

③对面的,敌对的。如对手。

④使两个东西配合或接触。如对对联。

师:这是我从《现代汉语词典》中摘录下来的一些义项。想一想,你选第几个义项?

生看屏幕,思考。

师:有选第一个的吗?

无人举手。

师:没有。有选第二个的吗?

部分生举手。

师:好,有十多个。你们为什么选第二个?

生:张继因为睡不着觉,所以能看到这些景色,他是面向着这些景色的。

师:有道理。那么,第三个有人选吗?

无人举手。

师:也没有。第四个呢?

部分生举手。

师:哦,有二十多个吧。为什么选第四个呢?

生1:我觉得这些景色是配合愁眠的。

师:也就是说,在诗人的眼中,仿佛乌鸦也跟着他一起——

生2:忧愁。

师:仿佛江枫也跟着他一起——

生3:无眠。

师:仿佛渔火也跟着他一起——

生4:孤独。

师:说得好!正所谓"一切景语皆情语"啊!月落是愁,乌啼是愁;江枫是愁,渔火是愁。一个看起来极其普通、极其简单的"对"字,对出的是诗人心中的无限——

生1:寂寞。

生2:孤独。

生3:忧愁。

生 4:凄凉。

师:于是,情动于中而辞发于外,《枫桥夜泊》就这样诞生了!(音乐响起,教师范读全诗)(掌声)

生随着音乐,齐读全诗。

……

名师教学点拨:“创设情境”“诵读体味”“角色体验”“联想触发”是语文教师常用的“炼字”教学方法。

在这里,王崧舟老师采用的是有别于上述教学方法的“微格解剖”法。渗透了对语言文字的文化禅悟。王老师重点抓住“面向”和“配合”这两个义项,用一个“对”字把“月落”“乌啼”“霜满天”“江枫”“渔火”以及“愁眠”这六种意象巧妙地融合在一起,让人感觉到船中的旅人与船外的景物之间达成了一种无言的交融和契合,凸显出汉语言文字的无穷力量,使学生深切地感受到诗人无人可陪、无人可伴的寂寥与落寞,体味到了天地之间疏朗空远的审美意境。①

同时,围绕“对”这个语言生发点,引导学生品味其中的美妙之言,感受其中的深邃之意,体悟其中的悠远之境。这种“从整体着眼,从细节着手”的教学方式,对于提高学生的语文素养、丰厚学生的文化底蕴无疑是大有裨益的。

三、名师支招

(一)以趣味故事入手

炼字教学相对来说有一点难度,容易变得枯燥,容易变成单纯的字词教学和简单的知识传授。以故事入手容易让学生接受,增加学生学习的积极性。

(二)与朗读相结合

朗读是整体感知的过程,炼字鉴赏是细节的体会,与朗读结合,就避免了肢解诗歌。

---

①陈刚.语文的方式 文化的情怀——特级教师王崧舟教学《枫桥夜泊》赏析[J].教学月刊(小学版),2010(Z1):18-25.

(三)以学生自己的体验为主

在整个教学过程中,教师起着启发引导的作用,学生在整体阅读之后,说出自己对个别词语的独特体验,同学之间相互补充,互相启发,充分发挥学生的自主性,培养学生的自主思考能力。

(四)写赏析文字

其实炼字鉴赏过程,也是一个自我创作过程,少不了联想与想象。因此在炼字鉴赏中可以变换多种写作形式,来促进学生的理解和鉴赏。

(五)教学生抓住“炼字”的基本规律

教师可以在炼字教学过程中,交给学生一些基本的炼字要领。

1.抓住色彩对比。诗歌讲究色彩的运用、颜色的对照、光线的变化,形成色调鲜明的意境美。鉴赏时,抓住色彩的组合、对比和映衬,体会诗歌浓郁的画意和独特的审美情感。

2.抓住动静虚实的变化。鉴赏时,应善于处理动与静、虚与实的辩证关系,感悟动中有静、静中见动,虚实相生的写法,体会诗歌缥缈空灵的意境。

3.抓住诗人的情感。中国古典美学讲求“诗主情”,陆机在《文赋》中提出了“诗缘情而绮靡”的口号。诗歌是一种主情的文学样式,情感不仅是诗歌创作的原动力,更是诗歌感染力的源泉。别林斯基曾经说过:“情感是诗的天性中一个主要的活动因素,没有情感就没有诗人,也没有诗。”白居易说:“感人心者,莫先乎情。”诗歌中信息量大、含金量最高的内容往往包含于那些带有情感的炼字当中。

4.抓住修辞和表现方法。应在读懂诗意的基础上把握字词的含义;联系该字词描述的对象,从修辞、表现手法的角度切入;赏析该字词在营造诗词意境或表达感情方面的作用。

5.抓意境。诗人炼字的主要目的在于炼意，所以赏析炼字离不开意境的整体把握。①

（田源 张京京 范文硕 杨文源 卢丽媛 肖涵月 路露 刘尧 娄勇 唐青镳）

第四节 如何让文学理论介入文学作品？

文学理论以现实的一切文学现象作为研究对象，总结和探讨文学的性质、特征、构成、价值、功能和文学创作、文学接受、文学发展等规律。它从宏观上去总结人类研究文学问题的成果，进一步解释和阐明文学问题并将其上升到条理化的高度，从而使其成为指导和规范整个文学活动的基础思想和理论。中小学文学作品的教学离开了基本的文学理论的指导，必将显得浅显、单薄。

一、教学困惑

（一）困惑描述

困惑1：语文教师文学理论修养低。

俗话说，“巧妇难为无米之炊”。有些教师虽然大致知道文学理论的主要内容，但认为文学理论与语文教学没有太大联系，没有重视文学理论方面的修养，导致语文教学与文学理论的隔膜和疏离。那么如何提高语文教师的文学理论修养和理论自觉？

困惑2：语文教学重视语文知识，忽视文学理论。

语文教学不是知识之学、技艺之学，但不少教师煞费苦心地寻找“知识点”，让学生惴惴不安地训练“能力点”，把文质兼美的文学作品教成了支离破

①齐海燕.高中语文古诗词教学炼字问题初探[D].北京：首都师范大学，2009.

碎的散件“知识点”“能力点”，教师教得乏味无聊，学生学得眼花缭乱。这与当前语文教师否定文学教育、忽视文学理论有直接关联。那么如何从知识、技艺的教学上升为文学理论的教学？

困惑3：文学作品的分析缺乏具体的文学理论指导，鉴赏能力的可迁移性很弱。

“时代背景、作者生平、主题思想、艺术特色”的文学作品分析套路，貌似周全，实质匮乏，不能将文本个性化的文学品质揭示出来。而个性化的文学品质揭示需要借助具体的文学理论。但事实上，大多数语文教师的文学鉴赏依靠的是语感，而不是文学理论，这就导致学生对文学作品的鉴赏能力无法迁移，老师鉴赏一篇，学生理解一篇，离开老师，学生就无从下手鉴赏。如何将文学理论与文学作品相结合，有效引导学生去评析不同的文学作品，实现鉴赏能力的迁移？

（二）典型误例

《一个人的遭遇》教学片段

师：请同学们快速阅读课文，依照故事情节的发展，整理出“我”所遭遇的主要事件。最好是用曲线图的形式，标注出“我”的人生起伏。另外，对文章中给你留下深刻印象的地方，作好标记，写好自己的批注。阅读中遇到疑问，可以交流讨论。

学生阅读，少量同学在交流。此处用去15分钟。

师：谁来说说“我”都经历了哪些事件？从“我”出发上前线开始说起，你说。

生：“我”上前线，和妻子分离，“我”用力推开妻子。然后“我”到战场，做运输兵。后来被德国人抓住了，受尽折磨。后来找到机会，俘虏了一个德国少校回到了自己的队伍。然后是接受治疗，写信回家。从邻居来信中，知道妻子和女儿都被炸弹炸死了。再后来过了几个月，“我”又惊喜地知道了儿子还活着，并且做了军官，正在前线和德国人作战。然后，有一天，儿子部队的人来通知“我”，说儿子牺牲了。后来战争结束，“我”到一个战友那里去开车。偶然的机会，捡到一个孤儿。“我”收养了这个孤儿，和他相依为命。再后来，

"我"开车撞死了一头牛,驾驶证被没收了,"我"带着孩子到别的地方去流浪。

师:复述得很完整。有没有什么可以补充的?你有吗?

生:主要的就是这些。另外,课文中还有少量的细节,比如"我"回家乡探视时的悲伤,比如"我"找到儿子时的梦想,等等。我觉得这些细节对表现这个人物特别重要,比故事梗概更重要。

师:哦,还有很多细节。细节比梗概更重要。这样,咱们先把细节放一放,继续研究梗概,一会研究细节时,你再继续发言,好吗?

生点头,坐下。

生:他经历过太多的悲伤,生活让他没有了眼泪。

师:生活?什么样的生活?

生:战争,战争让他没有眼泪。

师:战争怎么就让他没有了眼泪了呢?

生:我认为……我觉得战争让他先经受了夫妻的分离,又经历了被俘,最后又经历了死亡。这几年时间,他经历了太多,特别是知道妻子和女儿死亡后的这个阶段,他的眼泪都流干了。所以,当他站在原来的家前时,反而没有了眼泪。

师:我明白了,你是说,战争给了他太多的磨难,让他的眼泪在回乡之前早已流完了。是吧?

生:是这个意思。战争毁灭了他的家,让他经受了太多的悲伤。

师:很好,在这个细节中,你读出了一种深层次的东西:战争的罪恶。战争,让原本很幸福的家庭,变成了废墟,让亲人阴阳分隔,永不能相见。现在,我们换一个角度来思考,如果你就是文章中的"我",面对着这个亲人死亡的大炸弹坑,你会想到些什么呢?

生:我会回忆过去我和她们在一起时的生活。

生:我会诅咒战争。

师:哦?诅咒战争?你会不会想到再上战场,去为亲人报仇雪恨?

生:我想我会的。

师:可是战争结束了啊?再说,你也不知道是谁发射过来的炸弹把自己的亲人炸死了,怎么去复仇呢?

生：虽然我不知道具体的人是谁，但我知道是德国法西斯。找他们复仇就可以了。

师：战争结束了啊，怎么找法西斯复仇呢？难道潜入德国，去暗杀？暗杀也要有目标啊！

生：……

问题指瑕：该课例虽然抓住了“遭遇”这个词，但没有深入地挖掘出背后所隐含的意义，没有运用接受美学理论赋予小说中“一个人”“遭遇”等词以象征的意义，而是从其他方面推导出“战争”的主题，无法教给学生一种可迁移的文学鉴赏能力。

二、名师示范

例1

“母题”教学思维
——以郭初阳的《项链》教学片段为例①

师：你看，多么可悲。一串改变命运的项链，一场改变生活的舞会。我们静下来思考，大家是否发现，舞会、马车、丢了东西，然后逃跑，这些情节是不是让我们回忆起了小时候听过的一个非常经典的故事？什么故事？

生：灰姑娘！

师：太像了。

师：思考三十秒，然后请同学来找出相似点。看上面的表格。

生思考。

师：好，我请同学来说。（示意）你来说，说她们在个人特质上的相同点。

……

师：请坐，其实小说一开始，作者就告诉了你们，“我”要写一个跟灰姑娘有关，但是又不一样的故事：“她也是一个美丽动人的姑娘”。请注意这个“也”字。好，接下来，我们思考两个问题。第一个问题，灰姑娘和玛蒂尔德的区别在哪里？第二，《项链》是如何创造性地改写、颠覆了《灰姑娘》的童话模

---

①郭初阳.《项链》教学实录[J].中学语文教学，2006(5)：24-28.

式？思考一会儿，不讨论，独立思考。

……

师：好，我请同学来回答。“灰姑娘”其实是一个模式，我们探讨时，先把灰姑娘模式里面的基本要素理清楚了，玛蒂尔德的不同点也就分明了。我们先想想，这个模式里面，有哪些要素？它包含了哪些东西？（示意）你来说。

……

师：玛蒂尔德真可怜。请坐。这是一个让人悲伤的故事。好了，我们暂时走出悲伤，我们继续来进行我们的探讨，继续回到我们刚才那个问题上。好，我请一位同学来讲讲《曼哈顿女佣》……是怎样一种模式？有灰姑娘的模式吗？

……

师：好像也算得上。但是这里面，你看看（示意看课件），右边这一排下来，从《傲慢与偏见》到《简·爱》，再到莫泊桑的老师福楼拜的《包法利夫人》，一直……好了，如果课后大家还有兴趣的话，我建议大家顺着两个思路，继续去思考两个问题：第一个问题就是，中国古典小说中，有个著名的模式，是什么模式，大家有印象吗？才子——

生（齐声）：佳人。

师：才子佳人模式和欧洲大陆的灰姑娘故事的模式，到底有什么异同？这是第一个思考题。第二个思考题，有关于作家，盲作家，从古希腊的荷马，到英国的弥尔顿，再到莫泊桑。莫泊桑他几近失明，当他开始创作《项链》的时候，已经看不清东西了，一直到生命的最后。现在的博尔赫斯，也是一名失明的作家，和他的创作之间，究竟是怎样的一种关系？这个也可以去思考一下。

名师教学点拨：母题必以类型化的结构或程式化的言说形态，反复出现于不同的文本之中；具有某种不变的、可以被人识别的结构形式或语言形式，是母题的重要特征。[①] 郭初阳老师的《项链》教学，跳出了只指导学生分析单篇文章情感、价值观的模式，通过《项链》的叙事模式，结合《灰姑娘》《傲慢与

①孙文宪.作为结构形式的母题分析——语言批评方法论之二[J].华中师范大学学报（人文社会科学版），2001(6)：68-76.

偏见》等文学作品，指出中外作品运用类似叙事模式的手法，即从“灰姑娘模式”的原型入手，对该模式的要素进行剖析，启发学生将分析《项链》的思路延伸到其他的外国作品中，提高了该类小说作品教学的分量。

同时“母题”教学的思路，也能培养学生阅读类似文本的可迁移能力。只是这样的教学设计须建立在学生有较强知识储备的基础上，即学生要对相应的文本和模式有一定的了解，否则在进行相关文本链接的时候无法使学生及时跟上老师的思路，打乱教学的节奏。

例2

多元语境的精彩课堂

——以于永正的《我的伯父鲁迅先生》教学片段为例①

师：大家对鲁迅很熟悉。课文预习了没有？

生（齐）：预习了。

师：一读到这个课题，你一定知道，作者周晔是鲁迅先生的什么人？（板书：周晔）

生：周晔是鲁迅先生的侄女。

师：对，因为她喊鲁迅先生为伯父。可见，周晔就是鲁迅先生的侄女。我再问大家，周晔的父亲是鲁迅先生的什么人？

生：是鲁迅先生的兄弟。

师：说具体一点，是兄还是弟？

生：应该是弟弟。

师：不错。周晔喊鲁迅先生为伯父，可见，周晔的父亲是鲁迅先生的弟弟。鲁迅先生有两个弟弟，一个叫周建人，是周晔的父亲，还有一个叫周作人，周作人是老三。

师：课文预习了是不是？请大家打开书，把课文仔仔细细地读一遍，一定要读得正确流利，特别注意生字的读音。不但要把生字读准，要把它记住，同时还要求大家边读边把不理解的词句作上记号。

生自由读课文，师巡视后，在黑板上板书。

---

①张强，宋道晔.《我的伯父鲁迅先生》课堂实录及评析[J].山东教育，2012(Z4)：49-51.

师：好，读完了的同学请举手。（部分学生举手）还没读完的继续读，已经读完的还可以再读读。（老师巡视指导）

师：同学们读得很认真，你们在书上画出了不懂的词语，老师把一部分写在黑板上了。（指着黑板）这几个词和这两句话的意思，只要我们好好读书，好好思考，它的意思不难理解，下面拿起书来，咱们一段一段地读。

……

生读至“他的遗体躺在”。

师：停下来，读得很正确，很流畅。你看第一句话，周晔那时候很小，要读出小孩的语气。（老师示范，重读“就是”）好，再来一遍。

生再读一遍。

师：好，比刚才好多了。现在，谁想再读这句话？（一女生读）

师：好的，这样好，请你继续往下读。

生继续往下读至“屋子”。

师：停下来，读得很好，很流畅。（指着“追悼”）大家看，这个词后面的话，就是对它的解释。我读前面的话，你们读后面的话。（师生合作读）

师：“追悼”懂了吗？就是通过我们刚才读到的那些形式，即送花圈、致敬、痛哭、送挽联等活动来纪念他、怀念他。这些活动就是追悼的内容。好，一起再读一次。

……

师：好，刚才读的那部分，要认真去思考，思考周晔是什么心情，如果你认真思考了，你会读得很有感情的。大家想，周晔是什么心情？都要思考，然后练习读，自己读自己的。

生读。

师：真正要把这几句话读好，还要读下面的内容，读了下面的内容，回过头来再读这段话，一定会读得更好，感情更充分。

……

师：大家看黑板（指着“吊唁”），“我呆呆地望着来来往往吊唁的人”，我们可以看出，“吊唁”和“追悼”两个词有相同之处。也就是说，这两个词都是对死者表示怀念的意思。可是“吊唁”和“追悼”又有所不同。“吊唁”比“追悼”

又多了一层意思。人们到殡仪馆吊唁，除了向死者表示怀念之外，想想还有一层什么意思？

生：对死者的家属表示安慰。

师：对了，叫死者家属节哀，不要那么难过。懂了吗？

生：懂了。

师：懂了。我们再把这句话读一读，体会体会，自己读自己的。

生自由读"那时候……"

师：（指着"吊唁"和"追悼"）"吊唁"和"追悼"都是我们通过读书读懂的，通过读书体会出来的。所以，只要你多读书，联系课文，就能把意思搞懂。（指着"爱抚"）至于什么叫"爱抚"，读了下面的故事，你就懂了。谁要读第二个故事？

……

名师教学点拨：该课例巧妙运用语境理论创设了多元语境。首先，于老师就周晔和鲁迅的关系对学生进行提问，对文本背景进行介绍，营造了社会文化语境。其次，巡视课堂，和学生交流，将学生不懂的主要词句"追悼""吊唁""爱抚"等写在黑板上，营造了课堂情景语境。最后为了拉近学生与作者的距离，于老师还让学生以作者的口吻和心情朗读课文，采用了语境教学中的虚拟语境方法，为学生们设置了虚拟语境。

例3

以"意趣"视角品读诗歌佳妙
——以赵谦翔的《寻隐者不遇》教学片段为例①

师：今天，我们上一节唐诗鉴赏课。（板书：唐诗鉴赏）

师：我们鉴赏的这首诗啊，我先不说。我们用一道题来引入诗歌鉴赏。2012年，北京市高考语文试题中的诗歌鉴赏中有这么一首诗：

迥临飞鸟上，高出世尘间。天势围平野，河流入断山。（《登鹳雀楼》）

师：我们以前学过的《登鹳雀楼》的作者是谁？

生：王之涣。

①刘美丽.用"绿色语文"写透生命的美丽——赵谦翔语文教学智慧[J].中学语文旬刊，2008(Z1)：38-41.

师：这首诗的作者是畅当。（板书：畅当）

师：王之涣有一首同题之作，你知道吗？一齐背一下。（生齐背）

师：高考题中说王之涣的诗更胜一筹，胜在什么地方？说出其好处。

生：王之涣的诗更好，更有深度，运用双关，从日常登楼引出人生哲理。

师：王之涣的诗的好，显然胜在这“欲穷千里目，更上一层楼”上，它有了人生的哲理。所有古代精华的诗歌，都是有意趣的。意趣这个概念从哪儿来呢？不是从理论书上来的，是我从《红楼梦》里得来的。什么叫“意”？“意”者心也，心之音也。意趣有两种，一种是情趣，所谓情趣，诗中情景交融，只要有情感，就叫情趣。而像这样，含有哲理的，就叫理趣。而一首真正可以传世的好诗，往往是情趣理趣皆有的。

师：唐朝的诗，也带有理趣。下面我们欣赏一首大家熟悉的诗，贾岛的《寻隐者不遇》。这首诗不是写景的，而是记叙一个小故事。诗中讲的是个什么故事？四幅画面是什么？答案在各位脑中，大家要展开想象和联想，看看诗中又有怎样的人生韵味。请大家写下来，等一会儿交给老师，老师当场评论。（生写，师巡视）

师：现在的鉴赏呢，讲究百花齐放，一千个读者就有一千个哈姆雷特。但是，诗歌的鉴赏也是有原则的，你要是把哈姆雷特鉴赏成贾宝玉了，那也是不行的。我找一个存在问题的分析来说一下。比如，这个同学说，人生一场梦，缥缈不定。贾岛去寻隐者这也不是梦啊。还有些同学说很多事可遇而不可求，欲速则不达，可假设贾岛在那里耗上一天时间，也不一定可以寻到隐者啊。这两个分析是不对的。

师：也有比较正确的分析，如隐逸超脱，超凡脱俗；平凡之中内心高远；平平淡淡才是真的哲理，有禅意，有些事不必深究，都是过眼云烟。

师：为什么说这个是正确的呢？这诗中的隐者代表的是另一个世界，我们可以叫它雅世，而贾岛和我们生活在俗世。俗世要进入雅世，不容易啊，关键在心。隐者代表另外一个世界，他对俗世的来访者是拒绝的，你可以想象它的美妙，你也可以在它的边缘探寻他的消息，使自己稍微远离俗世，但你只是向往，心若留恋俗世，就不能深入到雅世里去。这就是这首诗的佳妙之处，对于这种“佳妙”的了解和爱好，就是文学的趣味。了解这种佳妙并且爱好它，你就有了文学的趣味。

名师教学点拨：《寻隐者不遇》文本语言浅显但意蕴深厚，蕴含哲理。赵谦翔老师紧紧抓住这一亮点，有意识地引入诗歌“意趣”理论，深入剖析此诗的内涵，带领学生以全新的视野重新解读这首诗，切实感悟到这首诗的佳妙。

例4

“披文入情、以理释情” 走进文本世界
——以赵谦翔的《早发白帝城》教学片段为例

师：上课，同学们好！

生：老师好！

师：请坐。同学们，我昨天从远隔1700多公里的北京来到重庆。有幸跟大家一起上一节语文课，人生的缘分啊！我很高兴。但是学什么呢？大家手里还没有教材，教材在我这里呢，一会咱们发。我估计大家都会背李白的一首诗《早发白帝城》。有没有不会的，请举手？（学生笑）

师：一起来背一遍吧！预备——起。

生背古诗。

师：啊！没问题。大家都能做到熟读成诵，但是不是都做到了会鉴赏呢？不好说。我们今天就来对这首诗进行鉴赏。我提几个问题，大家笔答。我准备了一张纸条叫“一言心得”。它有三个要求，第一，精诚。所谓精诚就是要写真诚的话，不要虚假。第二，精练。所谓精炼就是要尽量简短，言简意赅，说多了有时候会跑偏。第三，精彩。所谓精彩就是你的话不但要说明白，而且要说生动。我现在提出几个具体问题，请大家思考，想好了就写一言心得。

师：（边讲边板书：一、情）诗歌鉴赏的一个核心问题就是要理解诗的情感，如果你不知道这首诗具体是怎样的情感，就谈不上对诗的鉴赏。那么李白的这首《早发白帝城》，你怎样概括它的情感？你用一个名词性的偏正短语就足以概括。第二，有几个关键词，请你说出它们的妙处。（边讲边板书：二、彩云、啼不住、轻舟）比如说第一句里的“彩云间”，还有“两岸猿声啼不住”中的“啼不住”怎样理解？最后是“轻舟已过万重山”的“轻舟”，这三个词语都有很浓厚的意味。谈谈你的体会。我的问题提完了，现在你们思考，我这边发纸条。

学生思考，老师发写一言心得的纸。

师：现在咱们开始讲评。有一句关于鉴赏的名言叫作“有一千个读者就有一千个哈姆雷特”，文学鉴赏是具有主观性的。虽然看同一部作品，但每个

人在理解上都存在差异。但是，话又说回来，这个鉴赏也是有客观性的。如果你看《哈姆雷特》，你脑袋里反映出的是中国的“贾宝玉”，那你的鉴赏就完全错了。所以刚才我看了部分同学写的这首诗的情感，有两位同学答对了。其他同学也说出了种种感情。我念一下。

师：(念学生的一言心得)周思琪同学说：“李白当时兴奋，为获得自由的生活高兴。”这就说到位了。请这位同学起来回答，STAND UP！把话筒给她。非常精彩啊！你的答案是说“李白当时兴奋，为获得自由生活而高兴”，为什么这么说？

生：因为他当时看什么东西都觉得很美好，比别人平时看这些东西的感觉要美好一些。

师：就这些啊？

生：嗯。

师：哎呀！那可不对劲了。你说李白为获得自由生活而高兴，这话从哪儿来的？

生：因为他当时被皇帝冤枉了，然后又被“反平”了。

师：“反平”了不对，是“平反”了。(众生大笑)哎呀！这个词可用得精彩。请坐。

师：这个同学不简单！她介绍了这首诗的背景。李白他为了报效国家，做了唐朝皇帝的一个儿子“永王”李璘的参谋，后来他被朝廷下了政治结论——谋反，因而获罪被贬到夜郎。李白在赶赴夜郎的途中——白帝城接到了皇帝平反的通知，他被特赦免罪了，不用去夜郎了，可以回家了，所以李白从白帝城坐船一天就到了江陵。朝发白帝，暮到江陵。有这么一件事，大家知道吗？由于有这个背景，所以周思琪同学说李白为获得自由生活而高兴非常准确。我们很多同学不知道这件事，所以没有答对。

名师教学点拨：要真正理解作品，就应该实现与作品的情感共鸣。实现这种情感共鸣，既需要引入“披文入情”理论，引导学生在语言中发现情感；同时也要“以理释情”阐述事实，点出诗歌情感，避免学生出现理解偏差。本课例无疑是兼顾“披文入情”“以理释情”的典范。

三、名师支招

(一)文学理论学习是教师“继续教育”的重点

李笙说:“文学理论修养是中学语文教师必备的一种理论修养。”①

语文教师不一定是文学家或文学理论家,但一定要具有文学家和文学理论家的文学理论修养。作为教学的主导者,语文教师只有具备了一定的文学理论修养,才能有效地引导学生学习,共同实现语文教学目标。

教师可以从多个途径提高文学理论修养,例如,可以通过订阅相关文学理论刊物,收集文学理论信息,时刻关注文学理论发展的新动向,或者在假期参加进修学习等方法来学习、更新和充实自己的文学理论知识结构。还可以根据中学语文教师的实际工作情况,将已有的文学理论知识运用于中学语文教学实际,不仅能巩固、深化已有的知识结构系统和能力,而且能在实践中通过发现、思考并解决新的问题,并根据实际需要有针对性地去寻求新的知识,培养锻炼出新的能力。与此同时,文学理论学习还会促进教师语文教学质量的提高,达到殊途同归的效果。

(二)构建文学理论知识结构

于漪说:“探索教学原则、教学方法,不仅要知其然,且要知其所以然。”②

对于中学语文教师来说,必须掌握的文学理论知识结构包括两个层次:一是有关文学的基本理论知识结构系统,它主要包括文学本质、文学作品、文学创作、文学接受、文学批评等;二是由文学与语文发生联系而生成的具有横断学科性质的“高等师范文学概论”知识结构系统,主要包括文学作品与语文教材、文学创作与语文作文、文学与语文的接受等。语文教育不仅要求教师能更好地进行语文课文教学,还要求教师能对学生的基础语言积累、古诗鉴赏、现代文阅读、作文等进行指导。掌握一定的文学理论知识,教师就能用具体的理论指导学生的学习和创作,给出专业性的意见。学生耳濡目染,以及长期实践,激发了学习兴趣,提高了文学鉴赏能力,同时对文学价值观、语感的塑造也是有利的。

(李丽　李琴　洪宇　向粲　钟涵杨　周晓玲)

---

①李笙.文学理论修养与中学语文教师[J].贵阳学院学报(社会科学版),1995(2):51-54.

②于漪.岁月如歌[M].上海:上海教育出版社,2007:78.

第五章 文言文教学困惑

第一节 如何教文言文基础知识?

文言文,是用“文言”这种古汉语写成的文章。这里所谈及的文言文基础知识主要包括三个方面。

一是字、词的一般知识,古今词义的变化,词的本义和引申义,常见的文言实词、虚词,通假字,典故等。

二是文言文句式的特点、断句、翻译以及固定结构。

三是文言文的文体章法特点。

一、教学困惑

(一)困惑描述

困惑1:文学常识以及文言文字、词、句等理解枯燥,教师讲解满堂灌,缺乏创新,课堂教学缺乏自主性和活力。

在文言文基础知识教学中,通常存在这样一个教学现象:课堂上老师费尽心思唱“独角戏”,机械讲解,而学生的参与度很低,基本上是被动接受,一堂课结束后,学生兴味索然,昏昏欲睡;课后学生对文言文基础知识毫无印象,面对考试,只能死记硬背。那么,我们该如何提高学生的学习积极性呢?

困惑2:文言文在现代生活中应用性不强,学生有畏惧心理。

文言文基础知识是以古汉语为主的,而在日常生活中学生主要接触的是现代汉语,对古汉语的接触不多,仅局限于课堂,应用性不强。学生学习中会有语言障碍，容易产生畏惧心理。同时，教师在教学中以语法等知识的掌握为目的，导致了文言文与现代生活的脱节。我们应该采取哪些方法将文言文与实际运用紧密结合，消除学生的畏惧心理呢？

（二）典型误例

《狼》教学片段

师：接下来我们来学习"骨已尽矣。而两狼之并驱如故"这一句。这一句里的"尽"表示完尽、用尽的意思，说明骨头已经用尽、扔完了。接下来这句呢，开头"而"字表转折关系，有"但是"的含义。"驱"表示追赶、追逐的意思，"并驱"就是一起追赶。那么，有同学能根据注释和老师的讲解翻译这一句吗？

生：这一句是说虽然已经把骨头全部扔给了狼，但是两头狼仍然像原来一样一起追赶。

师：好的，那么接下来请同学们关上课本，再用文言文复述这句话，预备起！

生："骨已尽矣，而两狼（之）并驱如故。"（漏背"之"字）

师：有没有漏字呀？（学生举手）你说。

生：漏掉一个"之"字。

师：好。这个"之"字，同学们想想有什么意思吗？（生：没有）没有意思，是什么词？

生（集体）：语气助词。

师：好，现在我们一起从头背到这里。

……

问题指瑕：教师讲解基础知识时常使用"满堂灌"的方法，逐个讲解字词意思，文言知识的学习显得十分枯燥；学生参与度较低，只是跟着老师的进度，记下知识点，被动接受、背诵；同时，在这样的教学方法下，学生不能系统地掌握文言文基础知识，不能灵活地运用，在考试时就只能死记硬背。

教师围绕相关知识的概念进行系统、完整的讲授与操练，脱离学情和实际运用。例如教学片段中老师要求学生根据翻译的句子复述，那么学生只要根据译文的意思，复述出原文来就可以了。学生漏了一个字，刚好这个字又是"没有意思"的助词，就不必再去追究"之"的词性了。可是，老师还是要从学生那里追问出"语气助词"（按照习惯，一般可能视这个"之"为取消独立性的结构助词）的结论，方才罢休。这样做，是因为教师认为学生应该掌握这类虚词的词性，而不是学生实际是否已经理解了其意义。可对学生而言，一次性的学习认知负荷过重，会加大文言文基础知识的学习难度，徒增学生对文言文的畏惧。

二、名师示范

例1

创设情境，在问题探究中理解
——以钱梦龙的《愚公移山》教学片段为例①

……

师：说得很好。移山的任务越艰巨，就越能显示出人们不同的精神面貌。（认识人们不同的精神面貌，是"轴心"所在，也是整个教学设计的"主心骨"）接下来让我们根据这张人物表上出现的人物，来看看他们对待移山这件事的不同态度。文章里有两个人讲的话差不多，你们看是谁啊。

生：愚公妻和智叟，他们两个人的态度差不多。

师：差不多吧。好，我们就先把他们两个的话一起读一遍吧，比较比较，看看两个人的态度究竟是不是一样。（"疑似之迹，不可不察"，教学中此类比较，最易激活学生的思维）

生朗读。

师：想一想，他们的态度一样吗。

生：智叟讲愚公很笨，太不聪明了。愚公妻没有讲。

师：你再说说看，智叟说的这个句子是怎样组织的？

生：倒装的。

师：那么不倒装该怎么说呢？

---

①钱梦龙.钱梦龙与导读艺术[M].北京：北京师范大学出版社，2006：210-221.

生：汝之不惠甚矣。

师：你知道为什么要倒装吗？

生：强调愚公不聪明。

师：对，把“甚矣”提前，强调愚公非常不聪明。而愚公的妻子是不会讲这句话的。这里有一点不同。（不同之一：对愚公的看法不同。落实“倒装句”知识）我们再来看一看称谓，愚公妻称愚公什么？

生（齐）：君。

师：那么智叟称愚公——

生（齐）：汝。

师：这两个词有区别吗？

生：“君”表示尊重，“汝”很不客气。

师：嗯，好！我再把这个“汝”简单地讲一讲。长辈对小辈，地位高的人对地位低的人，一般用“汝”。平辈之间用“汝”，就有些不尊重的意思。智叟叫愚公为什么用“汝”啊？

生：智叟看不起愚公，因为他觉得愚公笨。

师：对，这是又一点不同。（不同之二：对愚公的称谓不同。落实古汉语中称谓的常识）还有什么不同吗？

……

名师教学点拨：钱梦龙老师以“两个人讲的话差不多，态度是否有差别”设置问题情境，使学生感受到文本的内在趣味，有效激发学生的学习热情。在探索问题的过程中，文言文倒装句式、称谓常识、字、词等重要基础知识都逐一落实，且学生对文本的理解更为深入。

以问题情境替代传统的文眼串讲模式，摆脱了枯燥的知识点讲解，调动了学生的积极性，学生参与度高，对文言文的畏惧心理被巧妙地化解，课堂氛围活跃。以问题思考和探究带动知识点的理解，是文言文教学切实可行的方法。

例2

文学常识巧妙教学
——以李卫东的《〈论语〉十则》教学片段为例①

师:同学们知道我们今天学的课文的题目叫什么吗?

生:“《论语》十则”。

师:你怎么知道念 lún 而不是念 lùn 呢?

生:在二年级的时候有一篇课文,后面的那个“资料袋”就注明“论语”的“论”是读 lún。

师:这位女同学将旧知识掌握得太好了,今天要学的《〈论语〉十则》里面就有一句话“温故而知新”,可以怎么样?

生:为师矣。

师:她可以当我的老师了。李老师再补充一点,这个“论”在这儿读二声,它和咱们平时读 lùn 的意思不一样,读二声的时候当什么讲呢?编撰。同学们写下来,编撰整理。“论语”的“语”当什么讲呢?“语”就是论难答述的意思,相当于“对话”,同学们写下来。“论语”就是经过整理和编撰的对话,也就是说《论语》是一部对话集,知道了吗?

……

名师教学点拨:在这一教学片段中,李卫东老师对于文学常识的讲解,没有机械地用幻灯片展示繁多的内容,而是从课题的读音入手,从读音到字义再到题意,将《论语》的基础知识有效地串联,可谓是循循善诱。

这种方式不是常见的基础知识灌输,而是由小处着眼导入课堂,难度适中,符合学生学情,学生的积极性在一开始就被调动起来,为课文教学奠定了良好基础。

---

①徐杰.“讲”得好也是启发式教学——品鉴李卫东《〈论语〉十则》的“讲析”艺术”[J].教育科学论坛,2012(11):34-37.

例3

重视识字教学

——以余映潮的《三峡》教学片段为例①

……

师：谈到识字的问题，咱们也应有一些比一般的方法更有乐趣的识字方法。我不知道你们在预习这一课，在认识《三峡》这一课字词的时候用了什么方法。哪位同学能告诉我呢？你是怎样认识《三峡》这篇课文的生字难词的？哪位同学来讲一下？

生：两岸连山，略无阙处。

师：你怎样认识它的？用什么方法认识它的？

生：这两个词写出了三峡的特点。

师：现在不是分析句子，这个字你是怎么认识的？用了什么方法？好，老师今天告诉你们一种特别的方法。让我们结合课文来“识字”。

（屏幕显示：识字）

师：看老师的建议。试一试趣味识字的方法。

（屏幕显示，生读）带“山”旁的字和它们的意思，带“氵”旁的字和它们的意思。

师：这就是结合课文来识字，找一找吧。带“山”旁的字，带“氵”旁的字，对于比较难的字，要把它们圈出来。

生自读课文，认读生字。

师：把老师圈的字和你自己圈的字对一下，一起读一读，我读标题，你们读下面的内容。带“山”旁的字和它们的意思，读。

（屏幕显示，生齐读）

巴东三峡　峡：两山夹水的地方。

重岩叠嶂　岩：巨石凸起形成的山峰。　嶂：zhàng，高耸如屏障的山峰。

绝巘怪柏　巘：yǎn，极高的山峰。

清荣峻茂　峻：jùn，高而陡峭。

---

①余映潮，李振辉.余映潮老师《三峡》教学实录与评点[J].中学语文（教学大参考旬刊），2013(5)：49-53.

师：注意“岩”字，这里指巨石凸起形成的山峰，一般将山上的大石头叫作岩，这里指山峰。带“山”旁的字能让我们充分感受到三峡景物的魅力，继续，带“氵”旁的字和它们的意思，读。

（屏幕显示，生齐读）

……

名师教学点拨：两山夹着的水道为峡，《三峡》一文生僻字较多，且多为带“山”旁的字，带“氵”旁的字。因此余映潮老师的这篇课例中，巧妙地运用了“峡”和生字的偏旁特点，面对这一新颖的设计，学生自然会带着好奇心对文章加以探究。

在一般的语文教学中，单独设计的识字环节并不多，大多教师只强调几个重难词，识字并非重要环节，只是匆匆略过。余老师则将识字列为该课教学的重要环节，结合字词与文章的特点，将字归类识记，这种方法不但激起了学生的好奇心，而且文章的内容在正式讲授前也已潜移默化地传递给了学生。

例4

断句标点教学

——以钟小桃的《爱莲说》教学片段为例[①]

师：我们换另一种方式来学习文言文。请看。大屏幕上把第二段的标点全都去掉了，这叫“白文”。文言文本来是没有标点的，是后人根据理解加上去的。所以给白文准确地加上相应的标点，特别能锻炼文言文阅读水平。现在我们来试一试，请大家讨论在什么地方加上什么标点。注意，要说出依据来，不能说预习的时候我背了，那不算。当然，不能说出每个标点的依据也没关系，你说凭语感也行，但你们每个小组至少能说出两三处，好吗？

（课件提示）予谓菊花之隐逸者也牡丹花之富贵者也莲花之君子者也噫菊之爱陶后鲜有闻莲之爱同予者何人牡丹之爱宜乎众矣

小组讨论两分钟。

师：为了让大家都听得清，请回答的同学先说加什么标点，老师标上。然

①李卫东.如何确定文言文的教学内容[J].中学语文教学，2011(6)：4-11.

后再说依据。哪个小组派代表来说你们小组的讨论结果?

一学生回答,教师在课件上标记如下:

予谓菊,花之隐逸者也,牡丹,花之富贵者也,莲,花之君子者也,噫!菊之爱,陶后鲜有闻。莲之爱,同予者何人?牡丹之爱,宜乎众矣。

生:"予谓菊",(含义是)我认为菊;"花之隐逸者也",(含义是)隐居的人喜欢这种花。"牡丹,花之富贵者也",(含义是)我认为富贵的人才能养这种花。"莲,花之君子者也",(含义是)君子才喜欢这种花。"噫"是叹词,所以加感叹号。"菊之爱,陶后鲜有闻",(含义是)喜爱菊花的,陶渊明之后就没有多少人再喜欢它。"莲之爱,同予者何人",(含义是)喜欢莲花的,在我之后也没有几个人了。

师:他说了很多个依据了,有和他意见不一致的吗?

生:"花之隐逸者也"后应该加分号。因为这句话还没有说完,所以用分号隔开。"花之富贵者也"后也是分号。"陶后鲜有闻"后也是分号。

师:(陶后鲜有闻)这里为什么加分号?

生:我是凭语感。

师:大家说(花之隐逸者也)这里加分号还是逗号呢?

生:分号。

师:大家说"予谓"这个词管到哪里?或者说"莲,花之君子者也"是"予"的看法吗?

生:对。

师:所以(花之隐逸者也)这里用分号,"予谓"的内容还没说完呢。那位同学说(陶后鲜有闻)这里用分号,他凭语感。有同学支持他或反对他吗?

生:我反对他。"菊之爱,陶后鲜有闻"这句话已经说完了,所以(鲜有闻)这里不必用分号。

师:其他同学的意见呢?(众生点头)看来大家的意见一致。(这里应该加句号)课本上加的确实是句号。老师要肯定那位同学。他说加分号,这在其他版本上有。"同予者何人"后面加问号,那么这样标点的依据是什么呢?

……

名师教学点拨：钟小桃老师的这篇课例中，将文章的重点段落去掉标点，鼓励学生断句并陈述理由。要做到准确断句和加标点，就要求学生能够准确理解文章字词、句义。在断句推敲中，联系上下文，既能进一步落实字词句，又能厘清文意，把握情感。

断句标点教学，是学生运用语感进行的教学活动，而学生的语感就来源于文言文基础知识的充分积累，以及对文言文知识的迁移运用。在断句标点的教学中，学生又将新学的知识内化入已有的知识体系中，使之更为完善。断句标点教学是将“文”“言”综合训练的良好教学方式。

例5

创新串讲教学

——以欧阳代娜的《岳阳楼记》教学片段为例①

预习提纲

一、查阅工具书，弄懂课文中生字词的读音，朗读全文。

二、熟读并口译文章的一、二自然段。

三、思考以下问题：

第一，文章标题是“岳阳楼记”，这是什么体裁？文章是以记叙为主，还是以抒情议论为主？

第二，文章有一句话可以作为全文的中心句，你能找出来吗？它是如何贯穿全文并引发作者的伟大抱负的？

第三，文章为什么要详写洞庭湖的风光？这是文章的中心内容吗？

……

师：很好，这位同学知识面比较宽广，很好。滕王阁在南昌。好，检查预习结束，大家预习的效果是很好的。记，是古代一种文体，可以记叙，可以议论、抒情。

师：请一位同学口译第一句。

生：第一句是，“1044 年，宋仁宗四年春，滕子京被贬官到巴陵来”。

师：意思是对的。请大家注意“谪守”，这两个字怎么讲？

---

①刘国正.中国著名特级教师教学思想录（中学语文卷）[M].南京：江苏教育出版社，2000：345.

生:“谪”——贬官,降职。

师:“守”字是指做州郡的长官,也就是做太守。整句是“被贬官降职到巴陵来做地方官”。下一位同学口译第二句。大家用红笔在“谪”“守”两个字下加上“△”符号。

生:“到了第二年,庆历五年,政事顺利,百姓和乐,被废弃的事业又都重新兴盛起来。”

师:很好。这句要注意“越”字和“具”字的解释,并在字下面加上“△”符号,表示注意它的用法。

生:第三、四句是,“于是重修岳阳楼,扩建它原来的规模,把唐代和宋代的诗词歌赋刻写在岳阳楼上,嘱咐我写篇文章来记述这件事”。

师:口译得很好,这两句话中要注意“乃”“制”“予”“属”的用法,大家标上符号。“之”,指什么事?

生:指重修岳阳楼这件事。

师:对。但作者在文章中写了修楼的事吗?我们来研究他是怎么写这篇文章的,看看文章构思的特点。

以上为第一部分,段意可归纳为“写文章的由来”。

……

名师教学点拨:欧阳代娜老师的教学重视课文的预习,强调自学,让学生养成查阅工具书、自学的良好学习习惯。在学生预习的基础上,采用串讲方式,让学生进行逐字逐句翻译,提高学生的参与度。老师则是点拨、引导,且在串讲中指导学生使用符号“批注”的方法,听、说、写相结合,充分鼓励学生多感官参与课堂。

这篇课例的教学,发挥传统串讲教学的优势,字字落实、贯通文句、厘清文路。同时加以现代创造,关注学生学习方法和学习习惯,将讲的任务落实到每一位学生;将串讲与问题探究加以结合,既面面俱到又重点突破,是对传统串讲方式的完美改造。

例6

文本细读教学

——以周文福的《陈情表》教学片段为例

……

师：刚才听同学们读"前太守臣逵，察臣孝廉，后刺史臣荣，举臣秀才"时声音参差不齐，看来大家对断句停顿有了不同意见，这两句究竟应该怎么断？

学生讨论。

师：官职是"太守""刺史"，而不是"太守臣"和"刺史臣"，所以正确的读法是"前/太守/臣逵，察臣/孝廉，后/刺史/臣荣，举臣/秀才"。

师：从哪些动词看出他不断被提拔重用？

生：察、举、拜、除。

师：很好，你能不能把它们再说一遍，哪个字你感觉比较陌生？在平时的古文阅读中很少见到，你不太理解的。

生："除"，平时我们说到"除"一般是表示"除去"。

师：除是什么意思？"除"的繁体字偏旁是"阜"，表示与地形地势的高低上下有关。本义是指宫殿的台阶，后来引申为拜授官位。"除"字的本义到现在还保留着台阶的意思。

……

师：李密与这个阴险多疑的晋武帝是什么关系？

生：君臣。

师：真的是君臣吗？欲知真相，请看文章中的第一个注释。（学生看注释）

师：看完注释，好，我再问，不知道你们的回答是否改变了。李密和晋武帝是什么关系？这位同学把注释一一给大家读一下，然后你用一个词来说他们之间是什么关系。

生：（读注释）他们是敌人，是仇人。

师：李密本来是蜀国重臣，司马家族灭了蜀国，李密当时还没有做晋朝的官，所以他们之间不是君臣关系。灭国之恨让李密应该视晋武帝为仇敌。三、四自然段读完，你发现用得最多的是哪个字？

生："臣"。

师：老师统计过，全文共有29个“臣”。除掉“前太守臣逵，察臣孝廉，后刺史臣荣，举臣秀才”中的两个“臣”是指其他人，其余的27个“臣”字都是自称自指。从词性说是代词，让我们看这个字背后饱含的深意，假如我是君王，我走过来，你们这些做臣子的是什么表现？

生低头，用眼睛看着老师，脸上是畏惧之色。

师：我们的祖先真聪明啊，“臣”的造字，就是采用你这样的眼神，（投影显示“臣”的字源演变）臣是一个象形字。甲骨文的字形，就是像一只竖起来的眼睛。人在低头时，眼睛即处于竖立的位置，该字形正表示了俯首屈从之意。在文中，李密表示了屈服之意。从文章中文字表述来看，李密想不想当官？

生：想。“本图宦达。不矜名节。”

师：李密感恩戴德，“生当陨首，死当结草”，用了27个“臣”，但是，他真的是愿意臣服吗？若真心臣服就该应诏去做官啊，先尽忠再尽孝。但是，他写《陈情表》是想做什么？是不想去应诏为官而在家里赡养祖母。口口声声27个“臣”字，初读只是一个人称代词而已，追本溯源，细加揣摩，可见作者以臣自称，主动站队，俯首称臣，欲表忠心之情，知人论世，更可从作者遣词的良苦用心中见其机变才智。作者对人称的准确使用，含蓄巧妙地表达了他的“忠”。同类的词语文中还有哪些？

生：“陛下”“圣朝”“伪朝”。

……

名师教学点拨：周文福老师有着很高的文学素养和文本细读的功力。教师抓住文中对文意理解有特殊意义的文言字词进行深入细读，是本堂课最吸引学生的地方，如对“除”“臣”等字的讲解，从造字法谈起，通过对字词的追本溯源让学生更形象地理解字词的含义，也可以让学生更快地理解本文言忠孝的文意，更是对文化的一种传承。

本课例突出的特点就是细读文章中的语言，挖掘文字背后深刻的含义，并在对文言的细读上做到二者并重，在解读“言”的时候不离开文意，在读“文”的时候仅依语言。同时将文言文基础知识与文本紧密结合起来，不仅让学生准确掌握了文言字词含义，也让学生真正进入文章中去深切体味作者的思想情感，是一种高效的教学方式。

例7

文字游戏教学

——以窦桂梅的《宋定伯卖鬼》教学片段为例

片段一：

师：好了，现在啊，咱们就来做一个别开生面的游戏，看看你们理解了吗。咱们先来看第一自然段。听好了，我说意思，你们来对读原文，准备好了吗？

生：准备好了。

师：开始。

……

片段二：

师：那也就是代指鬼说的话。谢谢，经过以上练习文言文中的一个字，你有什么发现？

生3：我发现文言文中的用字比一般的文章要简练得多。

师：你还有什么发现？

生4：它一个字相当于一个词的意思。

师：还有没有发现？

生5：这相同的字在不同的情况下，有不同的意思。

名师教学点拨：老师在教学过程中如果自己唱“独角戏”，将很难调动学生的学习热情，课堂氛围也会很尴尬。该课例中，窦桂梅老师借助文字游戏来提升学生学习兴趣，引导学生关注文本、关注教学点。比如，教学片段一是文言文翻译的教学环节，她用“对读”游戏来进行，先把翻译的译文念出来，让学生找对应的文言句子；再如，教学片段二是翻译完之后的解字释义教学环节，她用“发现”游戏，引导学生从单个文言字里发现多个现代汉语的含义，从两个文言词中发现一句现代汉语句子，发现省略的内容……进而总结出文言文简练的特点。

五、名师支招

(一)贯通汉语的古今

钱梦龙说,文言文中的古代书面语,对我们来说也是一种母语,古今汉语虽然变化很大,但现代汉语是古代汉语的继承和发展。①

现代汉语的字、词、句与古代文学语言有着不可分割的关系,应使学生意识到它们之间的联系,明白文言文与现代汉语有很多共通之处,正是这些共通之处让我们的学习变得简单,从而克服学习文言文的畏惧心理。如钱梦龙老师利用问题情境激发学生兴趣,使学生在潜移默化中学到倒装句与称谓常识,而整个过程学生并无畏惧心理;余映潮老师根据古代汉语的造字特点,将汉字进行归类,让同学能够有趣而容易地认识生僻字。文言文的学习虽有一定的语言障碍,但学生也有一定的基础。

(二)在整体中积累

黄厚江说:"文言文教学必须重视文言知识的积累,但重视积累不等于就是孤立的字词训练,更不是古汉语知识的系统学习,在整体阅读中积累才是文言文学习的基本规律。"②

一定的阅读量是文言文基础知识积累的基础,在整体阅读中积累才会有比较好的效果。处理好字、词、句和文章整体的关系,这不仅是学习文章的需要,也是更好地理解文言文基础知识的需要。如钟小桃老师在教授《爱莲说》时所采用的断句标点教学方法,就要求学生在整体阅读中准确理解文章字词、句义,在推敲中联系上下文进行断句和加标点。这种重视学生整体阅读的教学方法既能够帮助学生进一步落实字词句,又能使其厘清文意,把握情感。

---

①钱梦龙.文言文教学改革刍议[J].中学语文教学,1997(4):25-27.

②黄厚江.文言文该怎样教[J].语文学习,2006(5):14-16.

(三)授之以鱼,不如授之以渔

钱梦龙说,教这样(《陋室铭》)浅近的文言文,也应该可以像教现代文那样,凡老师可以放手的地方,尽量放手让学生自己阅读,自求理解,老师只在关键处作些指导、点拨,着眼于培养学生的独立阅读能力。①

课堂上,教师应该是引导教学而不是唱“独角戏”,应尽可能地发挥学生的主观能动性,如有关倒装句与称谓词的知识,钱梦龙老师并没有直接告诉学生,而是提出一个比较的问题(愚公妻与智叟,“君”与“汝”)激发学生自己去思考,让学生更多地主动讨论和学习。强调学生的主体地位应当尽可能地在课堂中体现出来,教师的作用是引导而不是灌输,最好的教学状态是教师和学生共同合作完成课文的学习。

(四)绿色文言教学

赵谦翔说,绿色文言教学是一种文言“语感”教学,其教学的着力点在于引导学生对古汉语词汇和句式的“眼到”“口到”“心到”的操练,教学方法是学生的“自诵自悟式”。对于古汉语语法,则是“精讲”——以读带讲、以讲带读。②

语言的学习是在语境中习得的,它需要大量的听说操练,才能牢固掌握。“自诵自悟”为学生留下了“空白”,便于学生感知和领悟,如周文福老师让学生读字、句、注释,在读中发现问题,最后在老师的精讲下,学生准确掌握文言字词的含义。教师的精讲不仅突出了基础知识的重难点与精彩部分,更使学生印象深刻,理解深入。

(杨春连　陈芝含　李嘉珏)

---

①钱梦龙.文言文教学改革刍议[J].中学语文教学,1997(4):25-27.

②赵谦翔.绿色文言教学概说[J].人民教育,2004(11):36-38.

第二节　如何让文言诗文教学渗透现代元素?

文言诗文是我国传统文化的重要组成部分。在现代,文言诗文不仅具有极高的审美价值,学习它更是传承优秀文化的重要途径。然而当下文言诗文的教学状态却与大众的期望相去甚远,老师的讲解无法引起学生的兴趣,文言诗文的课堂更是老师的“独角戏”,学生对文言诗文的印象仅停留在“阅读并背诵全文”上。要改变文言诗文教学中的“满堂灌”,就必须走出老套路,结合现代元素,让文言诗文焕发出生活气息。

一、教学困惑

(一)困惑描述

困惑1:文言诗文教学目标狭隘。

老师对文言诗文的讲解通常是先介绍作者和时代,然后逐字逐句翻译。学生只需作笔记和死记硬背即可。学习文言诗文只为考试服务。这导致学习过程枯燥无味,学习效率低下,学生对文言诗文产生反感情绪。该怎样调整课堂上文言诗文的教授方法,才能达到使学生接受古代优秀思想的浸润与熏陶的目的呢?

困惑2:文言诗文不能引起学生兴趣。

对于现代学生来说,文言诗文独特的句法词汇,包括典故、词法、句法、内涵等都难以理解,而且文言诗文距离现代生活太远,生活中难以找到用处,学生大都对其不感兴趣,学起来晦涩枯燥,很难产生主动领略文言诗文的动机。那么我们该从文言文的哪些角度切入,才能引起学生的关注,降低学习者的难度?

（二）典型误例

《蜀道难》教学片段

……

师：好的，同学们，通过听读和诵读，你初步感知到这首诗的风格是怎样的。

生：这首诗的风格十分雄伟。

师：雄伟应该是表现景物的特点。那么怎样形容风格？

生：风格十分豪迈。

师：还有吗？

生：富有气势的。

师：富有气势，应该是比较雄浑的，是吧？好，请坐。感知比较准确。雄浑豪放正是这首诗歌的主体风格。（多媒体展示：雄浑豪放）所谓“雄浑”，有空间感、立体感；所谓“豪放”，是指感情的奔放。应该说诗歌的风格体现在其主旋律上。那同学们来看，反复出现在这首诗歌当中的是哪句话？

生：“蜀道之难，难于上青天。”

……

生：哎呀呀，真是好危险，好高耸啊！

师：啊，好危险，好高耸啊！“噫吁嚱”，是语气词。那“危”怎么理解？危险？

生：应该是“高”。

师：应该是“高”。我们知道李白有一句诗是“危楼高百尺，手可摘星辰”。那“危”还有什么意思？

生：“危”应该还有“危险”“危急”的意思。

师：“危险”的意思，“危急”的意思。那“正襟危坐”中的“危”是什么意思呢？

生：端正。

师：端正，很好！请坐。这一句是“哎呀呀，太高，太高了！”那么，在抒情手法上是直接的还是间接的？噢，直抒胸臆。再来看，“蜀道之难，难于上青天”用了什么修辞？噢，夸张的修辞。所以这一句诗放在开头，犹如排空而来，劈空而入，奠定了诗歌雄浑豪放的基调。那我们在读的时候，能不能拖得太长？不能。我们要让它短促收势，响彻云霄。我们一起来：噫吁嚱……

问题指瑕：在教学过程中，一直是老师主动提问，学生被动回答，学生按照老师的思路来思考。而且在背景介绍中，老师的讲解是形而上的内容，没有结合现实生活，难以引起学生的共鸣。

这样的学习，学生学完后依然对《蜀道难》印象不深，也难以从美的角度品味它，获得古代文化的熏陶更无从谈起了。

二、名师示范

例1

创设学生喜闻乐见的学习活动，激活文言学习兴趣

——以耿文超的《梦游天姥吟留别》教学片段为例①

……

师：我简单总结一下同学们的意见。首先，从这首诗的风格来讲，想象奇特，大胆地运用了夸张的手法。作者塑造的梦境，洋溢着瑰丽的想象和大胆的夸张。从诗歌的内容和感情上看，几位同学产生了不同的意见，谁说的有理呢？最后这位同学总结了要用辩证的方法看待问题，老师也赞成这种观点，这就是个人的人生价值观的不同。

师：下面请同学们用最喜欢的形式表达你的阅读感受。

一小组利用投影仪展示自己创作的诗歌。

（投影）你仰天大笑去了京城/却终究是个蓬蒿人/功名利禄不是过眼烟云/无奈之中骑上白鹿/枕席之间/不过黄粱之梦的重演/当高堂明镜悲白发时/你酒入豪肠/七分酿成了月光/三分啸成剑气/一地空悲伤

师：我觉得这个同学写得最好的地方是把李白当成一个普通人来写。既不那么称赞他，也不否定他，不远不近，若即若离，让我想起一句话，君子之交淡如水呀。

---

①耿文超，陈鲁峰.《梦游天姥吟留别》课例赏鉴[J].语文教学通讯，2013(Z1)：129-133.

一小组展示配画诗。

生：李白是一个以豪迈浪漫著称的诗人，我来解释一下这两句，李白初到京师时，他写了一首《蜀道难》给贺知章看，贺知章很喜欢，解下身上所带的金龟来换酒，与李白痛饮。我觉得李白的豪放和洒脱是我最喜欢的，所以我把这个写了下来。

一小组展示绘画作品。

生：这是昨天晚上一时兴起而作，因为李白被称为"诗仙"，所以他在我心中就是一只仙鹤，图中画的鹤就是李白，下面这条河流，是他之前所栖息的生活环境——朝廷，贵妃捧砚，力士脱靴，朝政腐败，同僚嫉恨，他在一番醒悟之后，选择了去寻仙访道，游历大唐江山，这些山就是他游历的一些地方，他留下了一些名句，譬如"长风破浪会有时，直挂云帆济沧海"等。

一小组唱自编歌词、自谱曲的歌《我们的李白》。

师：文学和音乐的完美结合。

生：我们给李白写了一首小诗，"云青青兮，梦吴越，飞度镜湖；水澹澹兮，登青云，卸黄金印；心曳曳兮，世间乐，莫过如此；仕茫茫兮，何时还，且弃名禄。"

生：我们私下给李白颁了一个奖，这是颁奖词："你在月下独酌，端起酒杯，对影成了三人。你在天姥梦游，看海边日出，留下绵绵不尽愁。"

学生鼓掌。

师：同学们，今天我们一起上了一节很愉快的课，如果你是李白，你会这么快乐吗？也许会，也许不会。但不管怎样我们都能感受到李白那不屈的灵魂！所以，在我们以后的人生道路上，不管遇到什么挫折和困难，请记住李白说的话，什么都不能阻止"我"开心颜和向前！谢谢同学们，下课！

名师教学点拨：在这个教学片段中，老师没有强制灌输给学生这节课要学的内容，而是创设丰富的学习活动，鼓励他们运用最喜欢的形式去表达他们的阅读感受。这些方式如诗歌、绘画、颁奖词、音乐等，洋溢着鲜明的现代元素，使得一堂古板的古文课变得生动、活泼，也加深了同学们对李白形象的理解和感受。事实上，不管什么样的形式，就展示的内容来看，既是对文本的分析，又是对文本的深化和拓展。

这堂课最值得肯定的是教师努力践行“一切为了学生，高度尊重学生，全面依靠学生”的生本教育理念，充分发挥了“教师不应该是纤夫，而是放养生命的牧者”的作用，让学生的语文智慧得以自主涌现。

例2

以现代元素激活文言教学内容
——以金复耕的《晏子使楚》教学片段为例①

师：大家都知道一代伟人邓小平吧，他不仅是中国改革开放的总设计师，还是一位令世界折服的外交家。先讲他的一个小故事：1987年，菲律宾前总统访问中国，谈到中国的南沙群岛时说：“至少在地理上，那些岛屿离菲律宾更近。”邓小平抽了口烟，说：“在地理上，菲律宾离中国也很近。”邓小平的对答妙在哪里呢？

生1：菲律宾前总统想要借口占有中国的南沙群岛，邓小平顺着那位总统的逻辑用类似的话给予巧妙的回击。

生2：这是以牙还牙。

师：这就是邓小平作为政治家、外交家的语言魅力。其实，在我国古代也有许多政治家、外交家，在维护国家利益和尊严的关键时刻，表现出了超人的斗争勇气和智慧。春秋战国时期的晏子就是其中的一个。今天，我们一起来学习晏子使楚的故事。

……

名师教学点拨：文言文教学的导入可以千变万化，由现代生活内容过渡到文言文是一个不错的选择。富有时代感的引入不仅容易激起学生的共鸣，还能自然地连接古今，为文本的阅读理解作好铺垫。

在这个教学片段中，以现代外交故事导入，在契合课文学习重点的前提下，由“近”及“远”，拉近了文本与现实的距离，有利于引导学生走进文本。

①金复耕.给初中文言文教学加点现代元素[J].中学语文教学参考，2015(8)：56-58.

例3

穿越现代文，沟通古今情怀

——以程少堂的《诗经·子衿》教学片段为例①

……

师：请大家思考一个问题。第一句话"青青子衿"，课文上说是青青的你的衣领。"子"，是古代对男子的美称。以前学术界有个专家潘光旦先生认为，这首诗是写同性恋的，是写一个男子想念另一个男子的。（笑）当然这种观点也不是没有道理。但是我更愿意想象成一个女子在想念一个男子。什么原因呢？在古代，称"子"的有孔子、孟子，现在有陶子，（笑声）陶子是一个唱歌的。"子"是对古代男子的美称，不是每个人都能称为"子"。学术界普遍认为这句话是写女子思念男子。"青青子衿"是说衣领是青的。我今天专门穿了一件青衣服，那么"青青子衣"不行吗？我们讨论一下。

生：押韵。

师：啊，押韵，还有没有其他的解释？仔细揣摩其中的奥秘。哪位同学来说说？

生16：我想以前可能没有这个"衣"字。

师：可能有的。

生（女）17：可能是衣领最吸引那个女孩子吧。

师：你说得太好了！你没有这方面的经验吧？（众生大笑）

师：她对那个男孩子的衣领……可能那个男孩子的衣领不是很脏，很脏她也不会被吸引住。（笑）肯定是那个衣领很有特点、很有个性，把她吸引住了，她就记住了。你们看过曹禺的《雷雨》吗？

生（小声说）：看过。

师：周朴园的情人鲁侍萍走了以后，周朴园老记得……不对，我说错了，是他的那个情人鲁侍萍还老记得他的衣服上有什么？

生18：梅花。

师：对对！你说得对！周朴园的一件衣服上绣有一朵梅花，鲁侍萍人虽

---

①程少堂.《诗经·子衿》香港教学实录[EB/OL].http://wenku.baidu.com/view/d7dde71 acc22bcd126ff0cc9.html，2005.

然离开了周朴园，但是总记得周朴园的一件衣服上有一朵梅花。有时候有一些细节……《安娜·卡列尼娜》看过没有？她和丈夫生活了很多年，她以前从没有发现，或者说她没有注意到她丈夫耳朵后面有一个痣。后来她碰到渥伦斯基以后，就开始讨厌她老公了，或者说她以前就讨厌她老公，后来碰到了渥伦斯基，然后再回家看到她老公耳朵后面那颗痣，就觉得特别讨厌。（笑声）反过来说，细节都包含着情感因素。所以说"青青子衿，悠悠我心"，如果写"青青子衣"，那只是记住一件衣服，可能是初次会面时的那件衣服，但她连领子都记得，你看记得多细！这是第一个地方。第二句话"纵我不往，子宁不嗣音"意思是说——你来翻译一下。

生 19：即使我没去找你，你也应该寄个音讯给我。

师：你翻译得带点情绪，行不？（笑声）

生 19：她的情人没有写信给她，她就觉得不高兴，有点怨他。

师：没有写信给她，没有发电子邮件。（众生笑）

生 19：没有给她音讯了。

师：我是说她有点情绪嘛，你把情绪翻译出来。

生 19：情绪啊？

……

名师教学点拨：现代文与文言文相比，现代文更容易吸引学生走进文本。因此在文言文教学过程中，程少堂老师可以巧妙"穿越"，将文言文内容与现代文联系起来，使学生理解文言文内容，激发学生的热情。并且通过这种方法，可以使学生明白有很多"经典"情怀是亘古不变的。

例4

再现情景，设身处地
——以王崧舟的《两小儿辩日》教学片段为例

……

师：课题为《两小儿辩日》，现在你们听王老师把课文念一遍，边听边找，边找边画，找出课文中写到"日"的句子。

师读课文。

师：全文出现了几个"日"？

生：八个“日”。

师：第一个带“日”的句子谁来读？

生1：我以日始出时去人近。（师相机板书：日始出时、近）

师：“日始出时”是什么意思？

生1：太阳升起来的时候。

师：这是什么时候？

生1：早晨。

师：用一个字怎么表达？

生1：晨。（师板书：晨）

师：谁来读第二个带“日”的句子？

……

师：真好！同学们，把这八个带“日”的句子合在一起，讲的就是一个字，什么字？

生（齐）：辩。

师：很好，一起再说一遍。“辩”是什么意思？

生1：争论。

生2：辩论。

生3：两个人在同一件事上有不同的观点，反驳对方。

师：如果你建议王老师在黑板上写一个词，你认为该写什么？

生3：反驳。

师：还有一个词更准确，它叫“辩驳”。（师板书：辩驳）如果用文中的词来说，那是什么？

生（齐）：辩斗。

师：怎么才是辩斗呢？同桌之间分好角色，放开声音辩斗，把这味儿读出来。

同桌辩斗。

师：好了，哪两位“小儿”来辩斗辩斗？（请了两名学生）这是小儿1，这是小儿2，咱们听一听两小儿是怎样辩斗的，看看有没有辩斗的味儿。

……

师：辩是辩了，只是没有斗的味儿。

又请“两小儿”辩斗。

……

师：一个是急性子，一个是慢性子。下面，我做一小儿，你们推荐一位胆子大点儿的，做另一小儿。（学生推荐一位男生上台）

师：你身子稍微向着同学们，但眼睛要看着我，因为你是跟我辩斗。（学生按老师要求站好）

师：我以日始出时去人近，而日中时远也。

生：我以日初出远，而日中时近也。

师：日初出大如车盖，及日中，则如盘盂，此不为远者小而近者大乎？

生：日初出沧沧凉凉，及其日中如探汤，此不为近者热而远者凉乎？

师：日始出时近，日中时远。（语速加快）

生：日初出远，日中时近。（生的语速也相应加快）

师：非也，日始出时近，日中时远。

生：非然也，日初出远，日中时近。

师：非也，非也！日始出时近，日中时远！

生：非然也，非然也！日初出远，日中时近！

师：这一辩辩出了什么？

生1：辩出了他们的观念和思想。

生2：辩出了他们的细心。

生3：辩出了他们的童真。

生4：辩出了他们对科学实事求是的精神。

生5：辩出了连孔子也不懂的地方。

生6：辩出了古代科学的不发达。

师：我们一起再来辩一辩，左边三个小组当小儿1，另外三个小组当小儿2。

全体学生辩斗，老师在一边点火煽情。

……

名师教学点播：此课例规避了传统文言文教学读、背、逐句翻译的死板的教学套路。

亮点一在于首先用以读代讲的方式(包括学生朗读、老师范读),找出了文中的八个"日",厘清了文章线索,初步体会了"辩"的味道。

亮点二在于在课堂上模拟两小儿辩日、重现课文情境。把文本的古代情境进行了现场演绎:同桌辩斗、指定学生辩斗、师生辩斗、全班辩斗。在一轮轮的辩斗和老师的点播、激发下,传统的文言文教学死板无趣的课堂变得生动活泼了。而且多次的"辩"其实是对文章的反复理解、咀嚼,更是体会、品评文言文语言特点的高超的方法。

例5

以读代讲,炼字析文

——以王君的《湖心亭看雪》教学片段为例①

……

生:还有,老师,你看张岱,他眼中的西湖雪景我觉得也挺异的。

师:你有感情地读一遍,说说异在哪儿。

生读,还挺有感情。但是抓耳搔腮说不出来。

师:来,咱们一起读这两句,细细体会一下。

生读,摇头晃脑的,有些韵味儿。

生:这幅图嘛,反正就是觉得很不一样,一会儿大一会儿小的。(众笑)

师:不着急,我来帮你。老师觉得呀,这一句问题也挺多的。你看"天与云与山与水"多拖沓啊,古人不是说要惜墨如金吗?一连用了四个"与",我看一个都不用也行。

生:不行,老师。

师:为什么不行?你看我读。

师去掉四个"与",很认真地读了。

生:效果不对了。

师:哪点儿不对?你得说服我。

大家仿佛表达不出来。

师:那我们对比读一读。先去掉"与"读一遍,然后再把原文读一遍。

---

①王君,王方鸣.情趣盎然品文言——《湖心亭看雪》教学实录及评析[J].语文教学通讯(初中),2005(4):22-25.

生对比读了一遍。

生：哦，老师，我感觉出来了，这四个“与”并不多余，它让“天”“云”“山”“水”四个景物融合在了一起，如果去掉，好像它们就有界限似的。

生：四个“与”字就形成了一种天地苍茫的浩大气象。有这四个“与”，后文的“上下一白”才显得更有气势。

师：好样的，有眼光！来，咱们读出天地苍茫的景象。

生拖长音调读，摇头晃脑，韵味儿十足。

师：还有一个地方，老师不解啊。你说文中那些量词怎么这么奇怪啊？明明应该是这样的嘛：惟长堤一条，湖心亭一座，与余舟一艘，湖中人两三个而已。

生：不好，显得好大哟！

师：大有什么不好吗？看得更清楚有什么不好吗？

生：前面的大和后面的小形成鲜明对比，这样才“异”嘛！（众笑）

师：哼，不仅是量词有问题，我还觉得顺序也有问题呢，如果我来写就这样安排“湖上影子，惟舟中人两三个、余舟一艘、湖心亭一座、长堤一条”，你看，越来越清晰，这样越来越清晰，符合人的心理要求嘛！

生：不好，味道全没有了。

师：啥味道？

生：好像作者要把自己融进苍茫宇宙的那种味道。

师（惊喜）：漂亮！咱们读读最后一句，把那个“而已”的味道读出来。

生反复读“舟中人两三粒而已”，教师反复指导“而已”的读法。

师：感觉到这“而已”的言外之意了吗？

生：景啊，人啊，不过是这沧海一粟罢了，在苍茫天地中，他们都似有似无，“天人合一”了！

师生惊喜，热烈鼓掌。

师：哦，这位同学真是一语惊醒梦中人，原来痴人眼中有痴景，是因为有个天人合一、融入宇宙的愿望啊！（师板书：痴景）

……

名师教学点播：《湖心亭看雪》一文内容易懂、结构简单，是一篇适合以读代讲的文言文。学生反复诵读品评文章的语言特点，老师在学生自我探索的同时加以恰到好处的点拨，这时学生是课堂的主体，老师只是一个牵头人。

此课文语言清新简练，赋有特点，值得考究。王君老师将现代诗歌教学练字的方法，通过虚拟假设的对话，替换原文字、词，让学生更加直观、清晰地体会语言，课堂自然也就活跃了。

例6

改写课文，内化语言
——以卢望军的《醉翁亭记》教学片段为例①

……

师：《醉翁亭记》是一篇美文，也是一幅画卷，这幅画卷由许多画面组成，请大家默读课文，将课文里所描写的画面找出来。我们这里所讲的画面，就是人的眼睛所能看到的具体可感的一个场景，这个场景可以只包含景或者人，也可以是人和景的交织，总之，要是具体可感的。

……

师：现在，请每个小组将和自己组号对应的画面改写成现代文，实现从画面到文字、从文言到白话的转换。欧阳修作为唐宋八大家之一，追求简约而平实的文风，文章留下大量空白，这就给我们的改写提供了自由发挥的空间，改写后的文字，要求语言优美流畅，想象合理。所谓合理想象，就是既要在意料之外，又要在情理之中，超出原文又要忠于原文。

……

师：现在我们来展示各小组合作学习的成果。请注意，课堂的注意力要全部集中在正在发言的同学身上，也许这个画面不是你们小组的学习任务，但是，所有学习，都是你自己的任务。倾听是一种美德，质疑是一种品质。

第一小组：晨雾茫茫，远看滁州城，群山环绕，山顶直插入云层之间，给人“争高直指，千百成峰”之感。我独坐于醉翁亭之间，观群山，望云游，心乐之。

师：你们小组的语言，虽然是白话，但是也有古文的典雅含蓄的意味，特别是能学以致用，把“争高直指，千百成峰”这样的文本语言化为自己的语言，

①修与谁归，吾与谁归——我教《醉翁亭记》[EB/OL]. http://wenku.baidu.com/view/e-87fadaIf111f18582d05a58.html.2015-09-17.

很好。据说《醉翁亭记》写成后，欧阳修张贴于城门，征求修改意见。开始大家只是赞扬，后来，有位樵夫说开头太啰唆，便叫欧阳修到琅琊山南门上去看山。欧阳修一看，恍然大悟，于是提笔将开头"环滁四面皆山，东有乌龙山，西有大丰山，南有花山，北有白米山，其西南诸山，林壑尤美"一串文字换为"环滁皆山也。其西南诸峰，林壑尤美"。如此一改，则文字精练，含义倍增。欧阳修当初这样一改，也给现在的我们留下了想象的空间。在第一小组这里，环绕滁州城的山是"争高直指，千百成峰"的，在你的想象里，山是什么样子的？

生：连绵不断的。

生：高大巍峨的。

生：像《济南的冬天》那样的，似乎把滁州城安放在一个小摇篮里似的。

师：多亏了有这样的留白啊！

第二小组：在滁州城的西南方，挺立着数不胜数的山峰。放眼望去，山峰和树木都格外美丽。但在那其间，有一座山的树木却格外茂盛，相比其他的山峰，更幽深，更秀丽。那是何山？原来是琅琊山呀。

第三小组：沿着山路往里走，那潺潺的水声越来越大了，走了大概六七里，一条白色的清泉从两峰之间飞泻下来，就像一把白色的利刃，劈开了原本连在一起的两座山峰。泉边绿树青葱，像是那一抹清泉的伴友，陪侍左右，这，就是酿泉。

第四小组：山路像北斗七星那样曲折，像蛇那样蜿蜒爬行，在一个转角处，突然就看到了一个四角翘起像一只欲飞的凤凰模样的亭子，居高临下，俯视泉水。哦，原来，那就是醉翁亭啊。

第五小组：早上，太阳升起来了，弥漫在树林里的雾气消散了；而在傍晚时分，烟云聚拢来，山谷就显得昏暗了。或是自明而暗，或是自暗而明，变化不一，这就是山林之间早上和晚上的景象。

师：呵呵，你们的改写和翻译差不多，也许这个地方想象的空间少了点。这样吧，我们把课文下面的注释读一遍。

生读。

第六小组……

第七小组……

第八小组……

第九小组……

第十小组……

第十一小组……

师：改写活动非常成功，你们总是一次一次地超越我对于你们的期待。很多小组灵活引用了我们学过的古诗文，这就是语言的内化，文本的语言只有通过运用，才能内化成我们自己的语言。

……

名师教学点播：本课例的亮点在于新颖的教学方法——文白改写，巧妙地避免了文言课文讲解中翻译的枯燥和刻板，将主观性极强的改写活动穿插于教学中，充分发挥了学生的想象力，培养了学生的语言表达能力，在完成课文翻译任务的同时，深刻品味了文言文语言的特点。此外，通过小组探究学习，避免了文言文学习课堂的呆板，学生充分参与其中，课堂氛围很活跃。

值得注意的是，此方法对学生的理解能力和写作能力要求较高，基础较差的学生并不适用，可作为课后作业加强对课文的理解。

四、名师支招

（一）关注学习方法和习惯的养成

钱梦龙说："我的文言文教学的设计跟现代文一样，一般也按自读—教读—练习三个环节进行。"[①]

因为学生是语文学习中的灵魂人物，学生对语文以及文本的理解，在很大程度上将影响着学生学习的状态。不管是传统的"教是为了不教"，还是新课程标准的"三维目标"，都强调了学习方法的重要性。

---

①钱梦龙.文言文教学方法探索[J].语文教学，1983(9)：2.

(二)注重创新

1.改变传统“串讲”模式。

宁鸿彬说:“要求学生的笔记只能写在笔记本上,课本上不得作任何形式的记录;学生向老师回讲只能根据课本进行,不得打开笔记本。”①。

传统的串讲扼杀了学生学习文言诗文的兴趣,窄化了教师教学的内容,也缺失了学习过程和对学生能力的培养。教师组织学生按照文本逐句逐段口译或概括段意,在此过程中随机点拨,穿插立体交叉的教学内容。这样一来,“串”起了所有教学内容,也丰富了“讲”的方式。

2.引入现代文教学理论。

杜在琴说:“在实际的文言文教学中应努力挖掘其中蕴含的现代教学元素,注重创新设计……引导学生真正读出经典之文的经典之处。”②

学生最怕遇上这样的教学方式:作家作品介绍→时代背景→词句解释→段落分析→主题概括→语法修辞→写作方法。这种“八股式”教学单调、乏味,没有高潮,让人昏昏欲睡,高耗低效。长期的语文教学中,教师养成了照章办事、循规蹈矩的习惯。每个教师应该用热情和智慧设计精彩纷呈的阅读课型,灵活运用各种课型,改变文言诗文教学形式的单一。如耿文超老师的《梦游天姥吟留别》那节课,教师努力践行“一切为了学生,高度尊重学生,全面依靠学生”的生本教育理念,充分发挥了“教师不应该是纤夫,而是放养生命的牧者”的作用,并鼓励学生利用任何喜欢的形式去表达阅读感受。

3.联系现实生活。

肖家芸说:“语文教学的活水在生活之中。语文与生活、教材与现实紧密结合起来,语文教学才有活的课堂和课堂的活水。”③

用现实生活素材让教学内容鲜活,以融通古今,引导、推进、强化学生对文言文的阅读理解。联系现实生活设计导语,文言文教学的导入可以千变万

---

①宁鸿彬.教给学生学习文言文的方法——《桃花源记》的教学体会[J].中学语文教学,1985(1):40-64.

②杜在琴.文言文教学创新例谈[J].现代阅读(教育版),2013(6):466-467.

③肖家芸.《猫》教学实录[J].语文教学通讯,2005(Z2):87-90.

化，由联系现实生活内容过渡到文言文学习是一个不错的选择，因为富有时代感的引入不仅易于激发学生的阅读兴趣，还能自然地连接古今，为文本的阅读理解作好铺垫。

（李玫莹　周云　马克敏君　德庆卓嘎）

第三节　如何进行有效的文言文串讲?

文言文，是用文言写成的文章。学习文言文能够提高我们炼字、遣词造句的能力和阅读能力，提高文学素养。长期以来，文言文串讲一直是学习文言文的重要手段。

一、教学困惑

(一)困惑描述

困惑1：文言文串讲的过程太枯燥，学生学习无趣。

传统的文言文教学采用的是逐字逐句翻译的串讲方式。老师在课堂上带领学生一句句地在书本上作笔记。这样一来学生整本书上都是笔记，字词意思是懂了，但关于课文更深层次的内容学生却知之甚少；且串讲的过程单调乏味，学生在课堂上难以集中精力听课，更别说对文言文产生深厚的兴趣了。那么对于枯燥的文言文串讲，我们该采取哪种措施来提高学生对文言文的兴趣呢？

困惑2：文言文串讲方法过于固化呆板，教学方法单一。

传统的文言文串讲模式收到了某些效果，但是弊病很大。因为教师的讲解占用了课堂教学的绝大部分时间，学生很少有机会自己读课文，做练习。即使教师讲得再好，学生也只能从听讲中被动获得知识，缺乏学习动机。那么我们能否采取一些新的教学方式，或者串讲结合新的方式来引导学生学习文言文呢？

(二)典型误例

《鸿门宴》教学片段

师生齐读文章的第一、二段,再由班里两名朗读水平较高的学生各读一段。

(课件出示)读准并积累这些字音:

飨(xiǎng)士卒　　说(shuì)项羽　　美姬(jī)

鲰(zōu)生　　卮(zhī)酒　　有郤(xì)

师:在刚才读的过程中,有两个字的读音有问题,大家也发生了争执,"毋内诸侯"中的"内"和"旦日不可不蚤自来谢项王"中的"蚤",这两个字都是通假字,那到底该怎么读呢?

学生争执,各种读法都有。

师:"内"通"纳","纳"是本字,而"内"是借字,在这里只是临时借用,所以通假字必须读本字,这里应该读 nà;同理"蚤"通"早",也必须读 zǎo,大家明白了吧。

师:既然读已经没有了问题,那么现在我们就开始借助文章下面的注释一句一句疏通文义。

师:首先请一个同学来翻译第一段,注意重点字词的翻译。好,请 xx 同学来翻译。

生 1:沛公(刘邦)的军队驻扎在霸上,没能跟项羽相见……

师:翻译得比较流畅,请坐,但是还是要注意几个虚词,如"于"。下一个同学,xxx。

生 2:楚国的左君项伯这个人,是项羽的叔叔,平时和留侯张良交好……

……

问题指瑕:在教学过程中,老师运用传统的串讲模式,即带领学生一句句地学习字音,翻译句子。这导致了一些问题。

一是浪费时间。一字一句的串讲模式花费的课堂教学时间很多,像《鸿门宴》这样的长篇课文,如果采取完全串讲的模式需要好几节课的时间。同时太注重字词翻译,对学生了解《鸿门宴》的文本内容和领悟独特的传统文化不利。

二是学习强度大。采取学生逐句翻译的方式会增加学生压力,《鸿门宴》里词类活用、特殊句式等文言特殊语法现象较多,学生的文言知识储备难以应对全文翻译,增加了学生学习强度,容易打击学生学习文言文的信心,不利于学生优质高效掌握文言文基础知识。

二、名师示范

例1

拉近学生与文本的距离
——以赵谦翔的《记承天诗夜游》教学片段为例

生读课文。

师:中国古代有个文学评论家叫刘勰,他说过文学鉴赏的一个规律叫作:“披文以入情”。“披文”的“披”字是拨开的意思,拨开文字进入读者的感情世界,就好比我们沿着水流去寻找水源。我们可以联想陶渊明的《桃花源记》。“缘溪行,忘路之远近,忽逢桃花林,夹岸数百步,中无杂树,芳草鲜美,落英缤纷……林近水源,便得一山。”原来,我们的文学鉴赏,就是通过文字进入感情世界,就像是寻找文学的桃花源那样。可是,我知道现在流行的不是“披文入情”,而是“蜻蜓点水,一目十行”“浮光掠影,张扬自我”,根本不理睬文本。但今天我们可要认真地来研究文本。请看,第一段,“元丰六年”,这里你能够看出什么呢?

生:能看到时间!

师:这太没意义了。深层!(生停顿)苏东坡的元丰六年。

生:可以看到当时的境况。

师:什么境况?

生:被贬。

师:对,这才是字面背后的意义,谁不知道“元丰六年”是时间?小学一年级的也可以说这是时间不是地点。但是,苏东坡被贬到杭州,这是最基本的事实,是这样一个人,在这样一种处境下,写了这样的文章,才有了那样的情感。接着“六年”,说的是苏东坡在元丰二年已经被贬到杭州,六年已经过去了四年。被贬官了,用现在通俗的说法就是降职了,当然还没有被“双规”。

(生笑)降职了,有职无权,不能干事。这对于有抱负的苏东坡来说这是多少年?用现在的流行词来说是多少年?(生答)我知道,非常郁闷!现在已经郁闷四年了,"十月十二日",这是阴历啊,阴历的十月已经进入了一年四季的哪个季节?

生:冬季。

师:对!冬季了!十二日是每个月阴历的十二日,已经离什么日子不远了?

生:十五。

师:你看,还行!十五!

生:月圆!

师:月圆!所以这个日子告诉我们,苏东坡写的小品文是真实的记载!月色那么美,是因为阴历十二了!十五的月亮又大又圆,而现在的月亮已经很大了,即使没圆,月色也肯定很美!夜晚,月亮出来了,但是这里有问题了!"夜,解衣欲睡",这很有味道!那么味道在哪儿?你们说实话,每天一入夜,你们干什么?

生:睡觉。

师:一入夜,不是半夜,你们干什么?

生:洗脸!(生笑)

师:洗脸!好,她是爱干净的!那个同学是爱休息的!

生:吃饭!

师:入夜才吃饭?那应该是傍晚!

生:减肥!

师:哎呀,别说空话啊,我说你们生活很现代!哎呀,你们是不是在跟我逗乐子?现在你们已经吃完饭,洗脸那些就不说了,现在已入夜,你们一般在做什么?

生:现在没法在家啊?

师:那就在校。

生:在校就上课!

师:上课?晚上也上课?白天上课,晚上也上?

生:上到八点半呢。(生笑)

师：听着，这就开始说实话了。上到八点半，我也知道，我也教过县城的重点中学，八点半才上完课，八点半以后，还没完！干什么？

生：写作业。

师：对了，怎么样？这才是真实生活。减肥的那些都是特殊的，睡觉的那都是偷懒的，只有写作业才是真实的。但我没说那是好或是坏，对吧？我们现在的形势就是这样，尤其是高中生，他要考大学，要应试嘛，一入夜，谁敢解衣入睡啊？我们不完成作业，明天怎么办？那消极的人，头皮一硬……但是多数人都想，不行，今天得完成。所以哪有解衣入睡啊。于是这里就是说，苏东坡入夜就解衣欲睡，看出什么来了？

生：他，很闲！

师：他很闲，对不对？“闲”，这个词就是这篇文章的一个关键点。这个地方说闲，结尾又说什么？“闲人如吾两人者耳”，所以解衣欲睡，一入夜就解衣欲睡背后的含义就是他太闲了！你们现在有作业，可是古代的学子呢？一入夜跟你们大概也差不了多少，也得“头悬梁，锥刺股”啊！对吧？而如果是当官的呢？他又是一个为民做主的清官呢？恐怕入夜还得……他要是一个经商的呢？入夜还得在那里拨着算盘干什么？

生：算账！

师：算账！今天赢多少亏多少！所以苏东坡啊，真是个闲人！但是这个“闲”，第一点是因为他被“闲置”，“闲置”懂吗？“闲置”和刚才说的什么相关？被贬！你想干活，对不起，朝廷的文书说了，苏东坡不得接公事，由此，目前，他想干都没干的啊，他被“闲置”了！但是要注意，这个闲置之外，还有一个“闲”是什么？这作为一个悬念先留下来！好了，“月色入户，欣然起行”，现在到“月色入户”这个地方，主语变了，刚才的主语是谁？

生：苏东坡。

师：那现在的主语是谁？月色。我们读过唐诗，“举头望明月，低头思故乡”，或者“俯首见月，月色在地”，对吧？可是苏东坡突然换了主语，他说“月色入户”，而不是“我”“低头见月”。这种描述很有味道，“月色入户”，谁能体会出来？一下变成“月色入户”，进了“我”的门，你体会到了什么？

生：比较悲凉吧。

师：为什么悲凉？

生：因为月色是白色的，有比较冷的感觉。

师：看见没有，他可能读了许多古诗古文，而古人往往一咏月就是在伤感，是吧？所以月色一进来，他就感到悲凉。可是你看看下文说了，“月色入户，欣然其行”，他就高兴了？

生：嗯！

师：你没有联系下文，懂吗？来，你说说？

生：夜色很美，让他有出去散步的想法！

师：再想想，现在他不说“我”见月色，而说“月色入户”！这么一对比，能看出点儿什么来？

生：我觉得他很欣喜！

师：为什么欣喜呢？

生：因为月色能给他一些希望吧。

师：月色能给他希望，你觉得是什么希望？

生迟疑。

生读课文。

……

名师教学点拨：在这个教学片段中，老师的教学方法与传统的古诗文教学方法不同，能有效拉近文言文与学生的距离。其具体操作要领是：

先抓住了“元丰六年十月十二日夜，解衣欲睡”一句话，让学生说自己在入夜后干什么。刚开始时，学生说了一些不着边际的空话。老师马上引导学生说出自己的真实生活：上课、写作业……然后老师立即用学生的实际活动、古代学子的活动、官人的活动、商人的活动与苏轼的“解衣欲睡”作比较，突出了苏轼当时的“闲”，让学生有了苏轼“闲”这样的初步了解。

然后老师结合了文章的创作背景，苏轼当时的处境“元丰六年”，用诙谐的语气说“……被贬！你想干活，对不起，朝廷的文书说了，苏东坡不得接公事，由此，目前，他想干都没干的啊，他被‘闲置’了”，引导学生深入感受当时苏轼见到“月色入户”的真实情感。到了这一步，学生似乎还没完全体会苏轼的欣喜。老师再结合作者当时的情况，用“举头望明月”与“月色入户”的主语相互对比，强调了后者“月”的主动性，学生体会作者的心情自然水到渠成。

例2

关注学习方法和学习习惯的培养

——以欧阳代娜的《岳阳楼记》教学片段为例

我们在充分利用课文注释及工具书的基础上，主要靠熟读、背诵与口译课文的方法，来进行自学，培养阅读文言文的能力。以下三个步骤可以试行。

熟读课文三遍：

第一遍，在朗读中校正读音，并查找生字；第二遍朗读时，画出在初读中发现的疑难语句；第三遍朗读时，逐步做到边读边口译课文，并在最后画出借助注释与查阅工具书仍不能解决的疑难句段，将这些问题用红笔标出，或者去请教老师、同学，或者在课堂上注意听讲，进行对照，有针对性地解决这些难点。这样学一定会迅速提高文言文阅读的能力。

检查预习。

首先由两位同学分别朗读课文第一、二自然段，由大家指出在听读中发现的读音方面的问题。

生：在第一自然段的朗读中，"属"字读错了。

师：应该怎么读？

生：应读"zhǔ"，不应读"shǔ"。

师："属"字在此当什么讲？

生：与"嘱咐"的"嘱"字相通。

生：在第二自然段的朗读中，"浩浩汤汤"一词中的"汤"，应读"shāng"，不应读"tāng"。

师：你们在预习中是否查阅过有关作者的资料？谁能简要地给大家介绍一下？

……

师：很好，这位同学知识面比较广，很好。滕王阁在南昌。好，检查预习结束，大家预习的效果是很好的。记，是古代一种文体，可以记叙，可以议论、抒情。

……

师："守"字是指做州郡的长官，也就是做太守。整句的意思是"被贬官降职到巴陵来做地方官”。下一位同学口译第二句。大家用红笔在“谪”“守”两个字下加上“△”符号。

生：到了第二年，庆历五年，政事顺利，百姓和乐，被废弃的事业又都重新兴盛起来。

师：很好。这句要注意“越”字和“具”字的解释，并在字下面加上“△”符号，表示注意它的用法。

……

师：很正确，大家先画上这个词，标上着重符号，不过还应分清“然”与“则”各自的含义。

……

师：这是因为我们在翻译文言文时，由于古今的语气用语不同，常需要加上一些连接的词语作为过渡，文章才能通顺。但这些新加进去的词语，又不是原文的内容，所以为了表示区分，要加上括号。请大家在“然则”下加上着重号，并加批语——“转折，引出下文”。

……

生：“异”字。

师：十分正确。请把这个词加上着重号，整句话下面画上波浪线。

……

师：很好，大家注意“去”“国”字的用法。请大家在这段后加上批注，“览物之情——(　　)”。

……

师：找得很对，还有“心旷神怡”“宠辱偕忘”。大家给第四自然段做个批注，“览物之情——(　　)”。从课文中选出一个字来概括。

……

师：很好。大家用波浪线画在句子下面。

……

生：“进”，指做官；“退”，指在野。与前面的“喜”和“悲”相呼应。

师：很好，请大家批注在书上。那么，作者认为到底应怎样做？他的伟大抱负在哪里？

生(齐答):“先天下之忧而忧,后天下之乐而乐。”

师:很好,这个结论就自然而然地出来了。这个句子请大家加上波浪线,在“先”“后”两个字下加个小注,这是什么句式?

……

师:通过预习,对照课堂评点,我们基本上弄懂了课文的意思。文言文的自学方法又得到了初步的训练,大家看,我们这节课的学习任务完成没有?

生:完成了。

师:很好。我们不可能一次就学会并且掌握读写能力,很难取得“立竿见影”的效果,但只要坚持语文能力训练,不断学习语文知识,不断进行思想与思维方法训练,学好语文并不难。我愿意送给大家一把金钥匙去打开知识宝库的大门,它就是语文的听、说、读、写能力。

……

名师教学点拨:欧阳代娜老师十分注重学生学习方法和学习习惯的培养,这一点成为本课例的一个亮点,使其有别于传统的串讲。其串讲中用到的具体学习方法和学习习惯有:

精准的“预习设计”,并在课中检测;贯穿整个教学过程的“批注”方法(在这节课中,先后叫学生勾、画、批、点共12次);让学生借助注释和工具书自主学习和合作学习;介绍自学文言文的方法;由两位同学分别朗读课文,由大家指出在听读中发现的读音方面的问题;引领学生借助注释和工具书阅读浅易的文言文。

例3

“艺术化”的串讲教学

——以欧阳代娜的《岳阳楼记》教学片段为例

……

师:很好。大家注意这句话中有一个词,十分关键,可以说是全篇文章的文眼(也叫题眼),作者由此而思路顿开,文思如涌,一气呵成地完成了这篇宏伟著作。大家找一找,是哪个字?(课堂活跃,大家争论)

生:“异”字。

师:十分正确。请把这个字加上着重号,整句话下面画上波浪线。这一个“异”字，引出了下面的叙述，导出了新的思路，最后抒发出伟大的抱负，十分重要。以后大家看书，要学会把握这些关键的字、词、句。现在大家来研究下面的内容，作者接着写了什么？请看下面第三、四自然段，是写的什么内容。

生：这两段写洞庭湖的风光。

师：那么作者写出来“异”样的内容了吗？（生有争议）

师：大家讨论一下，哦，同意“没有”的是少数，不过，我也觉得他没有写出新异的东西来，这是为什么呢？现在我们先翻译这两段的意思。大家先默读第三自然段。

……

师：很对，请大家填上。这样的触景生情，有没有新意？“异”字写出来没有？

生：没有。因为看到这种情景，大家都会有这种感受的。

师：很好，我们再往下看，看看作者还写了什么。通过什么方法引出“新”和“异”来？

……

师：很对，以上是第二部分，段意是“览物之情”。现在在第一课时结束前，布置一个作业，请大家思考一下，作者的“异”表现在哪里呢？作者耗费这么多的笔墨写洞庭湖四时不同的风光，其作用是什么？

……

生（齐读后）：体现在“予尝求古仁人之心，或异二者之为，何哉”一句中。

师：找得很对。这句话中哪个词与前面的文章相照应，使文章顺利地从第二部分过渡到第三部分？

生：“异”字。

……

名师教学点拨：欧阳代娜老师是有强烈自主意识的语文教育家，她把自己的教学追求概括为“美”“巧”“活”“实”四个字，这四个字同样体现在文言文的串讲艺术中。比如她的“巧”是：“语文能力训练与知识传授两者关系的最佳结合点，阅读教学中最大信息量的储存点，课堂思维训练的最巧的入手处，课文处理的最关键的突破口。”①基于这种教学设计的艺术化追求，本课例虽然沿袭的是串讲的思路，但是老师非常擅长抓住文本的关键词句，“抓住题眼，以一字带动全篇”。比如课例中对“异”的教学设计异常精彩。讲课时先提出“异”是文章的题眼，再一步步询问有没有体现“异”字，让同学们始终处于思考中。正是因为有了这样艺术化的设计，本课例处处闪烁着教育的智慧和创意。

例4

改变“串讲”的具体形式
——以欧阳代娜的《岳阳楼记》教学片段为例

……

师：请一位同学口译第一句。

生：第一句是“1044年，宋仁宗四年春，滕子京被贬官到巴陵来”。

师：意思是对的。请大家注意“谪”“守”两个字，怎么讲？

生：“谪”——贬官，降职。

师：“守”字是指做州郡的长官，也就是做太守。整句的意思是“被贬官降职到巴陵来做地方官”。下一位同学口译第二句。大家用红笔在“谪”“守”两个字下加上“△”符号。

生：到了第二年，庆历五年，政事顺利，百姓和乐，被废弃的事业又都重新兴盛起来。

师：很好。这句要注意“越”字和“具”字的解释，并在字下面加上“△”符号，表示注意它的用法。

生：第三、四句是“于是重修岳阳楼，扩建它原来的规模，把唐代和宋代的诗词歌赋刻写在岳阳楼上，嘱咐我写篇文章来记述这件事”。

师：口译得很好，这两句话中要注意“乃”“制”“予”“属”的用法，大家标上符号。“之”，指什么事？

生：指重修岳阳楼这件事。

师：对。但作者在文章中写了修楼的事吗？我们来研究他是怎么写这篇文章的，看看文章构思的特点。

---

①欧阳代娜.欧阳代娜中学语文教学艺术初探[M].济南：山东教育出版社，1998：48.

（以上为第一部分，段意可归纳为"写文章的由来"）

生：第二自然段的一、二两句口译是"我看巴陵最好的景致，就在洞庭湖的整个湖上。它包含了远山，即湖中有山。像张开大口容纳进长江的大水，江水浩荡无边无际，一天之内阴晴变化不定，景象万千，层出不穷"。

师：口译得好，语言也很流畅优美。请大家注意"胜""汤""一"几个字，并画上符号。"一"字应怎么译？

生："全部"的意思。

师：很好，"一"在我们的汉语中常有表示全部、整个的意思，如"一往无前""一无所有""一如既往"等。

生：第三、四两句，"这就是岳阳楼的雄伟景象，以前的文人作家已经写得很详尽完备了"。

……

名师教学点拨：本课例中以"口译"为主线，把"讲"的主要任务落实在学生身上。这一设计启示我们可以采取丰富的"讲"的方式，比如师串讲一句，或者师读、师讲、生串，生读、师讲、生串，一生读、一生讲串，等等。宁鸿彬老师串讲文言文，要求学生笔记只能写在笔记本上，课本上不得作任何形式的记录；学生向老师回讲又只能根据课本进行，不得打开笔记本。①

例5

在问题的探究中理解

——以欧阳代娜的《岳阳楼记》教学片段为例

……

师：你们在预习中是否查阅过有关作者的资料？谁能简要地给大家介绍一下？

生：他是北宋时期的文学家、政治家。

……

师：口译得很好，语言也很流畅优美。请大家注意"胜""汤""一"几个字，并画上符号。"一"字应怎么译？

①宁鸿彬.教给学生学习文言文的方法——《桃花源记》的教学体会[J].中学语文教学，1985(1)：40-64.

生:“全部”的意思。

师:很好,“一”在我们的汉语中常有表示全部、整个的意思,如“一往无前”“一无所有”“一如既往”等。

生:第三、四两句,“这就是岳阳楼的雄伟景象,以前的文人作家已经写得很详尽完备了”。

师:很好。“则”作“就”字讲,“大观”这个词语要注意,现在还有生命力。请画上符号。好,现在大家注意“备”字。既然前人的叙述已很详尽了,那么作者写这篇文章岂不多余?

生:不多余,因为他写了别人没有写出来的内容。

……

师:对。但课文注释中加上“(既然)”一词,为什么要加上括号?(没有学生回答)

师:这是因为我们在翻译文言文时,由于古今的语气用语不同,常需要加上一些连接的词语作为过渡,文章才能通顺。但这些新加进去的词语,又不是原文的内容,所以为了表示区分,要加上括号。请大家在“然则”下加上着重号,并加批语——“转折,引出下文”。

……

师:很对。大家研究一下,范仲淹同不同意这两种心境呢?是不是认为应有第三种心境呢?

生(活跃):不同意这两种。

师:既然不同意,那为什么还要把它们写出来?

生:为了作对比衬托。

……

名师教学点拨:本课例还注意引导学生对一些有价值的问题进行思考和探索。提问学生作者的资料,可以检测学生的预习情况;提问学生相关词句,如“一”的意思,可以加深学生的记忆,也可以给学生补充相关知识;提问学生明确知道的问题,可以提高他们的自信心,踊跃参与课堂;提问他们无法回答的问题,可以调动学生的思维,努力去思考答案。这样就打破了传统串讲一味依靠教师讲解的沉闷局面,赋予了传统的串讲以现代的“敞讲”品质。

例6

师生互动共生，鼓励学生主动参与串讲
——以李镇西的《师说》教学片段为例①

……

师：“师道之不传也久矣。”这个“也”字表示什么呢？

生1：我觉得是语气词，表示语气舒缓。

师：对，也就是舒缓语气。从师的风尚不流传啊，已经很久了！

生2：“而耻学于师”这句话我不理解。

师：前面几句，你明白了吗？你把前面翻译一下，好吗？

生2：想让人没有疑惑很难……

师：为什么呢？请在书上找一个答案。

生2：就是因为“师道之不传也久矣”，就是说没有从师的风尚。

师(表扬)：说得好！你继续翻译。

生2：古代的这些人，他们超出一般人……

师(提醒)：“这些人”？哪些人？

生(齐)：圣人。

师：对了，要翻译准确，不能说是“这些人”。还有，“远”这里要翻译出来……

生2：超出很高。

师：这里还有“也”字，怎么讲？

生2：表示语气舒缓。

师(鼓励)：对，你继续说。

生2：尚且拜师学习，一般人的才智低于圣人很多。

师(补充)：这里不仅仅是才智低于圣人很多。我认为还包括智商，呵呵！“而”，该怎么讲？(生一时语塞)同学们帮帮她，“而”该怎么讲？

生(齐)：却，表转折。

……

①鹿春阳.李镇西《师说》教学的课堂文化察析[J].洛阳师范学院学报，2013(12)：10-13.

名师教学点拨:这是课文第二自然段的学习片段。李镇西老师在串讲过程中渗透了师生互动共生的学习理念,教师鼓励学生质疑,使得串讲洋溢着新鲜的活力。

课堂在探讨完第一句话后,一位同学马上提出对此段最后一句的质疑,问题来得突兀,由第一句直接跳到最后一句,文章阅读的完整性似乎被破坏了。但李老师并没有打断学生的质疑热情,而是"将计就计",引导这位学生先翻译前面的句子。这一方面体现了教师对学生的理解与宽容,提高了学生踊跃参与课堂的积极性;另一方面也体现了教师对文章逻辑性的尊重。在引导的过程中,教师使用褒扬鼓励性的语言,让学生在自信轻松的课堂气氛中主动参与学习和交流。当学生面对教师的追问而无法作答时,教师没有马上提醒,而是鼓励生生合作,让她在其他同学的帮助下解决了疑难问题。这也有效地激发了其他同学的求知欲,使学生在思考中参与课堂。

四、名师支招

(一)字字落实,句句清楚

于漪老师在谈到文言文教学的"二防"时,首先主张要防"虚"。"所谓'虚',指的是将文章疏通一下,意译一番,教师讲个大概,学生懂个大意。这样做,言者昏昏,听者恹恹,字、词、句都不落实,提高学生文言文的能力成了天方夜谭。为此,文言文教学要'实',要'字字有着落,句句有交代'。教师要善于启发学生把一字一句都搞清楚、搞扎实,实实在在掌握词义,句式及其发展、变化的规律。唯其如此,学生才能融会贯通,举一反三,既学得扎实,又学得灵活,逐渐形成独立阅读、分析文言文的能力。"①

正因为串讲注意"逐字、逐词、逐句"的落实,所以串讲模式在引导学生理解文章字、词、句表层意思上有着无可比拟的优势。

(二)相接相续

"串讲"作为我国传统的教学方法,可以追溯到东汉郑玄、马融等人的讲经活动,甚至更早的时候。元朝的程端礼已给它下过一个科学的定义:"每句

---

①冯起德,陈刚.试谈于漪的文体教学[J].教学通讯(文科版),1982(10):22-25.

先逐字训之，然后通解一句之意，又通解一章之意，相接连续作去，明理、演文，一举两得。”①

所以“串”的本意就是用一个主线贯穿零散的事物。用在“串讲”这一教学方法中特指以“文本本身”为线索来贯穿其所有要教学的内容，包括字词释义、贯通上下文句、阐明段落关系、厘清思想脉络等等。用现代的术语表达就是：课堂教学思路要以文本本身为逻辑顺序。

执教者要组织学生按照文本逐句逐段口译、概括段意，在此过程中随机点拨穿插立体交叉的教学内容，如各文言知识的讲解、题眼揭示、思路结构的梳理、文章的主题、课后作业的处理等。并且在穿插各类教学内容时“过渡语言”很讲究，可以起到很好的“串”的功能。

（三）“理”（思想内涵）“文”（语言文字）兼具

“串讲”以文本本身为线索“串”起了所有的教学内容，为“讲”开辟了自由灵活而又井然有序的空间。这样就很好地解决了文本语言知识的讲解与文本思想内涵理解的矛盾。所以古人讲“串讲”能“明理演文，一举两得”。在文言文教学中的具体操作往往是：读一句，重点解释词语，疏通句意，然后口译，或先口译，再解词串句；讲完一段之后，再按全段原文的意思、神情、口吻，口译一遍；要在讲清字、词、句的基础上，随机对课文的思想内容和写作特点进行必要的分析。

（四）融合新理念，提高串讲教学效果

李卫东说：“语文教学如果没有学生心灵的介入，没有精神的律动，没有深切的感悟，那么就是无心的教学、无‘人’的教学。”②

对于文言文串讲来说，也涉及对学生学习兴趣、方法、态度的关注。上述课例在这些方面都进行了精彩的展示，主要落脚在拉进学生与文本距离、关注学习方法和学习习惯的培养、进行艺术化的教学设计、在问题的探究中促进理解、改变串讲的具体方式、师生互动共生促理解等方面。

（李嘉欣　郭珂璇　雷祎　叶丽娜　漆倩　潘晗菁雯）

①程端礼.程氏家塾读书分年日程[M].合肥：黄山书社，1992：35.

②蒙秀溪.“点醒悟性，平实严静”——记天津市特级教师李卫东[J].广西教育，2014(20)：56-57.

第四节 如何开掘文言文的文化内涵?

文言文包括文言、文章、文学、文化四个层面的内涵,一体四面,相辅相成。所以文言文的教学应该有四个层面相统一的教学内容。经典文言文的魅力不仅在于其文字的精练典雅,更在于其文字背后蕴含的博大精深的中华文化。从宏观层面把握文言文中蕴含的文化内涵,不仅实现文言文传承中华文化的目标,也改变了传统文言文教学中学生机械接受、死记硬背的现状,让学生感受到文言文教学的鲜活气息,并最终由文言之径通向文化殿堂。

一、教学困惑

(一)困惑描述

困惑1:文言文教学多局限于对文言文语法规则的掌握。

文言文教学中一直存在着一种较为普遍的现象:一上文言文课,学生的课本上、笔记上满满当当全是关于文言字、词、句的解释和翻译,而且教师还再三强调解释和翻译要准确无误。一节课下来,学生学到的都是一些与现代汉语相区别的文言语法规则,丧失了大量的文学韵味和文化魅力。久而久之,学生对文言文的学习就局限在对于枯燥无味的古文常识的掌握之中。那么,面对枯燥、生涩的文言文,怎样才能使教学很好地延伸到深厚的文化底蕴中?

困惑2:文言文教学渗透文化内涵的手段简单。

在实践中,有的教师也意识到了文化内涵层面的教学,但是其教学手段单一,容易导致两种情况:一是脱离文本,抓住一点,无限发挥,学生难以理解。比如讲《逍遥游》就讲“庄子思想”;二是虽然紧扣文本,但是机械说教,学生难以理解,比如讲《陋室铭》,教师讲到古代文人的情操,而学生的认知经验有限,没有办法很好地理解教师的讲解。那么如何才能设计出有文化渗透的教学设计?

(二)典型误例

《师说》教学设计①

教学目标：

1.掌握"传""师""从"等多义实词的意义和用法。

2.积累"也""则""于""乎""所以"等虚词的意义和用法。

3.正确认识文中有关"尊师"与"重道"的观点。

4.培养学生尊敬师长、虚心求教的美德。

教学重点：

指导学生反复诵读，疏通文中字、词、句，整体把握文章思路。

教学过程：

第一课时(略)

第二课时

(一)研读第一段

1.提问：本段可分为几层？概括每层大意。

明确：本段可分为三层，前两句为一层，总说教师的职责；三、四两句讲"解惑"，谈从师的必要性；最后三句讲"传道"，谈择师的标准，即以"道"为师。

2.提问：本段运用了什么论证方法？有什么作用？

明确：本段运用了下定义、作结论的方法来说理。文章一开头就断言"古之学者必有师"，并下定义说，"师者，所以传道授业解惑也"。接着从这个定义出发，由"解惑"说到"从师"。经过一番推论，又得出"道之所存，师之所存"的结论。其间层层衔接，环环相扣，一气贯通，具有强大的说服力。

3.学生背诵第一段。

(二)研读第二段

1.指定一名学生朗读课文。

2.提问：本段内容可分为几层？运用了什么论证方法？

明确：本段分为三层，即三组对比，批判"士大夫之族"的"耻学于师"的流

---

①陈碧清.文言文教学内容确定的课例研究——以《师说》教学设计及反思为例[J].课外语文(下)，2015(12)：220.

俗。作者先以“古之圣人”和“今之众人”进行对比，得出了“圣益圣，愚益愚”的结论；再以择师教子和自身“耻师焉”作对比，得出了“小学而大遗”的结论；最后将“巫医乐师百工之人”和“士大夫之族”的学习态度进行对比，揭示了尊卑贵贱和智力高低成反比的奇怪现象，发人深思。

3.学生默读课文，画出议论或抒情的句子，想一想，作者借以抒发了怎样的情感。

4.学生背诵第二段。

(三)研读第三段

1.学生朗读。

2.提问：本段引用孔子言行，阐述了什么观点？

明确：“圣人无常师”包含着广泛学习的意思。要想得到广泛的知识，就要向许多内行人学习，在这方面，孔子给我们树立了很好的榜样。韩愈从“圣人无常师”出发，针对当时的社会现实，提出了“弟子不必不如师，师不必贤于弟子”的观点，很有进步意义。

3.学生背诵第三段。

(四)研读第四段

1.提问：作者用哪些话明确表示了他的立场？

明确：“不拘于时”，表示他反对“耻学于师”的坏风尚。“能行古道”，表示他赞成以道为师的从师风尚。

2.提问：“古道”中的“道”指什么？

明确：儒家道德。

3.提问：本段的作用是什么？

明确：说明了写作缘由。

4.学生背诵第四段。

(五)布置作业

背诵课文以及重点字、词、句的翻译。

问题指瑕：整个教学内容是从字词到翻译再到文本分析，字词、翻译、文本分析面面俱到，看似比较完整，但是从整个教学过程来说，学生只是被动参与课堂，机械记忆教师所讲解的文言文知识以及课文翻译，他们已经习惯了这样的文言文教学方式，被动接受教师灌输的一切文言文知识。

二、名师示范

例1

融"文化"教学与"文言知识"教学于一体
——以赵谦翔的《春夜宴从弟桃李园序》教学片段为例

师：这里引用了一个典故，古人为什么要在夜里拿着蜡烛游玩呢？就是他们觉得白天游乐还不够，夜里一睡觉，十多个小时，所以拿着蜡烛在夜里继续游玩。"良有以也"的"以"呀，是"很"的意思。所以"良有以也"是很有道理的意思。学后面一句，翻译一下。

生翻译。

师：好！"烟景"这个词，书上是怎么注释的啊？艳丽的景色？没有注释。那么你想想"烟景"的"烟"能解释为"艳丽"吗？"烟花三月下扬州"，"烟"在这里是指炊烟吗？"大漠孤烟直"的炊烟吗？烟是花？哦，是烟花？烟火？这个词太现代了。其实，这个"烟"就是烟雾，春天雾气朦胧。"烟花"，如烟似雾般的花；"烟景"，如烟似雾的景致。关于"文"，我们讲过。"文"是什么字？象形字！（黑板上书写"文"的字形演变）是人身上的花纹，纹身花纹。所以"文章"的"文"是花纹，错杂的花纹。而"章"字，我们学过黑字白章，就是黑色的垫白色的花，所以"文章"在这里可以简称错杂的色彩或者花纹。春天，大自然给我们的就是这样缤纷错杂的色彩或者花纹，吸引我们去寻乐。好，这段理解了没有？我们一起来诵读一下。

生读课文。

名师教学点拨：在这个片段中，赵谦翔老师重视了文化教学与文言文知识教学的融合。讲"文章"两个字的意思时，没有强塞给学生，而是通过"文"的象形字，借助学生已有知识来增强学生兴趣，把"文章"的意思说清楚："文章"是春天斑斓的色彩，是大自然生命的一种张力，身处缤纷错杂的色彩中，唯有珍惜，方能不辜负美好时光。进而从"文章"两字出发，引出人生短暂的感慨，与上文的"秉烛夜游"呼应，劝诫学生莫负韶光，珍惜流逝如水的光阴。

例2

剥茧抽丝，层层深入
——以武凤霞的《杨氏之子》教学片段为例

……

生：我读懂了“未闻孔雀是夫子家禽”。意思是“我没有听说孔雀是您家的鸟啊”。

师：这里的夫子指谁？

生：指孔君平。

师：把孔君平称为夫子，那——夫子就是指孔君平吗？如果来的人不是孔君平，而是张君平、李君平，还能称为夫子吗？

生：能。

师（依然做思考状）：如果来的是阿姨呢？

生（略略思考）：不能，因为阿姨是女的。夫子一般指男的。

师（追问）：如果来的是一个小男孩呢？

生（迟疑不敢作答）：不行，因为夫子好像指的是大人。

师：是的，夫子一般指年龄比较大的男士。

师：如果来的是一个没有文化、不识字的老农，我们可以称他为夫子吗？（学生不语）

师：我们来推测一下孔君平的身份。你认为，他应该是一个怎样的人？我相信你能从文中找到依据。

生：他应该是一个富人，从图中我们看到他穿的衣服很华贵。

生：他应该是一个有学问的人，因为他看到杨梅就把杨氏子的姓联系起来，而且还说这个孩子是“君”。这是对人的尊称，能将一个小孩称为“君”的，一定是一个有涵养的人。

生：这篇文章选自《世说新语》，这本书是写士大夫阶层的事情。

师：是啊，士大夫阶层都是为官之人，都是有文化的人，那么他们的朋友也一定是有学问的人，所以，可以称为夫子。再比如，我们称孔子为——（学生齐：孔夫子），称孟子为——（学生齐：孟夫子）

师：同学们还有没有不理解的地方？

生:杨氏是一个人的名字吗?

师:有谁来回答这个问题?(学生沉默,继而又摇头)

师:这里的杨是人的姓,而"氏"有两个意思。[课件出示:(1)在有特长或者有身份的人的姓或者姓名后面加"氏"表示尊重。(2)旧时放在已婚妇女的姓后,通常在父姓前加夫姓,作为称呼]

师:读一读,在这个句子中,你该选择哪一种意思呢?

生:选择第一种。

生:为什么"父不在,乃呼儿出"?这个孩子才九岁,怎么能招待客人呢?怎么不叫他的妈妈出来呢?

师:这个问题提得好。谁能解答?

生:因为他妈妈和他爸爸一起出去了,都不在家。

师:同学们推测了很多种孩子出面招待客人的原因。在我国古代,重男轻女,只有男人算是人,女人是不算是人的。所以迎接客人都是男人的事情,儿子再小也是男人,也要出来招待客人。母亲呢?只能待在后堂,只有丈夫、孩子请她出来见客人的时候她才能出来。(学生惊讶,然后又问了几个字的意思,很快就得到了解答)

师:既然大家都懂了,谁能把这篇文章的意思讲一讲?(学生自由说)

生读课文……

名师教学点拨:在这个教学片段中,武凤霞老师没有生硬地把这篇文言文所写年代的一些背景知识编辑成大段文字,直接抛给学生,而是通过举出多种可能性,一层一层不断地追问,鼓励学生自己思考,大胆说出自己的想法,潜移默化中让学生理解那个时代的一些文化背景。

例3

以小见大,由浅及深
——以黄厚江的《黔之驴》教学片段为例

师:刚才有个同学说大家都不喜欢驴,老师有些疑问,有人喜欢驴吗?

生31:现实生活中驴还是很有用的。

师:老师也喜欢驴,它勤劳、踏实、可爱,不工于心计,北方人家里的驴都是宝,帮人拉磨拉车。而文中的驴是说"至则无可用",不是说驴没有用,这怎么理解?

生32:没有把驴放到该放的地方,这驴就没有用了。

师:人如果这样,恐怕结局也是如此啊。那到底是谁导致了这个悲剧呢?

生(齐声):好事者。

师:柳宗元不敢讽刺好事者,好事者是谁啊?

生33:是当时的皇帝。

师:那前面的问题我们也可以解决了,黔之驴的悲剧是因为好事者的无事生非。能从好事者的角度用一个词语概括给后世留下的教训吗?来尝试一下。

师生(齐声):载驴入黔。

师:一起记住这个悲剧故事的教训吧,同学们长大以后可不能做这样的事啊!

生点头。

师:今天我们读了一篇寓言,知道了关于驴、虎和好事者的故事,懂得了古人概括的和我们自己概括的八个成语,明白了一些道理,好,下课!

名师教学点拨:该教学片段注重从身边的事物入手一点点地慢慢引导。

(1)明确告诉学生不一定要谈“大道理”,从“小道理”着手也是要多加关注的,七年级的学生对于人生等高深的道理是不能确切地把握和理解的,所以从小道理入手,更能激发学生学习的积极性,也更有利于促进学生对课文的理解。

(2)黄厚江老师将自己与自己的职业生涯作比喻,与驴的故事作比较,让学生更加直观地感受到文言文中所蕴藏的道理,有些思想为什么能流传至今,那是因为它们跟现在的生活仍有共鸣,而我们所要做的就是引导学生,发现并理解这些共鸣。

例4

联系生活,探讨哲理

——以赵谦翔的《寻隐者不遇》教学片段为例

……

学生把自己对这首诗的理解写在纸条上,然后老师收集起来在班内宣读。

师：有位同学的答案写的是，“作者贾岛怀才不遇，没遇到隐者”。大家想想，隐者他是不管你的，隐者都不想升官发财了，还管你怀不怀才。……同学们的答案中有些是正确的，但是我还不想把同学们的答案说出来。我给大家看一幅画，是一幅“寻隐者不遇”的诗意画图，你们戴上眼镜还不能看太清，但我一下就能看清了。这个画面上的色调基本上是冷色调的还是暖色调的呢？

生猜测。

师：冷色调。最暖的色调是什么？红色呀！这画上的人物是谁呢？贾岛。你要想呀，红色的，你想这个画家的本意，他为什么要贾岛穿这件红色的衣服呢？你联想到“红”什么？

生猜测。

师：红尘。红尘呀滚滚，痴痴呀情深。这不是一首歌词吗？画中的贾岛穿着红衣，说明他还离不开现实社会，他还不能做真正的隐者。你一个红尘中人去寻找真隐者，能找得到吗？这个画家的理解，不像咱们的同学，净想当贾宝玉，看到没有？仔细看，重新看，看色调好了。……咱们有一位同学的答案写的是，“成为隐士，自然寻不到隐士，作者心中仍被尘世牵绊，是寻不到隐士的境界”。写得好，他把隐士提升到一种境界。……

师：还有一位同学写的答案是，“不必去羡慕别人的境界”。这个答案比那几个更加哲理化，把隐者的话去掉，不必去羡慕别人的境界，只要你去做，这种境界我也会达到，还去羡慕什么别人呢！这个好！

师：还有一位同学的答案是，“隐士，足以事事，有行，必以有心呀！若无隐者不遇”。这话挺到位，最后一句话，生活做事必应有心，乐于其中，还怕寻隐不遇？这是一段精彩的议论。……看到了吧！这首诗含意还是很深刻的，我不作结论了，大家听了就明白了，但是我还想把课文下面的专家评价讲给大家听一听。……

……

师：这个就是专家鉴赏，专家说隐者代表的那个世界，我们称它为雅世，而贾岛和我们生活的世界叫俗世。俗世要进入雅世不容易呀！这里有个门，关键在于心，这个专家鉴赏说，隐者代表另外一个世界，那么他对俗世的来访者是拒绝的。你可以想象它的美妙，你也可以在它的边缘探寻与它的交集，稍微远离俗世的世界。但是你只不过是向往,你的心还是留在俗世,你还是不能深入到雅世世界里。经典呀,专家说的比我们说的话更准确,更经典……

名师教学点拨:老师将作品与实际生活联系起来,深入挖掘作品中的内涵,将诗中的思想转变为人生哲理。教学中,对雅世世界的探讨,是一个打通文学与生活之间联系的过程,诗不再是仅仅作为典雅的象征,它让学生的生命焕发光彩,表现出生命的诗意与生命力。从文学作品本身出发,教学过程还原了作品的真实面目,从本质中深入挖掘出它蕴藏的文化内涵。同时,老师把色彩的文化也自然融入教学,通过对图画的色彩、构图、线条的关注,引发学生的思考和讨论,再由表层深入理解。

三、名师支招

(一)文言文教学不可失其风骨

韩军说:"有一个不争的事实,那就是中华人民共和国成立以来,大陆的整体语言表达水平,有日益下降的趋势,传媒及文化人的语言表达失去典雅与古风,变得'浅白化''粗俗化'——这实际就是整个社会轻视文言、文言教育的血脉被切断的恶果!"①

文言文教学最重要的一点应该是让学生体会到文言文的魅力,这是一种属于我国传统的语言形式,是我们文化的根。在课程改革和学生减负的过程中,不应该舍弃文言文教学,反而应该更加重视。尤其在这个现代文明高速发展的社会,掌握文言文知识是难能可贵的。

(二)文言文教学的内容不可单一化

刘国正说:"文言文还是进行思想教育,特别是爱国主义和历史主义教育的好教材。"②

①韩军.百年中国语文教育十大偏失[J].基础教育,2005(12):20-25.

②庄燕青.文言文,有一个功能不容忽视——摭谈德育在文言文教学中的有效渗透与实现[J].语文教学之友,2013(1):31-32.

我们都知道入选高中语文教材的文言文都是一些经典名篇，文质兼美，或吟咏山川，或记叙经历，或阐发哲理，如果一篇文章被老师仅仅讲解为主谓宾的分析、死记硬背的词义，这样就完全感受不到文言文带给我们的熏陶。

（三）文化内涵教学手段的"润物无声"

肖家芸说："万事万物，皆关一个'活'字。活则新鲜，活则畅快，活则兴盛，活则久远。"①

文言文的文化内涵教学切忌机械堆砌，要能够渗透在文言字词、文言句式的教学中，成为帮助学生学好文言知识的帮手，而不是外加的负担；还要能够关联学生的生活世界，让文化内涵成为学生生命成长的"营养"，而不是额外的负担。

（张文慧　刘广青　解思媛　王慧　革康艳　张诗婷）

第五节　如何引导学生快速背诵经典文言作品？

在文言文教学被边缘化的今天，尤其是随着生活节奏的不断加快和信息获取方式的方便快捷，背诵几乎已被视为机械和低效的同义词。其实背诵在高中文言文的教与学中有着独特的作用：高中生学习文言文的规律和特点、文言文教学的实际情况以及文言文本身的特点决定了背诵是一种切实有效的学习方法。同时，在历史长河中，那些灿烂的经典文言作品闪耀着它们独特的光芒，背诵文言文经典篇目既可以提高语文素养，又是对传统文化的一种传承。因此，引导学生快速背诵经典文言作品在语文教学中就显得格外重要。

---

①孙金耀.谈谈语文"课前三分钟说话训练"[J].空中英语教室：新教师教学，2010(7)：158.

一、教学困惑

（一）困惑描述

困惑1：文言文内容难以理解，语意不连贯；加上学生平时积累较少，脑子里没有一些现成的古汉语的知识，因此在背成段的文言文时经常会受到阻碍，学生背诵困难。

我们都有这样一种感受，在最初学习文言文的时候，由于历史原因，对古代汉语不理解，在学习文言文的时候对文言文内容不理解，因此在背诵的时候就很难顺畅地背诵下去，背了后面部分就会忘记前面部分。正是由于对文言文内容理解方面的偏差，导致学生背诵文言文十分困难。在文言文基础知识积累方面，比如，他们会因不了解“子”在古代汉语中的意义——多作第二人称代词“你”解释，用作敬称——而无法正确理解“吾不能早用子”“而吾与子之所共适”“吾非至于子之门，则殆矣”“非子天机清妙者”等句子的确切意思。久而久之，这种阅读中的绊脚石就会打击他们学习文言文的积极性。那么，我们该采用哪种方式使学生更好地理解文言文内容，积累文言文语法知识呢？

困惑2：文言文与现代汉语在句式、语序、语法方面的差异，导致文言文晦涩拗口。

文言文的许多单音节的词语跟我们现代汉语有很大的差别，词类活用、倒装句的使用也有很多种类，学生在学习文言文时会遇到许多困难，因此在文言文背诵方面，能够给学生讲好基础知识，使学生对文言文知识充分理解，减少学生在背诵上的阻力，也是文言文教学中的一个重点。那么，我们该采用什么方法减少学生背诵文言文的阻力，使文言文背诵不再晦涩拗口？

困惑3：教师授课形式单一，没有给予学生背诵方法的指导，学生机械地背诵。

教师在教授文言文时通常采用“满堂灌”“逐句讲解”这样单一的授课方式，课堂气氛比较沉闷，学生听课也比较乏味，纯粹是为学而学，这样教师教得辛苦，学生学得也辛苦，背了后面，忘了前面。那么，教师在平常教学中该采用哪些创新方式使授课形式多样化，在背诵方面给予学生指导呢？

（二）典型误例

《与朱元思书》课例片段

师：大家知道“与朱元思书”是什么意思吗？

生：老师，是给朱元思写信吗？

师：对的，是写给朱元思的信。下面我们就一起来学习这篇课文。大家先齐读一下。

生读。

师：大家注意里面的重点字音，“轩邈”的“邈”，“戾天”的“戾”，大家再集体诵读一遍。

师：好，大家现在读得非常好了。下面我给大家讲一下这篇文章的段落大意，大家在听的时候可以看一下幻灯片上面的展示，记一下。（生记）

师讲文章的翻译。

师：现在整篇文章的大意已经讲了一遍，大家再看一下课文，思考一下这篇课文表达的思想感情。

生：表达了对大自然的热爱。

生：表达了对朋友的思念。

师：大家说得都很好，我觉得《与朱元思书》一文描述作者乘船自富阳至桐庐沿途所见富春江的秋景，历历如画，令人有同行亲见之感。同时，也表现出他沉湎于山水的生活情趣。

师：最后，我们大家一起品读全文，考虑结尾两句话的意义并背诵全文。

问题指瑕：该执教者要求学生在未完全理解课文之前背诵，容易导致学生机械地背读，背了后面，忘了前面；或者费了九牛二虎之力，好不容易背了下来，但是在默写中错误百出；时间再久一点，印象也都没有了，更谈不上语感的形成和具体运用了。

二、名师示范

例1

理解文意，分节背诵
——以韩军的《与朱元思书》教学片段为例①

师：这是一篇骈体文。

师：再请一位同学当一当小老师，给大家范读一遍课文。（生纷纷举手，师指定一生读）

生读，教师纠正学生误读的地方。

师：听老师给大家示范一下。"风烟俱净，天山共色。从流飘荡，任意东西。自富阳至桐庐，一百许里，奇山异水，天下独绝。"开头两句，语气特别大气，视野非常开阔；中间两句，要显得特别自在；而"自富阳至桐庐，一百许里，奇山异水，天下独绝"应当带着欣赏的语气，非常陶醉。来，跟老师一起读。

师生齐读。

师：看看，老师是没有看书背诵的，哪位同学能够试着背诵？

一分钟后有同学举手。老师示意他背诵。

师：全体齐背。

学生齐背。

师：翻译一下，说说意思。

生翻译，师矫正。

师：我们再展开想象来诵读。在我们的大脑中，要想象，天空中万里无云，天和山都是青青的颜色。"我"吴均坐在船上，跟随流水漂荡，随着水流任凭它把"我"带向东、带向西。从富阳到桐庐这一百来里呀，全是奇山异水，是天下独一无二的，"我"吴均真是看不够。（情不自禁唱起来）"船儿哟，你慢些走呀，慢些走"，让我把这美丽的富春江看个够……（学生响起热烈的掌声，还有笑声）

教师示范背诵，学生跟着背诵。

---

①韩军.《与朱元思书》课堂实录[J].黑龙江教育(中学版)，2004(9)：19-20.

师:这是总写还是分写?

生:是总写。

师:总写富春江的特色是什么?课文中有四个字可以具体来概括。注意具体概括。

生:是“奇山异水”。

师:或者叫作“山奇水异”。那么,接下来,文章就应该分别写山之奇,水之异。往下看,从哪里到哪里分别写的什么?

生:从“水皆缥碧”到“猛浪若奔”写的是“异水”,从“夹岸高山”到“千百成峰”写的是“奇山”。

师:我们再一同来背诵,先背诵“异水”部分。

学生很快背诵完毕。师点名一生背诵。

生背诵。

师:齐背。

又响起琅琅的诵书声。

师:写了几个方面?

生:三个方面。

……

师:是写三方面,水色、水清、水急。再诵读,读出情感来,“水皆缥碧,千丈见底。游鱼细石,直视无碍”,带着非常新奇的神情、非常欣赏的态度,来诵读,要有点悠然的感觉,读得细微些。“急湍甚箭,猛浪若奔”绘声绘色,要读得粗重、浑厚。

生齐读。

师:“甚箭”“若奔”分别是什么意思?

……

师:动静结合,直接或间接描写结合。所以,才如此美妙。再诵读。

又响起琅琅的书声。

师:再读“奇山”一段。

生又齐读描写“奇山”的一段。

师:分成三小节背诵。先背诵第一小节,从“夹岸高山”到“千百成峰”,共

24个字。这是写山的，要背诵出气势来。而且，齐背的时候，那种气势就更强了。

一会儿，学生就会背诵了。

名师教学点拨：这篇课例为解决前面提到的困惑1作了一个很好的示范。初中阶段的学生逻辑思维逐渐占优势，但还需感性经验的支持。因此教师需根据文章特点，恰当安排课堂进行展开和深入。

该课文短小，共144个字，利于记诵。老师根据文言文诵读朗朗上口的特点，设计了以诵读贯穿始终的教学，引导学生当堂背诵是该课例最大的亮点。其背诵教学要点是：先是学生范读，老师指出出现错误的个别字；然后全班正确地朗读全文，而老师在学生齐读的过程中进行背诵，以此鼓励学生背诵；紧接着在翻译体验情境后再展开想象来诵读，在分段讲解的过程中带领学生分段背诵，最终讲完课文时大多数学生也会背诵了。

同时老师抓住了初中阶段学生记性好、求知欲强的特点，对学生予以积极的鼓励，并多次范读和示范性背诵，将诵读与联想结合，最终在有限的课堂时间内，带领学生感知文章、品味文章并达到全班背诵全文的教学目标。

例2

翻译促背诵

——以赵谦翔的《春夜宴从弟桃李园序》教学为例①

师：上课！同学们好！

生：老师好！

师：请坐！今天我们学一篇古代的散文，《春夜宴从弟桃李园序》。（教师板书题目）我们这堂课要达到两个目的。第一，熟读成诵，当堂作词，一百一十九个字，一字不差；第二个就是，我们要把它鉴赏到位，从语言形式到篇章结构，再到它的哲理和诗意的美。现在我们一起来读课文，读到什么地方我叫停，大家就停！

生读课文。

师：好，大家看黑板上这几个字。把这三个字用括号标出来，再把这三个

①赵谦翔.赵谦翔《春夜宴从弟桃李园序》课堂实录[EB/OL].http://www.thn21.com/heart/lu/35248.html,2016.

字去掉，“天地者，万物之逆旅也；光阴者，百代之过客也”，去掉那“夫”字，剩下的就是什么句式？整句。下面，“而浮生若梦”，把“而”字去掉，“浮生若梦，为欢几何？古人秉烛夜游，良有以也”。“古人秉烛夜游，良有以也”这句是什么句式啊？这是个散句。但是去掉“而”，“浮生若梦，为欢几何”又是个什么句？又是个散句。接着，“况阳春召我以烟景，大块假我以文章”，又是整句。开头这一段以散句为主，但是散中有整。这就是它在语音上的特点。所以大家再把它读一遍，读出散整结合的味道来。开始，读。

生读。

师：好，将书合起来，现在看着黑板上的提示背诵。

生背诵。

师：很好，再来一遍，巩固一下！

生再背诵。

师：好，来把这段翻译一下。我找同学来翻译第一句，谁来翻译一下这一句？

生翻译。

师：好，书上说得很清楚，他讲得也很清楚，但是“逆旅”是什么意思？旅店！逆者，迎也；迎者，客也。迎接旅客的，是什么？旅店也。它原来是一个“逆”字的逆。好，第二句谁来译？“光阴者，百代之过客也。”

生翻译。

老师对学生自主逐句的翻译进行点拨，引导学生理解。

师：好，这段理解了吗？我们一起来诵读一下。

生读课文。

……

师：……原来标题不仅是“眼睛”，还是浓缩全文的“缩印本”。浓缩的，是精致的。这叫什么美呢？这叫节奏美，文章的节奏美。我们刚才读来读去，已经读出它的音乐美了，那就是文章的节奏。对吧？最后那段的音乐美，“不有佳咏，何伸雅怀？如诗不成，罚依金谷酒数”，这个地方又是什么句式？是散句。全文是什么？散起散收。中间全是整，散中有整，整中有散。整散相间，有两个美，第一，节奏整齐的美；第二，整散相间，有错落的美。既整齐又错落就形成了音乐美！音乐就是音高、音低、音质、音强、音弱啊，音乐的最重要的特点是节奏。所以这篇文章一定要读出节奏美。好，现在来把全文背诵一遍，怎么样？最后两句我们……

生背课文。

师：把最后一句读三遍。“不有佳咏”预备——起！

生读。

师：好，全文再来背一遍！

生背全文。

师：好，不错。我给大家念一句话，是《古文观止》的编者给这篇序言写的评语，就一句话，他说：“末处语……”用我们现代人的观点来看，这种“迥别”是什么呢？德国哲学家海德格尔说：人的本质，是诗意的生活。他们在生活中发现乐趣，他们不是用酒来麻醉自己，而是用酒来抒发情怀，追求自己的自由精神家园。所以他们是生活的诗人。加之他们又有“惠连”“康乐”的文学才华，于是他们能写出诗来，就成了什么诗人？从生活的诗人变成了文学的诗人……

名师教学点拨：这篇课例为我们解决之前提到的困惑2作了一个很好的示范。

老师对课文的重要词句进行了重点分析，并且引经据典。真正的古诗文教育就应该对文章中的句式、字、词、句进行必要的深入讲解，不然学生无法真正地理解文章的意思。老师还很重视具体的教学方法：首先分析课文的结构，然后带领学生去掉语气词、连词、助词等感受整、散句式的特点，再通过每个字的解释进入文本，借助注释、典故，逐句分析，引导学生深入理解课文，为学生“知其所以然”、快速高效完成背诵任务打基础。

例3

背诵抓住关键字

——以余映潮的《马说》教学片段为例①

……

在前面的教学过程中老师多次带领学生跟读，并且每讲完一节齐读一遍。

①余映潮.《马说》教学实录[J].语文教学通讯，2005(Z2)：114-116.

师：好，下一步是“背读积累”。这篇课文是要背下来的，背诵课文要讲究科学性。老师告诉你们一个窍门：首先想一下课文共三段，这是它的三个层次。第一段是亮出作者的观点——世有伯乐，然后有千里马；第二段是讲千里马的遭遇，摆现象；第三段点出千里马之所以有这样的遭遇，是因为食马者不懂什么是千里马，点实质，这样就理解了课文大致的脉络。

这样还不够，你们记不记得老师说《马说》中有个“不”字，那么就要抓住这个“不”字来背课文。第一段的两个“不”是讲伯乐与千里马的关系，由于伯乐不常有，所以千里马就“不以千里而称”。第二段有五个“不”字，由于食马者不懂怎么样食千里马，所以千里马就“食不饱，力不足，才美不外见，且欲与常马等不可得”，这是食马者与千里马的关系。最后一段有四个“不”字，写的是食马者与作者的关系。食马者是那样不懂得辨别千里马，因此作者非常愤慨。抓住“不”字来背课文，就比较顺理成章了。下面根据老师的提示，开始背课文。

学生开始读背。

师：好，现在把课本合上，再来背。

学生开始自由默背。

师：好，现在试一下。

学生开始齐背。

师：绝大多数同学都可以背下来了。老师还要讲几句话，这篇《马说》其实讲的不是马，表面写马，实则写人。千里马就是那不被重视的人，食马者就是不会用人的人，伯乐就是识人的人，这是一种比喻的写法。整篇文章用“不”字串起来，通过亮观点，摆现象，点实质，表达了作者呼唤伯乐的情感。作者他不是真的在写马，他是在呼唤知人的人出现！这一节课，我们从“诵读”“积累”两个方面对课文进行了体味与研讨，学习了《马说》。

谢谢大家！再见！

名师教学点拨：该课例同时解决了之前提到的困惑1和困惑3。老师先让同学们理解课文脉络，分层次，然后以各层大意为线索来引领学生背诵。

特别值得强调的是老师要求学生抓住课文中出现频率高的词，巧妙地识记背诵全文。这样的背诵过程既使整篇课文分散开来，易于记忆，同时彼此间又有内容上的联系，最终化零为整。

例4

厘清脉络巧背诵

——以张玉新的《阿房宫赋》教学片段为例①

……

师：请坐。上节课，我们共同欣赏了《阿房宫赋》的前三个自然段，这堂课我们接着欣赏第四自然段。

师：在欣赏课文之前，我们先检查一下同学们预习和复习的情况。（幻灯片展示）

……

这堂课我们就着重欣赏一下第四自然段，它具有作为散文式的赋的特点。下面，请大家欣赏一段课文的录音。

（放第四自然段录音）

师：好，下面我们就共同欣赏课文的第四自然段。

……

（本处省略为老师对文章的层层分析讲解）

师：下面我们注意一下本自然段的论证结构。先是用“呜呼”慨叹，然后用两句话两个观点，说明秦国灭亡、六国灭亡的原因，然后再用一个“嗟乎”进一步地慨叹，接着对秦国灭亡原因、六国灭亡的原因进行假设性的论证，最后呢，提出四个后人的哀叹。大家掌握了这个结构以后，谁来背一遍？

生单独背诵，后齐背诵。

师：这个自然段的特点主要是借鉴了散文的特点，句式错落，和第一、二自然段那种赋的排比铺陈的手法大不相同。关于这个特点我们以前就学习过，在这里就不着重学习了，因为待会儿我们还要总结本篇文章的艺术特点。

师：大家思考一下全篇文章，尤其是前两个自然段作为赋的主体，它的描写层次和作者的文脉有什么样的特点呢？下面我们通过检查大家对课文前几个自然段的背诵来归纳课文的脉络。

师：请一位同学接着我背的背，并总结这部分的内容，它说的是什么？

---

①张玉新.张玉新《阿房宫赋》课堂实录[EB/OL].http://www.360doc.com/content/12/1021/17/3828685_242799865.shtml,1992.

"六王毕，四海一，蜀山兀，阿房出"，哪位同学归纳一下，这四句说的是什么？

生：这四句写了当时的时代背景。

师：写了当时的时代背景，在"六王毕，四海一"的时代背景下，"蜀山兀"，以及建筑的过程。下面请一位同学接着我背的背，然后同学来归纳。

生："骊山北构而西折，直走咸阳。二川溶溶，流入宫墙。"

师：好。这个部分写什么？

生：主要写阿房宫的外貌。

师：是大致的容貌，是你对其整体的印象，实际上呢，写的是阿房宫的总体布局。那么"二川溶溶"起什么作用啊？过渡。由对阿房宫的总体描写转入对其内部描写。好，下面哪位同学接着背？

生："五步一楼……气候不齐。"

师：好。他背的这部分写了阿房宫的内况。具体有哪些描写呢？有建筑之奇，有构造之巧，有歌舞之盛，还有桥梁之多，复道之多，等等，我们就不一一说了。我们看由"二川溶溶"过渡到建筑之奇，构造之巧，歌舞之盛，这是阿房宫赋的第一个自然段。实际上，建筑过程和总体的布局，是写的阿房宫的总体风貌。第二自然段由"二川溶溶"过渡到对阿房宫内部的描写，那么下面请一位同学接着背诵第二个自然段。

生背诵第二自然段。

师：他背的这部分既写了阿房宫中宫人的来源——来源于六国，又写了宫内的人的生活。而这一部分我们概括一下，就是写了阿房宫中宫人的情况。下面再请一位同学接着他背诵。

生背诵。

师：他背的这部分既写了阿房宫中珍宝的来源，又表明了宫中珍宝的繁多。（板书）而这宫中珍宝的来源，和宫中珍宝的繁多又都是写宫中珍宝的收藏。下面大家再进一步归纳：由阿房宫的宫貌过渡到内状，阿房宫的宫貌和内状作者是围绕着什么写的？换一句话说是写阿房宫的什么样的特点？

生：壮美、壮观。

师：壮美、壮观或者说是盛大的气势。好，那么对宫人的描写和对宫中珍宝的描写，又集中体现了阿房宫内宫人生活的奢侈。（板书）那么大家再进一步概括，无论是盛大的气势，还是生活的奢侈，作者有没有离开他要描写的主题啊？

生：没有。

师：都是围绕什么描写？

生：阿房宫。

师：下面我们体会一下围绕阿房宫，文章句句段段都是紧紧相连、相辅相成的。从艺术手法上看，这是什么样的特点？

生：环环相扣。

师：还有什么特点呢？“二川溶溶，流入宫墙”，随着溶溶的二川，我们从对阿房宫总体布局的观察，进入到了宫墙之内。还有歌舞之盛，是为了写宫人，作了一个恰如其分、自然的过渡。所以我们说《阿房宫赋》从结构上说，它是环环相扣的。从过渡上说呢，又是非常自然的。

……

名师教学点拨：该课例对有效解决困惑1、困惑2及困惑3有所启示。作为必背的经典课文的教学，该课例有很多可取之处。

(1)在进行正式教学之前，老师没有让学生自己简单地读一遍，也没有直接进行授课，而是在上课之前播放录音，让学生们看着书听着录音进行模仿，将字音、节奏、情感等标准化，同时也能让学生有更多的时间去猜测文章大概的内容。

(2)让学生在课堂上接着老师背诵，会让他们更加重视并认真对待背诵内容。同时教师引导学生对文章分节分析理解，分节背诵，再将各节内容的脉络联系起来，明白作者的写作思路，最后根据作者的写作思路来进行背诵，既减轻了学生课后的盲目背诵的负担，又保证了每一位学生对文章的理解。

例5

轻松课堂以背诵为主

——以张必锟的《五柳先生传》教学片段为例①

……教师板书课题并示范背诵全文，然后让学生自读课文，并巡视，回答

①张必锟，朱小平.《五柳先生传》教学实录[J].中学语文教学，2001(11)：26-27.

了个别学生的提问。

师：这篇课文要分两段练习背诵，第一段是传的正文，第二段叫"赞"。……现在请大声诵读第一段。

学生齐读一遍后，第二遍老师要求学生边看边背诵；然后老师领读第一段，并指示学生中能背诵的可以跟老师一起读，再随其余同学读第二遍。

师：本段最后一句"以此自终"是什么意思？

生：就这样过完了他的一生。

师：……大家再看，"闲静少言，不慕荣利"这两句在整个传文中有什么作用？

生：总写。

师：对。（板书：总写）你看，五柳先生平时很少说话，安闲自得，不把名声、利禄放在心上，精髓就在这里。下面是分几个层次写的呢？

生：到"便欣然忘食"是第一层，到"曾不吝情去留"是第二层，以下是第三层。

教师小结，指出下文除写生活起居以外，还写了五柳先生的抱负，最后两句是总括全篇。学生练习背诵全文，随后指定四位同学接背这一段。

师：同学们背得很好。现在练习背诵"赞曰"这一段。

学生自读约两分钟后，全班试背一次。

师：好。这一段，我也想给它加一句话，"彼何人哉？"（板书）这一句加在哪儿好呢？

生："以乐其志"之后。

师：对啦。同学们很聪明，一下就看出来了。因为最后两句正是对"彼何人哉"这个问题的回答。弄清这一点，这一段就不难背诵了。

学生练习背诵。互相检查。齐背。一位学生起立背诵。

师：背得好……

名师教学点拨：该课例成功地解决了之前提到的困惑3。目前文言文自读课上相当普遍的情况依旧是：教师絮絮不休地解词、译句、讲篇章，学生不停地记笔记，很难听到琅琅书声。

但张必锟老师的教法与此大不相同。他重在激活学生的诵读兴趣，并对诵读作具体指导，使学生在反复诵读中逐步加深理解和感悟，从而在短短的三十多分钟内达到了基本成诵的目的。他的指导乍看颇有点“即兴”的味道，即对每个语段的内容，他只用三言两语加以点拨，而不搞逐句串讲，也不作什么发挥，但深究起来，他又是有心而为的，为的是促使学生自行领悟，从而将背诵置于理解记忆的基础之上。

三、名师支招

（一）正视文言文教学中诵读法的地位

张必锟说：“学文言文非诵读不可。”①

对于学生来说，文言具有特殊性。文言文教学以诵读法为主，其实就是为了培养学生文言文的语感。诵读是熟读与背诵的合称。作为书面语体的文言具有很强的可读性，坚持诵读学习，可以使学生对文言的表达方式、表达习惯逐步熟悉起来。因此，学生必须要有一定的诵读量。在例1和例5中，两位老师都是采取了诵读法，以诵读贯穿了整个课程教学，不仅使学生快速背诵全文，也能培养其文言文语感。

（二）多背诵，于背诵中发现乐趣

韩军说：“背诵大有时间和情趣。”②

中学语文课共一千多节，学生应该多多背诵，而不是让教师滔滔讲析。中学时期的学生处于记忆的黄金期，正是背诵的好时期。教师可以开展多种形式的背诵：分角色诵、独诵、齐诵、赛诵、演诵等，花样多，乐趣多，以此来激发学生的背诵兴趣，让他们主动去背。在5个例子中，所有老师鼓励并引导学生们在课堂上背诵课文。同时，在例4中，张玉新老师采取师生接龙背诵的形式，增添了背诵的趣味，提高了学生背诵的热情，使他们更积极地参与背诵。

---

①张必锟.学文言非诵读不可[J].中学语文教学，1997(6)：35-39.

②韩军报告：新语文教育的六大理念与教学法[EB/OL]. https://wenku.baidu.com/view/f28d274c2e3f5627630.chtml，2015-03-02.

(三)进行熟读点拨,使之成诵

赵谦翔说,熟读点拨法包括领读、通读、译读、速读、竞读、标读。①

面对一篇经典文言作品,最开始就要正音,确保不错字、不漏字、不加字。然后要通读全文,初步了解大意。在翻译的过程中,边读边译,既有利于理解文意,又能加强记忆。在初步熟悉以后,进行速读,乃至竞读,以促使学生熟悉作品,增强学习积极性。接着教师带领进行有提示的诵读,既可词语标读,也可以文意标读,来深化学生的理解记忆,最终实现由熟至诵。在例1、例2中,韩军老师和赵谦翔老师都对全文进行了翻译、分析,让学生们在了解文意的基础上更轻松地背诵全文。

(四)根据行文思路归位原句进行古文背诵

肖发学说,思路背诵法包括读、理、背、固四个步骤。②

背诵的基础就是要熟读全文,学生在朗读时,要关注文意,理解性地去阅读。同时概括出每段大意,用关键词标示,化整为零。之后,再通过自己所理解的关键词脉络来回忆背诵相应的课文原句。最后,在分层背诵的基础上,联层为段,联段为篇,化零为整地去背诵巩固。在例3中,余映潮老师将全文分层次概括,并提炼出了关键词,学生可通过对文意的脉络以及关键字词的把握来进行背诵。

(张海燕　秦铭键　何诗妮)

---

①赵谦翔.文言文点拨教学法刍议——《语文实验课本·文言读本》教学心得[J].天津师范大学学报(基础教育版),2001(2):24-27.

②肖发学.古文教学的四行标注法和思路背诵法[J].中学语文,2009(3):32-33.

第六章 实用类文本教学困惑

第一节 如何教新闻作品?

新闻,也叫"消息",是一种以叙述为主兼有议论、描写、评论,记录社会、传播信息、反映时代的一种文体。它通过报纸、广播、电视台等媒体途径传播,用概括的叙述方式,以较简明扼要的文字,迅速、及时地报道国内外新近发生的、有价值的事实,让公众了解。新闻真实性、新鲜性、及时性、公开性的特点要求学生重视信息的表达,更是要求语文教师真正会"教"新闻。

一、教学困惑

(一)困惑描述

困惑1:怎样在新闻教学中培养理性批判精神?

教师在教授新闻时,往往只从新闻要素和内容入手,却忽视了培养学生的理性批判能力。学生往往只是了解新闻事件,除此之外没有得到理性批判能力的锻炼。如何才能在新闻教学中培养学生的理性批判精神?

困惑2:如何教出新闻的情感温度?

课堂教学是教师和学生的多边活动,课堂有温度,才会有师生间、师生和教材间互动的对话、心灵的沟通、思维的碰撞。此时教师的语言、教师的一颦一笑,都可能深深地感染每一位学生。而在新闻教学中,教师很难做到让新闻教学变得有温度,普遍将新闻看作独立的客观存在。那应该如何教出新闻的温度呢?

困惑3:如何将课本旧时新闻与当下现实生活结合,解决时效性缺失问题?

新闻教学的文本大多是“过去的新闻”,缺失了阅读新闻的时效感。在新闻类课文教学过程中,积极的思维活动是课堂教学成功的关键,而与现实存在紧密联系的事物类比更能激发学生的思维。那么,如何让学生在“旧新闻”上对“新知识、新内容”进行热烈探求呢?

困惑4:如何建构新闻阅读和写作的认知图式?

新闻报道向来是语文教材的内容之一,落实到教学内容上,则主要是获取事实信息、学习新闻结构、揣摩语句内涵、学习表达技巧。从了解新闻结构来说,是必要的,但了解的目的,不仅仅是明了“引题”“导语”等知识,而是要把明了的新闻阅读知识转化为阅读图式的自觉。如何把明了的新闻阅读知识转化为阅读图式?

(二)典型误例

《别了,“不列颠尼亚”》教学片段

师:这节课呢,我们主要来看看这篇新闻的语言有怎样的魅力。有哪位同学能回答一下,你觉得这篇新闻语言有什么特点?

生1:我觉得这篇文章的语言写得很准确,它用了大量的数据,像4时30分,港督府降港督旗。4时30分,港督府港督离府。6时15分,添马舰东降米字旗。最后一分钟,交接仪式上降米字旗。新的一天的第一分钟,交接仪式上升中国国旗。同时,添马舰营区升中国国旗。0时40分,不列颠尼亚港督离府。这些数字的使用让我觉得它非常的真实,有说服力。

师:说得非常好!这位同学很有学习新闻的天赋,他抓住了这篇新闻的所有时间叙述(板书:时间叙述),来表现新闻语言的准确性。(板书:准确性)同学们可以再找找,看看文章中还有没有类似的句子?

生2:文章中“在香港飘扬了150多年的英国米字旗最后一次在这里降落”里的数字说得也很准确。

生3:老师,还有“在蒙蒙细雨中,末任港督告别了这个曾居住过25任港督的庭院”,我自己不会去计算到底有多少任港督,所以我觉得作者很认真。

师：同学们找得非常好。新闻的语言重视准确性，数字的细化常常显示着新闻报道的准确、及时。所以在学习新闻时我们一定要关注数字。接下来，大家认为新闻的语言还有什么特点？

问题指瑕：该课例缺乏对学生理性批判精神的培养。在新闻教学中只是将新闻的要素及特点教给学生，没有注意去引导学生对新闻的真伪、价值等做出评判，更没有让学生自己发表对该新闻的不同阅读感受。

同时，该课例阅读新闻的时效感缺失。新闻属于文章类文本中的媒体类文本，是比较新的类型，与现实社会紧密相连。相应的，就要求教师不能一味执着于对过去新闻的研究，忽视教学生阅读现时的新闻。学生作为社会生活中的一员，需要具备阅读日常新闻的能力。

而且，该课例过于机械和沉闷，对新闻的讲解还停留在解剖语言的准确性上。新闻本就严肃，但是其背后潜藏着作者的情感与价值观。教师要学会引导学生用人文的眼光来解读新闻，使新闻有温度。

最后，该课例不注重构建新闻阅读和写作的认知图式。教师讲得再好，终究只是教师的自我输出，学生难以得到解读能力的提升。教师要学会引导学生构建认知图式，从而让学生达到举一反三的目的。

二、名师示范

例1

批读日常新闻，锻炼批判能力

——以刘德斌的"孝敬父母"主题教育课堂教学片段为例①

师：上节课我已布置同学们搜集有关孝敬父母的新闻作品，从主要内容、主题思想、运用的表达技巧、值得学习的写作方法等方面进行"批读"，并结合新闻的内容，拟一个作文题。下面，请大家展示汇报批注的成果。

出示新闻材料：《武汉的一项调查显示：中小学生孝亲敬老知易行难》——《中国青年报》2007年1月24日。

①刘德斌.《孝敬父母》主题教育课堂实录——"读新闻，学写作"教学案例[J].湖南教育（语文教师），2007(12)：54-59.

生：新闻最前面的核心数字反映了问题的严重性，更加吸引读者，把最重要的内容放在最前面，迅速证实了标题反映的现象。

生：所以，这篇新闻最大的一个特点就是用数字说话，在第三自然段中，用数据分类说明"知易行难"。

师：中小学生孝亲敬老知易行难主要表现在哪两个方面？

生：第二自然段是说青少年不知道什么是孝亲敬老，第三自然段是说青少年孝亲敬老往往停留在口头上。这是两方面的表现。

师：对，你概括得很准确。

生：接下来，新闻举了一个典型的例子"小明的父亲"作现身说法。

生：新闻的最后六个自然段引用了专家分析，增强权威性，既谈了孝亲敬老的意义，也分析了中小学生孝亲敬老知易行难的原因，并提出了解决办法。

师：严正认为，要从哪几个方面入手来解决问题？

生：从家庭教育入手、从早着手、重视思想教育这三个方面。

师：其他同学有没有补充？现在老师就这篇新闻给大家提几个问题。

师：请大家看新闻的第三自然段和第四自然段。第三自然段是"调查发现"，第四自然段是"调查还发现"，都是写调查发现的内容，为什么要分成两段？

生：第三自然段是写青少年在家庭生活中的表现，第四自然段是写青少年在社会生活中的表现，这样分成两个自然段显得层次更加清晰，其实可以合并为一个自然段的。

师：新闻的结构是怎样的？

生：先是讲了调查的结果，也就是现状。接下来是举事例，其实也是说明现状。前面是数字概括说明；后面是具体举例；最后面是专家分析原因，提出解决办法。所以新闻的结构很明显就是：提出问题—分析问题—解决问题。

师：这篇新闻引用专家的话是一种什么样的引用方式？

生：……

师：严正分析、严正认为、他建议，这些词语后面没有加什么符号？

生：没有加引号，是间接引用。

生：这篇新闻只引用了一位权威人士的话，没有深入社会，其他的人可以提出更多的想法。

生:这个专家是谈孝亲敬老的,如果我们要谈自己的看法,可以出个题目"我谈孝亲敬老"或"也谈孝亲敬老"。

师:你可以从这篇新闻中借鉴到一些什么?

生:列数字、举例子的方法。

生:结构上也可以用"提出问题—分析问题—解决问题"模式,问题的现状在这篇新闻中已经列举出来了,新闻中的专家只分析问题和解决问题,具体写作时可以把这个专家的话去掉,改成自己的看法。

师:不错。

生:还可以写成"再谈孝亲敬老"。

师:是的,可以写成系列文章,"谈孝亲敬老""再谈孝亲敬老""三谈孝亲敬老"。这样就可以从不同的角度提出多个观点,也可以把一个论点写成多个分论点。这个思路不错。

师:下面请同学们分析第二篇新闻。

出示新闻材料:《岳阳县17岁男孩带着痴呆母亲艰辛求学》——《潇湘晨报》2007年4月2日。

……

师:那好,接着请同学汇报第三篇新闻的学习成果。

出示新闻材料:《郑州大学布置寒假作业要求学生给父母磕头》——《河南商报》2007年1月23日。

……

名师教学点拨:该课例虽然是一堂写作课,但也是一次很好的新闻阅读课。有几个亮点。

(1)新闻阅读材料丰富。老师将大量的新闻阅读材料交给学生,让他们先自己阅读,再总结新闻写作方法。在足够多的新闻阅读里,学生的新闻阅读能力得到了训练。

(2)新闻材料紧扣生活,将学生的目光引入日常生活,不仅能激发学生的写作兴趣,更可以初步培养学生阅读新闻的兴趣和习惯。

(3)更好地让学生了解新闻的文体特点和构成要素。学生边看新闻边批注，提取信息，不仅很好地感知了新闻各要素之间的关系，也对新闻的特点有了深入而真实的了解。

(4)提高了学生对新闻的批判能力。学生只有在对所提供的新闻材料进行信息提取和批判之后，才能够进行新闻写作。

例2

建构新闻阅读和写作的认知图式
——以宁鸿彬的《人民解放军百万大军横渡长江》教学片段为例①

师：下面准备读课文。读完课文之后请同学们用三种方式把这则新闻的内容表达出来。第一种方式，用一句话说出这则新闻的内容。第二种方式，用一小段话说出这则新闻的内容。第三种方式，用几段话说出这则新闻的内容。听明白了吗？

生(齐)：听明白了。

……

师：下面给大家两分钟的时间准备，然后分别用一句话说出这则新闻的内容，用一段短话说出这则新闻的内容，用几段话说出这则新闻的内容。发言时，可以用自己的话来说，也可以用课文中的原话来说。

(众生翻书思考，师巡视。用时两分钟。)

师：大家先用一句话说出这则新闻的内容。

生1：我认为这句话应该是“人民解放军百万大军，从一千余华里的战线上冲破敌阵横渡长江”。

生2：我认为这句话应该是“人民解放军百万大军横渡长江”。

生3：我认为这句话应该是“人民解放军消灭一切抵抗之敌，冲破敌阵横渡长江”。

……

师：对，就是这样，既要做到是一句话，又要做到简练。这样，才能和用一段话说出这则新闻的内容具有明显的区别。下面请大家用一段话说出这则新闻的内容。

……

①宁鸿彬.《人民解放军百万大军横渡长江》教学实录[J].中学语文，1997(9)：13-15.

师：以上我们用一句话介绍了全文的内容，又用一段话介绍了全文的内容，下面请同学们用几段话说出全文的内容。

……

名师教学点拨：该课例的教学活动丰富。让学生通过缩写、分析、比较来理解典型新闻的结构特点，即大多数新闻采用“倒金字塔”的结构方式来组织材料，由标题、导语、主体到次要事件或背景资料，逐层展开新闻内容。

同时，老师还有效地帮助学生建构起新闻阅读和写作的认知图式。教师重视训练学生的概括能力，教会学生怎样根据需要对新闻内容进行概括，为以后阅读新闻快速把握信息奠定基础；扎实的写作训练不仅促进了学生对新闻的阅读，也为学生的新闻写作奠定了基础。

例3

朗读活跃课堂，开掘新闻温度

——以王君的《人民解放军百万大军横渡长江》教学片段为例①

一、导入

师：同学们喜欢语文吗？

生（齐声）：喜欢！

师：那你们很了不起啊，那等会儿就把你们的喜欢告诉老师们，让我们不再寒冷！同学们喜欢读新闻吗？

生（零星回答）：喜欢。

师：如果一篇小说和一篇新闻放在你面前，你先读哪一个？

生：小说！

师：王老师小时候跟你们一样，一定是先读小说，不过这些年有了改变，因为老师发现啊，新闻也很有意思。那我们今天学这则新闻，就不再讲你们第一次学过的东西了。你们第一次学了什么内容？还记得吗？

……

生：新闻的基本要素。

师：新闻的基本要素，怎么样写新闻，对不对？咱们今天就不讲这些了，

① 王君，符婷.《人民解放军百万大军横渡长江》教学实录[J].语文教学通讯（初中），2012(11)：16-19.

咱们从另一个角度来学新闻。好，把书打开吧，做好准备。希望待会儿听到每一个同学的发言。

上课铃响。

师：好，有点紧张。那我们请班上最有激情的一位同学来读屏幕上的文字，回顾一下这则新闻的背景。有这样的同学吗？

一生自荐，举手。

师：好！先运一运气。读！

生读新闻背景资料。

（屏幕显示）"大江东去，浪淘尽，千古风流人物"，滚滚长江不仅是激发历代文人灵感的源泉，更是千古豪杰建功立业的战场。想当年诸葛羽扇纶巾，周郎火烧赤壁，谈笑间樯橹灰飞烟灭。1800年后，一场激烈程度有过之而无不及的战役在这千里长江上拉开了雄壮的大幕。

师：很好，他在"千里"和"雄壮"上重读了，他想表达一点儿气氛。还冷吗？我还有点冷，还有几句更有气魄，谁来读？

生读。

（屏幕显示）毛主席下令"打过长江去，解放全中国"，于是，大江之上涛走云飞，百万大军蓄势待发，这是国共之间惊心动魄的大搏杀！这是中国历史上最大规模的渡江战役。万船齐发，气势如虹。千里江防全线崩溃。向全国进军的号角就此吹响！一个国家的黎明即将到来！

师：嗯，好！那么大的会场，要有点气魄不太容易啊！来，最后几句，同学们一起来。"万船齐发——"

生："万船齐发，气势如虹。千里江防全线崩溃。向全国进军的号角就此吹响！一个国家的黎明即将到来！"

师：为了记录这场战役，所以毛泽东写下了——读！

生：《人民解放军百万大军横渡长江》。

师：这堂课我们有好几轮挑战，咱们先来做一项热身运动。注意了，你们想听同学自己朗诵呢，还是想听老师的音频？

生：自己朗诵！

师：好，有志气。自己朗诵。注意了，在朗诵的过程中，如果文中出现了

“中路军”“西路军”“东路军”的词语，请你把它们圈出来，帮助自己厘清新闻的层次。这非常重要。

一生读课文。

师：我很喜欢你的朗诵，因为你的重音处理得非常好。下一位。

一生读课文。

师：这是一位温柔的播音员。谁接下去读？

一生读课文。

师：嗯，声音再大一些就更好了！继续。

一生读课文。

师：你也是一位准备充分的播音员。好，一起看屏幕。把这些词的读音读一读。

（屏幕显示）锐不可当、要塞、荻港、歼灭、溃退

师：歼灭的“歼”很容易读错，一起来——jiān。

……

名师教学点拨：情感是新闻的一种潜在魅力，在新闻的教学中必须让学生感受到这种魅力，他们才会爱上读新闻。王君老师先请一生动情朗读，然后请同学们自由大声诵读第二部分，如此适合朗读的背景文字，如此声情并茂的精彩朗读，不仅让学生了解了新闻的写作背景，更把学生带入了那个激动人心、豪情满怀的渡江现场，真正起到了“热身”的效果。

此外，王老师还很关注语言知识的提升。新闻的语言特点是准确、简明，这是我们的共识。在本课例中，王君老师不仅仅立足于新闻语言的准确、简明，而是引导学生通过对动词、文言用词、修饰语、人称代词的品析，读出新闻背后的情感温度。

例4

借用现代生活，唤醒过去“旧闻”

——以赵大鹏的《奥斯维辛没有什么新闻》教学片段为例①

……

① 王丹，赵大鹏.《奥斯维辛没有什么新闻》教学实录[J].语文世界(教师之窗)，2009(5)：39-43.

师:看来同学们是一群善于思考的人,对一个标题就能提出这么多的问题。也看得出这确实是个好题目,能够引发我们这么多的思考。好了,让我们一起来看看这几个问题吧。

老师引导学生看黑板:

第一个问题:题目既然说“没有什么新闻”,那么文章写了吗?

第二个问题:奥斯维辛为什么没有新闻?

第三个问题:既然没有什么新闻,作者为什么还要写?

第四个问题:对于奥斯维辛来说,什么才算新闻?

师:那么现在你对哪个问题感兴趣?站起来发表一下你的看法。在大家发表意见之前呢,老师有一个小小的提示:任何的分析都离不开生活,离不开文本,我们的阅读不是无源之水,无本之木。

生:我想回答第二个问题。一般新闻讲究“时效性”,就是要新鲜、要快、要及时,所以才有所谓的“抢新闻”。而通过阅读文章,我发现现在奥斯维辛作为历史遗迹,确实已经没有什么可供报道的新鲜事了。

师:为什么?

生:因为关于奥斯维辛纳粹集中营已经是“过去式”了,现在这是供人参观、悼念死难者的地方。它不是一般意义上新鲜的新闻主体了,所以作者说奥斯维辛没有什么新闻。

师:文章中有没有相关的信息来告诉我们“奥斯维辛没有什么新闻”?

学生找寻信息。

生:有,在第五自然段它提到了一些时间,如“14 年前”。到现在人们已经用各种方式对奥斯维辛集中营的惨状进行了描绘和介绍。

师:那么,这篇文章的写作时间是什么时候?

生:1958 年。

师:大家看书看得很仔细,是 1958 年,已经时过境迁了,所以说这里早已没有了“新闻”,有的只是大家熟悉的“旧闻”。

师:我们已经解决了第二个问题。那么大家思考第三个问题吧。既然没有什么新闻,为什么还要写呢?文章里有相关信息吗?

生:有。作者说"今天奥斯维辛没有什么可供报道的新闻,记者只有一种非写不可的使命感,这种使命感来源于一种不安的心情,参观过后如果不说些什么、写些什么就离开,就对不起这里死难的人"。

师:那么,我问你一个问题,你觉得作者所说的"使命感"来源于哪里?

生:这种使命感来源于一种"不安的心情"。

师:作者为什么会"不安"?

生:因为这里曾经是令人发指的杀人工厂,有400万人死在这里,基本上都是无辜的人,这些都对作者有一些心灵上的触动。

师:那么你觉得他写这篇文章的目的是什么?

生:我认为应该是祭奠死难者的亡灵。

师:仅仅是对过去、对历史的一种祭奠吗?还有没有其他原因让他一定要写这篇新闻呢?

生:我觉得还是在声讨并提出希望。

师:声讨什么?希望什么?

生:是对种族仇恨、人性泯灭的声讨。

生:至于希望,我觉得这个问题要从历史的角度谈。文章写于1958年,距二战结束也只有10多年,之后就进入了美苏冷战,等于说大家虽然经历过战争,但过了一段时间就忘却了战争,作者写这篇文章是想告诫世界人民和平来之不易。再者奥斯维辛一方面代表战争,一方面代表种族歧视,所以作者也想揭露美国的种族歧视,进而希望每一个国家都应该用一种正确的价值观去接纳每一个民族,共建和谐世界。

师生热烈鼓掌。

师:这位同学的知识面非常广,思考问题全面而深刻。他提到很多有价值的东西,其中有一点老师印象非常深刻,作者在提到过去的事件的同时,我们也分明能看到他对未来的"隐忧"。因为战争还在继续,和平的进程并不尽如人意。例如二战后发生的一系列战争行为,朝鲜战争、越南战争、苏伊士运河争夺战、印巴冲突、北约空袭南联盟、非洲动荡、埃及袭击事件,以及发生在美国的"9·11"事件。相信同学们在之前已经看过不少关于非人道战争行为的报道,这些报道和本篇文章的主题是一样的。

……

名师教学点拨：新闻课文是“小”而“精”，也是“久”而“深”的。该课例能充分关注当代学生的背景信息，让“落伍”的课本与学生鲜活的认知结合在一起，是新闻教学成功的例子。

首先，老师通过问题引导和事先提醒的方式，让学生主动回忆自己知道和了解的现代事件，激发学习兴趣。这在无形中为学生的学习注入了一股强大的“助推剂”，学生主动探讨了文本背后的人性和人道主义的光辉。

同时，老师安排的提问顺序很有讲究。先问文本新闻，是对课文的本质属性的探究；再问奥斯维辛没有什么新闻，是对课文新闻背后故事的提示；又问“对奥斯维辛来说，什么才算是新闻”，直指这篇新闻透露出的人性考虑、人道伤感的“无言之文”。问题好似引子，进行有力度、启发性的铺垫，使教学过程不限于文本且不脱离文本，将当下现实生活接入课堂，激励学生自己去感受。

例5

反思课本，回归生活

——以徐吉凤的《亲爱的爸爸妈妈》教学片段为例[①]

（屏幕显示“天真可爱的孩子”“父母与子女快乐相拥”等图片，播放深沉的反战背景音乐）

一、背景介绍，激情导入

师：老师先请同学们欣赏一件艺术品。（屏幕显示）

师：大家知道这尊耸立在联合国总部花园里的著名雕塑吗？

生（齐）：是雕塑《铸剑为犁》。

……

师：同学们，作者的这句话是有所指的。你们读读第三部分——就是作者参加座谈会的那一部分，读完就知道是谁忘了以及忘了什么，还有是谁记着以及记着什么了。

生：是日本人忘了。他们忘了侵略给别人带来的灾难，但他们却记着别国对他们的侵略——不对，不是侵略，是——应该是反击，记着他们“吃了”原子弹。

①徐吉凤，吴中鸿.《亲爱的爸爸妈妈》教学实录[J].语文教学通讯（初中），2014(Z2)：103-106.

师：这大概就是传说中的选择性记忆吧！（生笑）

生：然而，西德作家明赫白却恰恰相反。他记着自己的国家曾经给他国人民带来的苦难，并真诚地忏悔，因此他赢得了大家的尊敬。

师：是的，其实二战后期，满怀仇恨的苏联军人攻进德国后，也曾报复性地大肆屠杀德国民众，但明赫白没有记仇，他记住的是历史的教训。

师：说到这，我想起一个伟大的历史事件。1970 年 12 月 7 日这一天，联邦德国总理勃兰特在波兰华沙犹太人起义英雄纪念碑前跪拜请罪，举世轰动，成就了化解波德民族仇恨的历史瞬间。（出示图片资料）

师：再看一则资料，这是 5 月 8 日，德国民众在首都柏林向苏联烈士纪念碑献花，纪念二战期间为解放德国牺牲的苏联士兵。（出示图片资料）

师：总的来说，德国上至政府首脑，下至普通民众，都对二战有正确的认识，因此赢得了世界人民的宽容和尊重。再看看日本作家的表现——

生：与明赫白形成对比，日本人自私地狡辩，是想为军国主义开脱，这表明日本人根本不愿意正视历史。因此，他被与会的作家鄙弃。

师：所以，作者不称他为"日本作家"，而是叫他——

生（齐）：日本人。

师：这是因为他没有一个作家应有的人类良知。谁的话是对这个日本人最好的反驳？

生：安格尔的话。（生齐读安格尔的话）

师：现在，请同学们结合你们了解的历史和时事知识，说说日本政府对二战的态度。

生：日本的靖国神社供奉着许多二战甲级战犯。

生：他们一直否认"南京大屠杀"，还在教科书里美化他们的侵略史。

生：这些年日本军国主义思想复燃，而且越来越猖獗。

生：日本首相安倍晋三在 8 月 15 日，不仅没有像历届首相那样就日本在二战中对亚洲各国人民犯下的罪行表示反省，甚至还对自己没有亲自去供奉二战甲级战犯牌位的靖国神社进行参拜表示所谓的歉意。

师：同学们，这一切都在警示我们，虽然克拉库耶伐次的大屠杀已经成为历史，但现实中至今还有人不愿正视历史，仍在为侵略辩护，世界还潜伏着新的危机！正因如此，作者才强调说：“人是健忘的。不记仇，很对。但是不能忘记。”

我们把这句话再大声地读一遍吧！（生齐读）

四、总结归纳，拓展延伸

师：同学们，《铸剑为犁》的雕塑在联合国总部大楼前已矗立50多个春秋，可是战争和死亡的阴影从没有真正离开我们这个世界。因为，仍有人在为战争找借口，寻事端。要真正实现“铸剑为犁”的理想，必须靠你，靠我，靠世界人民共同努力！（再次出示雕塑《铸剑为犁》的图片）

师：这节课我们在引文关键词的引领下，梳理并解读了课文内容，循着聂华苓女士的记述，回顾了历史，探讨了现实，展望了未来，明白了战争的残酷与和平的美好，还学习了一种阅读的好方法——抓住关键词，结合文章内容和主题解析文章。这节课虽然要结束了，但我们对战争的思考应该继续下去。课后，请同学们结合课文内容把自己阅读《亲爱的爸爸妈妈》的感想写成一篇短文。下课！

……

名师教学点拨：要和平，不要战争，是第二次世界大战后世界各国人民的共同呼声，也是这篇课文的主题。课文再现的是半个世纪前的残酷历史，在新闻教学中，徐吉凤老师通过栩栩如生的图文资料，循序渐进地将陈旧的文本与现实生活联系起来，让学生铭记二战，明白只有汲取历史教训，才能保证世间永远不再有战争和屠杀，过时的事实顿时充满现实意义。

徐老师摒弃了传统“填鸭式”的教学，通过带有价值评判的提问，让学生在死板的课文中注入现实的思考，使文本的解读更具有时效性和现实性。

三、名师支招

（一）批判性的新闻阅读

张孔义说，真正会读新闻并非是指能认读新闻的文字，而是在于能判断新闻的价值和真伪。①

教师根据学生介绍的新闻的内容特点进行相应的引导，让学生认识到，阅读新闻也要不断提高阅读的品味，从阅读有趣的新闻，发展为阅读有用的新闻，再发展为传播最有价值的新闻。同时还要认识到作为负责任的社会一员，要自觉地拒绝庸俗新闻，反对炒作的新闻。

（二）把新闻当作新闻来阅读

王荣生说：“中学语文课需要教的，是把学生提升为理性而具有批判意识的阅读者。”②

“把新闻当作新闻来读”，集中体现在课程与教学内容上。中学语文课教学的目的，是把学生提升为理性而具有批判意识的阅读者。也就是说，在新闻阅读教学中，所谓获取信息，主要不是指获取报道的事实信息，而是指获取在报道的叙述中乃至报道背后所隐藏的信息。因此，新闻阅读的教学要点，是分清新闻事实与新闻背景，辩证客观地叙述与主观评价。新闻写作必须要像新闻记者那样去写新闻，而不是依照教材新闻篇目的固定模式。阅读与写作是有区别的，为理解而读新闻与为学写而读新闻，是两种不同的阅读方式。

（三）读出新闻的温度

王君老师曾说：“伟大的新闻的底座是伟大的情怀。”③

新闻的情感倾向性必须尊重事实的客观性，必须建立在尊重事实的客观性基础之上，正因为如此，新闻写作中的情感运用并不是随意的。但是，无论如何，新闻的教学不能降格为信息处理能力的培养。因为情感是新闻的一种潜在魅力，没有了情感，新闻教学必将黯然失色。

（四）新闻类作品的教学价值分析

陈文静说：“新闻类作品的教学意义不仅是知识点的渗透灌输，更主要的

---

①张孔义.中学新闻阅读教学的改革与创新[J].教学月刊.中学版(语文教学)，2016(5)：4-9.

②王荣生.“新闻报道和言论文章阅读”单元样章[J].语文学习，2016(9)：20-26.

③贾龙弟.读出新闻的温度[J].中学语文(教学大参考旬刊)，2014(34)：22-26.

是对新闻作品本身价值的分析。”①

新闻类作品的教学有着其独特的价值，不仅仅是因为新闻类作品的文体特征，更重要的是对学生在现代信息社会中应有的素养的培养，其着重体现为学生的媒介素养。新闻类作品的教学意义不仅是知识点的渗透灌输，更主要的是对新闻作品本身价值的分析，使得陈旧的文本在教学中与现实联系起来，解决了教学过程中时效性缺失的问题。在大众传媒遍及千家万户的今天，学生应具备处理报纸、广播、电视，还有互联网、手机等新兴媒体所传播的信息的能力，这也是现代信息社会中应有的素养。

(五)关注时事，进行新闻热点类话题的分析

毕君说：“老师应延伸拓展，引导学生关注生活，将鲜活的时事注入陈旧的新闻文本中。”②

语文来源于生活、贴近生活，学生要培养多看新闻、多看报的习惯，不仅可以锻炼阅读新闻的能力，而且也能应对时政类的试题。教师可以鼓励学生订阅报刊，多浏览类似《环球时报》《新闻周刊》等评论性强的刊物；引导学生关注社会热点新闻、关注生活中的新鲜事，鼓励学生表达有新意的见解。教师在此过程中应进行点拨和引导，还应拓展延伸，引导学生关注生活，将鲜活的时事注入陈旧的新闻文本中。

（王小凯　袁冠东　李基金　王明纲　赵斌）

第二节　如何教抽象难懂的学术随笔?

学术随笔是一种别样的学术言说方式，学理与思辨并重，才情与理趣结合，篇幅短小精悍，文笔洗练优美。它可以分为自然科学技术随笔和社会科

①陈文静.高中语文新闻类作品教学研究[D].宁夏：宁夏师范学院，2016.

②毕君.高中语文新闻文体教学研究[D].西宁：青海师范大学，2013.

学随笔。一篇好的学术随笔既要能贴近时事，又要写得好看和耐看；既要有思想的闪光，也要有文笔的犀利。教好学术随笔，不仅有利于学生掌握感悟语言的能力，还有利于学生提高逻辑思维能力。

一、教学困惑

（一）困惑描述

困惑1：在学术随笔的教学过程中应该重思维还是重情感？

学术随笔兼有议论文和散文的特征，兼备文笔优美和思维严谨的特点，那么，在教学学术随笔时，是应该带领学生赏析文本的优美及情感态度价值观，还是应该引导学生梳理文章的论证逻辑呢？

困惑2：在教授过程中如何简练地概括出学术随笔思维过程，并指导学生进行知识迁移，把这种思维过程运用到写作中去？

学术随笔带有一定的学理性，老师在讲授的时候不仅要分析随笔中的学术问题，还要阐述作者的论证过程。对于老师和学生来说，如何梳理比较难理解的学术随笔的论证过程是一个共同的难题。那么，老师在教学过程中应该如何梳理和讲解，让学生可以更好地理解学术随笔思维过程呢？

困惑3：在教授过程中如何指导学生进行知识迁移，把这种思维过程运用到写作中去？

学术随笔既有思想的闪光，也有文笔的犀利。其中的论证方法以及写作手法，值得学生在平常的习作中学习运用，从而提高写作质量。那么，在教授过程中，如何简练地概括出学术随笔思维过程？如何指导学生进行知识迁移，把这种思维过程运用到写作中去？

（二）典型误例

《说“木叶”》教学片段

师：“树叶”与“木叶”的不同点在于“树”与“木”，那么，二者有什么不同呢？请大家快速浏览第三、四自然段，筛选有效信息，回答“树”与“木”的区别。

生 1:树是有生命力的,翠绿的,枝叶繁密的。木是没有活力的,枯黄的,树叶落尽的。

师:好,请同学们齐读第四自然段最后两句话,再次感受"树"与"木"的区别。

学生齐读……

师:"树叶"会让人联想到饱满青翠的叶子,的确不适合秋风叶落的季节,那我们改用"落叶"是不是就可以符合秋天的意境了呢?请大家快速浏览第五、六段自然段并回答问题。

生 2:木叶更符合意境,落叶强调的只是树叶落下的动态,木叶不仅强调了树叶落尽、树干光秃秃的样子,还暗含着落叶的微黄与干燥之感。

师:很好,现在请同学们一起朗读第六自然段第一句和第三句。

学生齐读。

师:由于"木叶"一词更生动形象地诠释了秋天疏朗干燥的特点,所以古代诗人就特别钟爱"木叶"一词,甚至推陈出新,在诗中运用"落木"一词。比如杜甫的《登高》中,"无边落木萧萧下,不尽长江滚滚来"。"落木"相比于"木叶"又有什么暗示性的信息呢?请同学们自由读第六自然段倒数第三句,并思考问题。

生 3:"落木"显得更加空阔。

师:回答正确。文章告诉我们"木叶"与"树叶"在艺术领域有着巨大的差别,为什么会有这种差别呢?同学们默读第五自然段并思考。

生 4:因为诗歌语言具有暗示性。

师:很好,这就是我们今天要得出的结论……

问题指瑕:教学重内容而轻思维。老师明确展开了对诗歌意象的讨论,带领学生把握了文章内容,但没有帮助学生厘清文章思路,讲明论证过程。学生在文本之间追随意象不断跳跃,难以根据文章论证思路形成一个整体的系统性的把握。

该教学对文本把握不足。文章由木叶始并以木叶终,诗歌语言具有暗示性。这一理论集中于文章第五自然段,承前启后,用于说明木叶何以会有文中所述两种艺术特征,是分析具体问题的理论依据,而非结论,老师却在教学中将二者颠倒。

该教学思路使学生局限于用现象谈理论，却不会用理论叙述现象再得出结论，使学生难以打破思维定式，进行思维迁移，从而得出自己的观点。

二、名师示范

例1

紧扣逻辑思维，挖掘教学资源
——以周旭荣的《米洛斯的维纳斯》教学片段为例①

师：下面我们一起来关注一下作者观点的表述，请同学们思考一下，在这个判断中（“我欣赏着米洛斯的维纳斯，一个奇怪的念头忽地攫住我的心——她为了如此秀丽迷人，必须失去双臂”），关键词是什么？

生（广泛发表看法，并归纳）：“如此”“必须”。

师：好，我们首先来看“如此”这个词。在这句话中，“如此”所起的具体作用是什么？

生1：表程度。

生2：表修饰。

师：“如此”在句中一般也就是这两种用法。如果说表程度的话，那我们很好理解，它是为了强调维纳斯的“秀丽迷人”程度之深。有同学说表修饰，能不能说说理由？

生：我觉得这句话中的“如此”似乎是想告诉我们，作者所说的是“像这样的秀丽迷人”。

师：很好，这位同学很善于思考。请同学们按照这个思路再往下想，作者在文中是否对“秀丽迷人”做了具体的阐释？如果有，请大家把它找出来。

生广泛发言。

师：很好。同学们从课文第三自然段中找到了有关“秀丽迷人”的具体的解释性的句子。我们可不可以把上面这些句子分一下类？比如具体的、抽象的，外在的、内在的。

---

①周旭荣.《米洛斯的维纳斯》课堂实录[J].中学语文旬刊，2008(7)：40-42.

生：前面一句说的是外在的美、具体的美，后面几句说的是内在的美、抽象的美。

师：我们能不能再比较一下这两种美在这一段话中的主次关系？

生思考。

师（提示）：大家有没有注意到这段中的一个关联词“而且”？它起的作用是什么？

生：连词，表递进。

师：很好，那就说明是以后者为主。所以我们可以得出结论，那就是，作者所说的“秀丽迷人”，并不是一般意义上的，而是有所特指的。这样我们再来看刚才那位同学所说的表修饰是不是能成立。

生点头表示赞同。

师投影展示板书。

师小结。

师：下面我们来探讨本文的第二个问题，维纳斯为什么“必须”失去双臂？请同学们考虑一下，如此精美的一件艺术品，在创作之初是双臂齐全的，那究竟是什么原因使得她失去了双臂？原文中是如何表述的？

生：巧妙地遗忘、无意识地隐藏。

师：很好。让我们来了解一下维纳斯失去双臂的真实过程……同学能否充分发挥想象，为维纳斯量身定制一双你认为最恰当的手臂呢？

生思考。

师：好，刚才同学们大胆想象，为维纳斯双臂的复原提供了很多方案，下面我想请同学们做一个选择，你认为哪一个方案是最合理的？

生议论纷纷。

师：其实这是一个不太可能有公认结果的选择，每个人都可能有不同的理由，每个人对美的认识也不一样。同样，这个问题在艺术界也有很多不同的看法。（投影历史上曾有过的复原方案）让我们再回到课本，文中作者假设了复原双臂后将出现的情况，同学们能不能概括一下？

生概括。

师：很好，我们再概括一下就是，难以打动人心，艺术高度下降，难以超越原先的美感。

师：（投影以上句子）那么，谁能告诉大家产生这种结果的原因是什么呢？

生：是因为使欣赏者失去了想象的空间。

师：回答得非常正确。让我们来总结一下，（投影）因为双臂的偶然丢失，维纳斯雕像给后世的欣赏者留下了无穷的想象空间，让世界各地的人都为之倾倒；而我们一旦为维纳斯补上手臂，无数种奇妙的想象便消失了，感到满意的也仅仅是少数人而已。所以，作者在文章的一、二部分，通过“无”“有”带来的艺术效果的正反对比，从逻辑层面论证了本文观点中的“必须失去”。

师：接下来我们来探讨本文观点表述中的最后一个问题，为什么失去的必须是双臂？让我们来研读本文中最难理解的段落——最后一段。请大家看屏幕，我们一起来理解一下这段话的主要意思。我们使用提取主要信息的方法，把表意的关键词语找出来。

学生开始寻找，老师同时加以肯定。

师：好。请大家思考一个问题，人要和外界进行感情交流，可以通过哪些方式？

师生讨论。

师：非常好！这位同学的思维很灵敏，抓住了关键词进行分析。其实，作者在这几句话中反复想要强调的是，手的动作是人和外界交涉的最重要的方式，也是最丰富的方式。手的这种作用是身体的任何其他部位都不能替代的。所以，我们再来看下文“正因为如此”后的这句话，“正因为如此”用形象的语言进一步强调了手在物质传递和感情交流上所起的重要作用。

……

师：这也是有别于传统美学以完整为美的新的美学理论，即接受美学。在艺术活动中，欣赏者占据了一个相当主动的位置，艺术品的价值取决于欣赏者的参与，欣赏者的艺术再创造赋予作品无穷的意义。

师：最后我们再来作一个总结。我们学习这篇文章，最主要的目的并不是去熟悉一种美学的理论。事实上，在美这个问题上，每一个人的看法和理解是不同的，甚至可以完全相反。所以，法国人常常把美叫作“我不知道它到底是什么”。我们今天学习这篇文章，主要的目的是来感受一下作者严密的思维逻辑。一个看起来那么绝对的观点，作者却能条理清晰、滴水不漏地把它阐述出来，进而能逻辑严密地加以论证。不仅如此，在行文的过程中，作者还不时地使用饱含激情的语言和合理的想象，来增强说理的效果。作者未必是一位美学大师，但他肯定是一位语言大师。

名师教学点拨：本篇课文看似是一篇论美的随笔，实际上行文过程中的逻辑是非常严密的，很多老师上课容易陷入维纳斯美不美的“泥潭”。

但周旭荣老师紧扣文本特征，抓住体现文本“逻辑思维”的关键词，展开分析，让学生在对美学的情感体验中把握作者严密的思维逻辑。特别是组织学生讨论出来的课文提纲，既简洁又便于学生接受。课文思路清楚了，就为学生对课文的深刻解读提供了保障。该课例以引导学生理解、把握文本语言逻辑的严密性为教学目标，全程围绕课本又不拘泥于课文，既放得开又收得拢，成功地将一篇深刻复杂的学术随笔讲解得活泼而不拘一格。

例2

辨析“概念”关系，呈现文本逻辑

——以郑桂华的《人生的境界》教学片段为例①

师：学术随笔的对象就是核心概念或者核心话题，与核心概念相对的是重要概念。核心概念是什么？我们还可以再讨论，但我们读这篇文章要有这样一个意识，就是首先找到重要的概念。第三节重要的概念是什么？谈的话题是什么？

生：自然境界。

（师板书：自然境界）

师：好，往下。

生：第四节是“功利境界”。

（师板书：功利境界）

师：自然境界的意义是什么？功利境界的意义是什么？

……

师：好，接着说第五节。

生：道德境界。

---

①郑桂华.《人生的境界》教学实录[J].语文学习，2007(5)：29-34.

（师板书：道德境界）

……

师：那下面讲了些什么呢？

生：作者进行了总结。他又说每个境界都有不同的觉解。

师：你又提到了一个什么词？

（师板书：觉解）

分析概念与概念之间的关系。

师：这跟这些说法之间是什么关系？

生：……

师：第七节作者讲了什么？

生：作者对这四种境界作了区分。

师：它们之间的界限有时候也不是能截然区分开的，是不是？第八节又提到了什么？

生：看不懂。

师：那第八节重要的概念是什么？

生1：哲学的任务。

生2：贤人和圣人。

生3：崇高任务。

……

师：好，第十一节谈得比较多的一个词是"觉"，只不过这个地方没有用"觉解"。这节开头提到了一个中国哲学，这有点奇怪啊。我们前面关注过吗？

……

师：在哪里还有？

生1：第八节。第一节也有。

生2：学术随笔表达了作者个人的立场，是冯友兰的中国哲学立场。

师：作者一开始提出"哲学任务是什么"的问题，之后概念又变成"中国哲学"。为什么要这样变化呢？两者间有什么关系？哲学任务—中国哲学—人生境界—文章最后：中国哲学、人生哲学，还有什么？

生：未来哲学。

（师板书：未来哲学）

师：好，这些概念之间是什么关系？把这些重要概念、核心概念之间的关系理清楚。先判断课文最重要的概念是什么？

……

师：有两种说法，一是哲学，二是境界。首先我们要明确作者谈什么，哪个话题，哪个概念。然后，找出文中重要的概念。再次，看概念间的关系。

师：一定要记住，学术随笔是对个人学术研究的一个总结，而这又是一个社会科学范畴内的研究，不是一个客观的真理。它体现作者个人的看法，要回到作者个人的立场上去理解他所提出的那些概念的关系，而不是依照我们对那些概念的理解去想当然地理解。

分析全文的逻辑结构，找同学在黑板上画出逻辑关系。

师：看这句话“我曾提出，按照中国哲学的传统”，想一想，“哲学的任务”到冯友兰那里马上就成了什么？

生：中国哲学。

师：是，也就是变成了“中国哲学的任务”，这个概念缩小了。然后他提出了人生的境界，但是，是冯友兰的中国哲学。

师指出：全文的逻辑结构应该是一个“圆”。

名师教学点拨：该教学片段中，老师没有通篇讲主题、讲课文内容，更没有传播空洞的情感态度、价值观。这给学术随笔的教学提供了一个方向：抓住“核心概念”和“重要概念”，训练学生的思维能力。

若按照传统模式单纯地按自然段寻找行文思路，只会让学生的认识流于文本表面。该课例的创新就在于紧扣“核心概念”和“重要概念”，给学生走进文本提供突破口，指导学生分析理解文中所提出的概念之间的关系，这样由点及线，由线及圆，形成一个完整的思维回路。

例3

聚焦学术思维，指向批判性阅读
——以肖劲松的《说“木叶”》教学片段为例①

师：同学们在预习时提出了一个疑问，文章中的诗句引用得太多了，难以理解。这个怎么办呢？我们可以课后查找相关的资料，将原诗、作者、诗歌大意、鉴赏文章等内容出一期板报，还可以印发给大家。大家想一想，文中大量引用关于“木叶”的诗句有哪些作用？

学生讨论后教师明确，投影展示。

其作用主要体现在三个方面：一是引子，可以援引出议论话题；二是例证，用来证明作者的观点，使得对道理的分析有根有据；三是让文章更有文化内涵与审美意蕴。

五、了解比较思维的有关知识，学习运用比较思维分析问题、解决问题

师：林庚先生为了阐明“木”的艺术特征，主要运用了哪一种思维方法？

生：比较思维。

师：所谓比较思维，就是在评论某一客观事物的时候，把此事物与其他某种有联系的事物作比较，从比较中找出双方的异同，进而对所论事物做出评价和判断，分出事物的高与低、上与下、好与坏、得与失、正确与谬误等；或者在事物自身某些因素之间作比较，找出其异同，进而对事物的本质做出准确的评价。比较思维有三种情况。先看第一种，求异法，即在比较事物不同点的过程中，得出对事物的看法。比如《西游记》中的孙悟空，在陪唐僧去西天取经的路上，一路与群妖搏斗。但不论他怎样打来打去，白骨精也罢，三清观里的妖魔也罢，都是好对付的；而金兜洞的独角兕、小雷音寺的黄眉童、比丘国的假国丈、乌鸡国的假国王等，这些妖魔却不好对付。同样是妖，为何前者好对付，而后者不好对付呢？通过比较，我们会发现，前者都是来自地上的土妖，而后者都是来自天上的仙妖——他们不是佛祖的部属，就是神仙的亲戚，都有靠山。他们的主子不出面，不发话，孙悟空尽管能七十二变，也是奈何不了他们的！这个结论，就是运用求异法得出来的。现在我们再来看《说“木叶”》，文章哪些地方运用了比较思维当中的求异法？

---

①肖劲松，赵晖.《说“木叶”》课例赏鉴[J].语文教学通讯(高中)，2013(Z1)：46-50.

生:第四自然段将《答柳恽》中的“秋月照层岭,寒风扫高木”与《野田黄雀行》中的“高树多悲风,海水扬其波”进行比较,得出“高木”空阔,“高树”饱满,“木”仿佛本身就含有一个落叶因素的结论。这里用的就是求异法。

生:第五、六自然段中比较“树叶”与“木叶”的差别也运用了求异法。

师:再来看比较思维的第二种情况,求同法。求同法即在评论现实生活的某些事情时,往往找一些为人们易于了解、易于认识的事物作为衡量其他事物的参照物,从两者相同、相似因素的分析中,来认识、评价所要评论的事物。“物以类聚,人以群分”,它所揭示的思维方式就是求同比较法。再如《谈中国诗》中,作者也运用了求同法,从中国诗与外国诗的内容上寻找共同点,从而得出结论:中国诗跟西洋诗在内容上无甚差异。“求同法”最易唤起我们的联想,可以帮助我们由此及彼,拓展思维的空间。现在我们再来看《说“木叶”》,文章哪些地方运用了比较思维当中的求同法?

生:第一自然段中比较屈原、谢庄、陆厥等人的诗,得出“木叶”为人钟爱的结论。第四自然段中比较众多诗人用“木”的场合,得出“木叶”都是用在秋风叶落的季节的结论。这些都是求同法的运用。

师:再来看比较思维的第三种情况,同中求异与异中求同。“同中求异”,指的就是在表面相似的事物之间找到它们所具有的本质差异。如大哲学家赫拉克利特的名言“人不能两次踏进同一条河流”就是典型的“同中求异”的判断:你在某地趟过河之后,当你再次到该地过河时,此时的河流已不是彼时的河流。“异中求同”,就是从表面上有一定差异的事物之间看出它们本质的一致。如这样一个笑话:两个住茅屋的乡下姑娘同时想象进入皇宫当皇后的美好生活。一个说,我若当皇后,一定要找两个丫鬟,一个帮我喂猪,一个帮我割草。另一个也说,我若当上了皇后,一定要预备两个罐子,一个装红糖,一个装白糖,想吃红糖有红糖,想吃白糖有白糖。表面看这两个姑娘的畅想是不一样的,但在不一样的背后则有相同的意识——她们共同的社会存在决定了她们相同层次的文化意识。现在我们再来看《说“木叶”》,文章哪些地方运用了同中求异法?

生:“树叶”与“木叶”、“高木”与“高树”、“落木”与“落叶”,这三组意象,概念上差不多,但是它们所暗示的意味却差别很大,这就是同中求异。

师：在实际应用中，求同法、求异法、同中求异与异中求同要综合运用，同中求异与异中求同需要独到的眼光，要求更高，难度更大。比较思维方法是一种应用极为广泛的科学方法，已运用到了各个领域中。在自然科学方面，如门捷列夫运用比较思维发现了元素周期律；在文学、艺术、历史等方面，如朱光潜的《咬文嚼字》、林庚的《说“木叶”》、钱钟书的《谈中国诗》和黄仁宇的《孔孟》等文章，都是运用了比较思维的杰作。

名师教学点拨：该课例具有显著理性与感性相结合的特点。老师通过对学生思维方法的指导，使学生理解文章行文思路与写作方法、思维方法，深刻把握作者的学术性思考方向。老师在学生积极思考中将课堂引向学术性思考轨道，极大地帮助学生成长。

同时肖劲松老师学科素养深厚，对于批判性比较思维的讲解生动形象，使学生通过掌握方法来理解课文，不可不谓大智慧式的教学。

例4

跨文本阅读，迈向高阶思维

——以王君的《敬畏自然》教学片段为例

第三部分：争鸣，反思作者的观点

（投影展示）

我们都是幸存者（节选）

周国平

五天来，我写不出任何文字。此时此刻，一切文字的表达都是虚伪。我甚至觉得，我的生存也是莫大的奢侈。我唯一能够原谅自己的理由是，我也是一个幸存者。是的，我，你，每一个活着的人，我们都是幸存者。震中在四川汶川，不在我居住的地方，这不过是碰巧罢了。我生活在北京，而不是四川震区，这不过是碰巧罢了。我只是侥幸逃过了一劫而已。灾难完全可能落在我的头上，倘若那样，我也只好承受。大自然生我养我，一旦降灾于我，我必须承受，这原是生命命题中应有之义。斯多噶派的主张是对的：人只能顺应自然。如果死的是我，那就死吧，用不着说什么了。现在，既然仍侥幸地活着，就好好地活，不必为此感到负疚。况且对于任何活着的人来说，死是迟早的事，幸存只是暂时的。然而，正是在这暂时的幸存中，我们一边怀念死者，一边唱响了生命的凯歌。

人类无须敬畏大自然

何祚庥

这次海啸给人类另外一个启示是：人类在自然灾害面前不能无所作为，还是要有所作为。我要严厉批评一个口号，即所谓“人要敬畏大自然”——一种对人和自然的关系无所作为的观点。我认为，该防御要防御，该制止就制止。我们要尽可能减少自然灾害给人类带来的损失，但并不意味着要敬，要畏。特别这个观点是在当时“非典”盛行的时候提出的。人类对“非典”怎么敬？怎么畏？这个观点实际上将人与自然的关系伦理化了。这个由某位副教授在报纸上发表的文章中提出的口号，实际上是批评科学主义，认为人类不该利用科学来有所作为，反映到人和自然的关系，就是敬与畏，不要老想去改造自然。这就在实际上走向了“反科学”。

师引导学生速读，把握作者的观点。

严春友：敬畏自然

周国平：顺应自然

何祚庥：征服自然

师：同学们，请问，你更赞同谁的观点？

生：学习了《敬畏自然》，我觉得严春友的观点更有道理。但是呢，“敬”可以，“畏”大可不必。“畏”只会让人类变得谨小慎微，更加无所作为。

生：我赞同周国平顺应自然的观点。汶川大地震才结束，我们看到了自然的力量根本不是人力可以抗拒的，人类根本就不可能真正征服自然。除了顺应自然之外，人类其实并没有出路。

生：我不同意周国平的观点。如果仅仅是顺应，人类就成了一事无成的人类了。就如汶川地震，如果我们在地震预测的技术上更先进一些，我们建造的房子更结实一些，那人类所受的损失就会少得多。

生：我同意。周国平的观点太消极了！

生：我觉得何祚庥的观点有道理。我们人类应该是积极进取的，了解自然，探索自然的奥妙，这样才有利于我们的生存。

生：了解自然、探索自然和征服自然是两回事。征服自然有一种高高在上、唯我独尊的味道。但其实，人类在自然面前确实算不上有多高贵、多聪明。我觉得我们还是应该像严春友所说的那样敬畏自然。

生:在敬畏自然的基础上去征服自然。

生:我还是觉得不要用“征服”这个词语比较好。最起码,人类和自然应该是平等的吧。

生:把这三个观点糅合起来就好了。对自然,既要心存敬畏,但是又要去了解它,探索它的奥妙,在某种程度上让自然为人类所用。但是总的来说,人类还是应该顺应自然,不要违背自然的规律。

……

师:其实,同学们,你们在讨论中,已经不知不觉地赋予了“顺应”“征服”“敬畏”这些词语新的含义。大哲学家康德曾经说过:世界上有两样东西,我们对它们的思考越是深沉和持久,它们所唤起的那种越来越大的惊奇和敬畏就会充盈我们的心灵。这两样东西,一样是我们头顶上繁星密布的苍穹,一样是我们心中的道德律。不知道同学们如何理解康德所说的“苍穹”,但王老师更愿意把它理解为自然。什么是自然?自然应该是什么样子的?在课文《敬畏自然》所在的第三单元的每一篇课文都在回答这个问题。

名师教学点拨:该课例已经突破传统的单篇阅读教学,基于丰富的文本资源重组,开展跨文本阅读,在足量的信息冲击下,引导学生迈向高阶阅读思维——批判性、论辩性、评价性阅读。同时,王君老师还展开了学术随笔教学的学术性思想渗透,使学生在积极参与课堂活动中进行深入学习,将文章内容扩展、深入。一堂课已经不局限于教课文,而是把视野投向了更加广阔的现实生活与哲学思辨中去,既有深度,又有广度,学生的思维也在自由飞翔中找到归宿。

例5

梳理信息,提炼信息

——以卢杏琴的《咬文嚼字》教学片段为例①

整体感知。

师:课前老师给同学们发了一份《咬文嚼字》学案,下面,我们一起先来完

①卢杏琴.基于学生“理解”状况的阅读教学改进——以《咬文嚼字》教学为例[J].语文学习,2015(5):39-44.

成这个学案的表格部分。请同学们拿起笔,按表格的要求,边读边思考边完成。(课件出示表格)

学生活动描述:安静阅读,边思考边填表格。大约费时8分钟。

(3)深度理解

学习活动一:完成表格内容并交流

学生活动描述:

A.学生先独立完成表格,局部抽样检查。抽样检查发现,难点聚集在第一、二自然段和第五、六自然段的实例概括和分观点上。

B.再小组合作探究,统一观点后用不同颜色的笔标出。请小组代表发言。小组讨论后减少了学生的学习难点。最终圈定第一、二自然段实例的概括和第五、六自然段的分观点。

C.接着就这两个学习难点,教师引领学生逐一攻克。方法是辨别、分析、筛选出最具有概括力的语句,排除对某个例子进行分析的非总结性语句。

师生完成表格。

……

师:同学们注意题目下面加点的字,是用"自己的话",而不是照搬作者的观点。

生1:一是说不是所有的文字的修改都能使文章语句更精彩、合理,修改要严谨,要结合语境。二是文字的推敲是思想感情的推敲的具体表现,其实文字就是思想的一种呈现。三是适当的文字联想意义能使文章意蕴深厚。

众生鼓掌。

师:你说得很全面且有深度。尤其是第二条,其实文字就是思想的一种呈现。还有呢?

生2:写出的文字中包含着思想和情感,文字的用法要有创新精神与严谨精神。我觉得作者讲得有道理,但是我不是很同意他的观点。如果我们写作的时候,老想着咬文嚼字,那有时候突然闪现了很好的想法,怎么办?要很快写下来才行,一气呵成。

师:我很欣赏你表达自己观点时的心平气和。你看,你不否定朱先生的观点。但你在理解后,勇敢地提出了自己批判性的见解。你说的实际上是一个古老而又充满神秘的话题，那就是我们的创作激情和创作灵感的问题。

这也是本环节的高潮部分，其他同学基本上能用2～3句自己的话来转述作者的观点。

名师教学点拨：阅读就其最根本的目的和方法来说，就是基于一定的目的来理解、整理、加工文本信息。对于实用类文本来说，这种基本功尤其重要。但是恰恰在学术随笔之类的阅读教学中，有的老师却不屑带领学生练习这种基本功，认为更显本领的地方是深挖某重点句子的深刻含义，或者是围绕文本的一个话题无限发挥。

在此背景下，本课例的价值就显得非常珍贵了。卢杏琴老师引导学生扎扎实实进行基于文本的信息梳理、提炼、加工，真正开展了阅读的教学。并且全程以学生自学为主，先建表格，再在交流讨论中自主构建文本信息体系；在此基础上，教师寥寥数语，引导学生进行“批判性思维”，至此，已经初步培养了学生的学术性思想。

三、名师支招

（一）既要教会学生思考，也要教会学生审美

巢宗祺先生提出：“要根据文本涉及的思维特征来对文本进行分类，相应地培养学生的探究能力、审美能力和应用能力。”①

文艺随笔放在高中语文阅读能力培养的第一阶段，教材编写者的意图显然是要培养学生阅读这一类文体的能力。文艺随笔不像规范的论文那样注重逻辑和理论论证，它讲究文采，笔调轻松活泼，深入浅出。因此，我们不能因袭传统的阅读文本分类标准，把文艺随笔简单地当成一般议论文来进行教学。文艺随笔的审美特征，也决定了我们不能简单地把它处理成一般的说理性文章。同时，文艺随笔强烈的文化气息，又开阔了学生的文化视野，能培养他们品味文艺语体、感受其活泼灵动的艺术魅力的能力，这是其又一教学价值和教学要求所在。②

①巢宗祺，雷实，陆志平.语文课程标准解读（实验稿）[M].武汉：湖北教育出版社，2002：95.

②欧阳凯.浅析文艺随笔的教学内容取向——以《说“木叶”》为例[J].中学语文教学，2007(3)：58-59.

（二）适宜的言语品味，感悟文化魅力

把作者所想的、所说的摸清楚了，真正摸清楚他是怎么想怎么说的，而不只是知道他大概想了些什么、说了些什么。“真正地理解”到达了这个地步，才叫作理解。

学生进入高中后，将由“读写语言”的学习过渡到“文化语言”的学习。通过文学性、哲学性和科学性语言的学习，受到古今中外优秀文化的熏陶，从而提升语文素养，培养自觉的审美意识和高尚的审美情趣。文艺随笔表现出的一种通透古今、总揽天下的眼界，一种烛幽显隐、析肌剔骨的笔锋，一种精骛八极、心游万仞的想象，一种随手拈来、恰到好处的材料使用，都是其语言魅力所在。教学中，必须抓住这一类语言，引导学生反复品味。如《说“木叶”》中“像海潮一样深广的不平”“这是一个典型的深秋的性格”“一个迢远而情深的美丽形象”这些句子，要结合所举诗句引导学生深入体味，从而达到与作者视界的融合，提升他们“文化语言”的感悟能力。①

（四）批判地阅读，平等地学习

郑桂华说：“读者不必全盘接受，可用平等地审视的方式看其推理是否严密”。② 学术性随笔，是作者自身的研究与思想，可能不会让所有人认同。随着时代的前进，其思想不可避免地存在偏颇之处。教师在带领学生充分学懂课文后，要带领学生进行批判性思考，从而培养其学术精神和思辨能力。在思想多元化发展的今天，学生缺乏对思想的辨识能力，因此在提升其辨别能力的同时，引导其树立核心价值观，让展翅的思维有落地之点，显得十分重要。

（谭诗韵　张泽忻　廖雨　柳丽　赵欣　罗帆　欧雪娇　隆粼钰　杜娟）

---

①金玉梅，靳玉乐.论教学观的后现代转换[J].课程·教材·教法，2006(3)：23-25.

②郑桂华.试论文艺随笔阅读教学内容的确定——以《说“木叶”》为例[J].语文学习，2013(10)：40-44.

第三节 如何让说明文教学不再枯燥?

说明文是一种以说明为主要表达方式的文体。它通过对实体事物科学的解说、对客观事物做出的说明或对抽象事理的阐释,使我们对事物、事理有科学的认识,并获得相关知识。说明文文章的知识性和实用性特点不仅要求学生学到扎实的知识,更是要求语文老师真正会教说明文。

一、教学困惑

(一)困惑描述

困惑1:说明文太枯燥,教师自己都不感兴趣。

说明文在我们的教学过程中总是受到冷落,它不像小说、散文有趣与生动。因此面对说明文的教学,教师往往觉得力不从心,甚至自己也觉得它们枯燥无味,难以激起讲课的欲望。那么,怎样提高教师对说明文的教学兴趣和教学积极性呢?

困惑2:说明文知识浅显、僵化、呆板、生硬,教学设计很难生动有趣。

说明文教学的知识点是固定的,主要在于帮助学生学习说明方法以及感受说明文语言的理性严谨之美,最终帮助学生提高获取信息的能力。不少老师在教授说明文的过程中,形成了一种固化的教学模式——自己的老师如何教自己,自己就如何教学生。大都借助文本中个别的字、句、段,刻板地告知学生说明文学习的要点,导致说明文阅读课要么成了一堂堂地理课、生物课,要么成了生硬的说明文知识的“爆炒”课。说明文教学要如何打破僵化的思维模式,创设出生动有趣的课堂教学?

（二）典型误例

《中国石拱桥》教学片段

师：这节课呢，我们主要来看看这篇说明文的语言有怎样的魅力。有哪位同学能回答一下，你觉得这篇文章的语言有什么特点？

生1：我觉得这篇文章的语言写得很准确，它用了大量的数据，如"公元1189到1192年间；桥长265米，由11个半圆形的石拱组成，每个石拱长度不一，自16米到21.6米。桥宽约8米，路面平坦，几乎与河面平行"。这些数字的使用让我觉得它非常真实，有信服力。

师：说得非常好！这位同学很有学习说明文的天赋，他抓住了说明文采用列数字（板书：列数字）的方法，来增强说明文语言的准确性（板书：准确性）这一点。同学们可以再找找，看看文章中还有没有类似的句子。

生2：文章中这座桥的特点是：1.全桥只有一个大拱，长达37.4米，在当时可算是世界上最长的石拱。桥洞不是普通半圆形，而是像一张弓，因而大拱上面的道路没有陡坡，便于车马上下。2.大拱的两肩上，各有两个小拱。这些数字说得也很准确。

生3：老师，还有，"每两个石拱之间有石砌桥墩，把11个石拱联成一个整体"。我觉得我从来就没数过中山桥有几个拱形，我觉得作者很认真。

师：同学们找得非常好。说明文经常会采用列数字的方法让我们感觉说明文的语言非常真实、准确、严谨，所以，在学习说明文时我们一定要关注这些数字。接下来，还有哪位同学发现了说明文语言的其他特点？

问题指瑕：该课例中老师运用的是传统教学模式，即从文本中挑选出能简单印证知识点的数字来例证。这很容易导致两个问题：一是学生对文本的理解简单、草率、肤浅，而且还会养成错误的阅读习惯，认为阅读说明文就是找出文章中的每个数字，且断章取义地坚信每个数字都是在证明说明文语言的准确性和真实性。二是说明文知识陈旧。似乎说明文课堂永远都只是围绕着这几个一成不变的"死知识"教学，100篇说明文可以用一种方式进行教学。学生无法真正体会到说明文语言的魅力，只会让说明文课堂越来越枯燥乏味。

二、名师示范

❁ 例1

让语言的准确性"动"起来
——以钱梦龙的《中国石拱桥》教学片段为例①

师:(出示挂图"中国石拱桥")大家先不要看课文,现在请你们来说明一下这个大拱和四个小拱的位置关系。看你们越说越明白呢,还是越说越糊涂。谁先来说?我根据你说的画。两边,两边的顶部,左右两边,上方,桥的下面,两端。

生1:大拱的两边各有两个小拱。

生2:大拱两边的顶部有四个小拱。

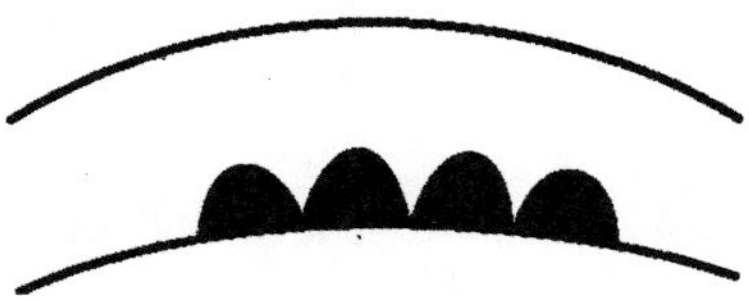

生3:桥身的左右两边有两个小拱。

生4:在大拱的左右两端各有两个小拱。

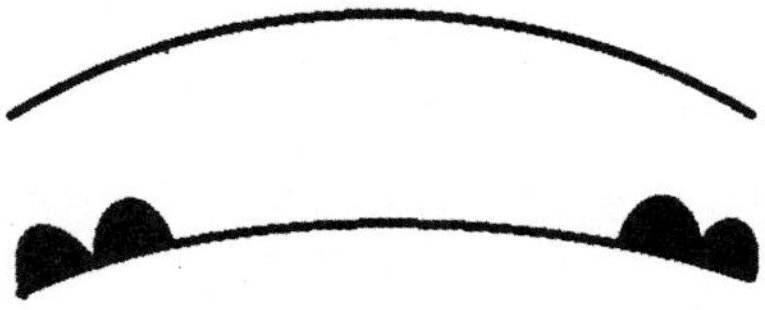

①魏小娜.语文训练的再认识——兼评钱梦龙的《中国石拱桥》教学片段[J].教学与管理,2011(7):50-52.

生5：大拱的两端的上方各有两个小拱。

……

学生们很努力地描述，可根据描述画出来的图就是和原图中大小拱的位置不同。

师：好，现在，请大家翻到《中国石拱桥》一课，不要看全文，只看关于说明赵州桥的两个小段。然后，请把书合上。刚才大家都说不清大拱和小拱的位置关系，现在谁来说说看？

生6：在大拱的两肩上，各有两个小拱。

师：你们看，这个“肩”字用得多准！不是顶上，也不是两端，而是“两肩”。还有个字很重要，是哪个字啊？

生（齐）：“各”字。

师：为什么这个字重要？

生7：因为大拱的每个肩上都有两个小拱。

师：对，“各”有，不是只有一肩有。可见说明事物要说得人家明白，有一点十分重要，你们说是哪一点？

生（齐）：用词准确。

师：对了。说明事物用词要准确，这就是我们得到的第一个结论。（板书：用词准确）

……

名师教学点拨：同样是讲授“说明文语言的准确性”这一知识点，该课例让我们眼前一亮——在平淡中寻找绚丽。普普通通的一句话“大拱的两肩上，各有两个小拱”，在钱梦龙老师的眼里焕发出夺目的光彩。这种精深、精细的文本解读无疑是这次课成功的基础。教师自己感受到了文本内在的趣味，才能抓住教学要点，才能让学生愉快、主动、深刻地进入文本学习。

创设生动的学习实践活动。“要想知道梨子的味道最好的办法是亲口尝一尝”。钱老师打破了传统的“解说式”说明文课堂，以新颖的学习实践活动的形式，鼓励学生亲自“写一写”“说一说”，在实践中一步一步探索发现“语言准确”是怎么一回事，把一成不变的“死知识点”变得鲜活有趣。

例2

创设情境
——以胡春燕的《松鼠》教学片段为例①

课前播放松鼠的图片和视频。

师：同学们，这节课，胡老师想请大家转换一下角色，假如动物王国正在进行一场"最讨人喜欢形象大使"的预选赛，最终只有两种动物能得到进入决赛的入场券。我是评委会主席，在座的同学就是小松鼠，而今天的课文是你们向评委会递交的申报稿。下面我们就进入预选阶段。

师：首先请宣读申报稿，有两个要求，第一是变换为第一人称，大家看第一句，如果变换人称，你们该怎么读？

生(齐)：我们是一种漂亮、驯良、乖巧的小动物。

师：第二个要求是读出自豪之情。申报稿中写了你们很多的优点，要读出自豪的感情。下面用你自己喜欢的方式开始读吧！

学生自由、投入地朗读课文，教师板书课题和作者名。

师：读得很投入。现在我来提问，你们在第一段中提到，你们漂亮、驯良、乖巧，评委会对你们的驯良和乖巧这两个特点不太理解，请你们来解释一下，请举手表达。

生1："驯良"表示我们松鼠是可以被人类所驯服的，"乖巧"更能体现出我们的可爱。后文写到我们搭窝时心灵手巧，也能体现我们松鼠的乖巧。

师：这位同学把两个词都解释了，对于"乖巧"，她举了个例子，说这个词能写出松鼠的心灵手巧，这个词有机灵的意思。还有没有同学补充？

生2：驯良是和顺、善良的意思，写出我们对人类很友好。

师：她结合注释解释了"驯良"的意思，"驯良"能体现松鼠对人类很友好，对人没有伤害。对"乖巧"这个词还有其他解释吗？

……

名师教学点拨：《松鼠》这篇说明文语言活泼，并且初一学段的学生参加活动欲望强烈，具备了活动所需要的知识储备。胡春燕老师创设了一个有趣

①胡春燕，黄厚江.说明文教学：以虚拟情境的方式——《松鼠》一课的教学实录及评析[J].教育研究与评论(课堂观察)，2015(12)：68-74.

的情境:动物王国的最讨人喜欢形象大使的预选赛。学生们充当着小松鼠们的角色,带着新奇和乐趣走进情境。这种创设有两个好处。

首先,既适合文本也适合学生的心理特点,由此组织学生开展了一系列阅读活动和语言活动,教学目标的实现自然也就瓜熟蒂落、水到渠成了。

其次,这种"情境创设"的说明文教学设计,可以避免通篇讲授说明顺序、说明对象和特征,还可以避免千篇一律地讲说明语言和特点。

例3

联系生活

——以钱梦龙的《死海不死》教学片段为例①

……

师:除了语言表达,材料的组织也很有关系,哪些先写,哪些后写,也往往会影响阅读的兴趣。课文里有个很典型的例子,谁能找出来说一下?

学生翻书、寻找。

生1:课文第三自然段写罗马统帅处死奴隶的故事,如果放到第四自然段后面来写,读起来就没有趣味了。

师:为什么?

生2:先写奴隶在死海里屡淹不死,这样读者会产生疑问,难道真的有神灵保佑吗?读者急于想从文章里去寻找答案,文章就有了吸引力。如果先写死海为什么淹不死人,再写奴隶屡淹不死,就不会有这种效果了。

师:说得好!我打个比方,你请别人猜谜,如果先把谜底告诉了对方,他还会有猜谜的兴趣吗?这里的道理是一样的。会写文章的人,常常能设置一些悬念,引起读者的疑问,这样的文章就比那些平铺直叙的文章有吸引力。这对我们也是很有启发的。

……

师:对啦!当死海海水的蒸发量等于约旦河水的输入量的时候,死海就死不了。当然,那时的死海也不会像现在这样无边无际,波涛起伏,而是死也死不了,活也活得不像样,这是一种什么状态?

①黄行福.不教之教——钱梦龙《死海不死》教学片段赏析[J].江西教育,2013(Z2):64-65.

生(齐):半死不活!(笑声)

师:对!就是半死不活!同学们果真智商很高,这个难题也没有难住你们。不过,死海究竟会不会死,恐怕不是一个计算问题,而是一个现实问题。事实上,造成死海海水连年下降的原因,不全是因为海水的蒸发量大,更主要的是人为的原因,以色列和约旦大量截流约旦河水用于灌溉和城市用水,致使约旦河输入死海的水量越来越少。这一严峻的事实已引起不少科学家、环境保护主义者的忧虑,一项名为"让死海继续活下去"的活动已经开始。死海处于地球陆地的最低点,人称"地球的肚脐",不仅有独特的旅游景观,而且它蕴藏着极其丰富的矿物资源,尤其是氯化钾和溴。同学们虽然没有去过死海,但我相信大家都关心地球的命运,为此我建议大家用我们的智慧参与到"让死海继续活下去"的活动中去。

请回去做两件事:一是上网搜索关于死海的资料;二是参考、运用网上资料,以"救救死海"或"死海不能死"为题写一篇文章,为拯救死海进行呼吁,或提出拯救死海的办法、建议。当然啦,我们的文章救不了死海,但至少可以表明我们关心地球命运的立场。我希望每一位同学长大后都能够成为一名自觉的环境保护主义者。

名师教学点拨:《死海不死》是一篇知识性说明文。对知识性说明文来说,一方面,当学生在学习课文之前已经阅读了解时,课堂就很难吸引学生;另一方面,知识性说明文有大量的数据、专业术语,难以激发学生的学习兴趣。

鉴于此,老师巧妙地联系学生已有的生活经验,通过类比、打比方的方式使难以理解的知识转为形象的道理储存在学生的大脑中,让学生能够透彻理解。

同时,老师还根据文本内容,联系生活的实际情形,呼吁同学们"成为一名自觉的环境保护主义者",这更是激起了学生深刻的情感体验,从而收到了预想不到的效果。

四、名师支招

(一)正视说明文教学

余映潮说:“教师走向成功的基本前提是占有时间、勤奋积累、注重学法。”①

因为语文教师是语文教学的灵魂人物,教师对语文以及文本的态度,在很大程度上将影响着学生学习的态度。如果连语文老师都无法真正认识到说明文的价值和其中的独特之美,那学生也将不会对说明文感兴趣。所以,语文老师首先摆正对说明文教学的态度,肯在文本上下功夫,是让说明文教学不再枯燥的第一步。

(二)树立创新意识

1.学生动手实践:化抽象的重难点为具体可感知的知识。

王荣生说:“为了语文知识的‘实用’而进行的教学,才是货真价实的语文教学。”②

说明文的抽象性较强,容易造成学生理解上的障碍,最后一无所得。所以,语文老师可通过鼓励学习主体亲自参与实践的方式,将说明文中抽象的重难点化为学生具体可感知的简单知识点,让他们从概念性的“枯燥”文字中感受到说明文文章的真意,学到扎实的语文知识。

2.创设情境:化呆板乏味的分析为立体生动的情境。

魏书生说:“首先激发学生学语文的兴趣,再教给方法,再培养良好的学习习惯。”③

学生对语文有着极大的兴趣是学好语文的要素之一,而“情境”有“形真”的特点,并且代入感强,刚好可以和说明文的“枯燥”相补充。在说明文教学

---

①余映潮.特级教师成功的10句关键话[J].教育理论与实践.2008(15):29.

②王荣生老师:“关于实用文章的阅读教学”在线讨论整理稿[EB/OL].http://www.docin.com/p-111998787.html,2015.

③李晶.快乐语文,快乐学习分类:效能[C].现代教育教学探索学术交流会,2014.

中，语文老师可以通过创设合适的情境，将文本中艰涩难懂的内容直观化、形象化、具体化，以此缩短学生与文本的距离；也能将呆板乏味的分析化为立体生动的情境，以此激发学生学习语文的兴趣。

3.联系生活：化"无情"的文本为"有情"的体验。

肖家芸说："语文教学的活水在生活之中。语文与生活、教材与现实紧密结合起来，语文教学才有活的课堂和课堂的活水。"①

说明文始于生活，与生活有极紧密的联系。看似传统的说明文知识，实际上对学生应对未来大学学业和工作生活问题有很重要的作用。但说明文的事理性较强，并且大多选入语文教材的说明文又离当今学生的实际生活较远，这就容易导致学生接受知识的无趣和生硬。所以教师要善于联系学生的实际生活，激活说明文教学知识，让学生联系自身已有经验理解文本、学习说明文知识。

（岳紫玲 马倩倩 谭诗韵）

第四节 如何运用"可视化策略"教学实用类文本？

可视化是以一种直观的、容易感知的图示方式表征信息及其信息加工的过程。许多复杂的思维过程和知识都可以通过图解的方式将其逻辑关系表示出来。可视化教学设计有利于更加简洁、明了地传递信息，更加深入地加工信息，对语言、文字等思维活动进行解释说明。可视化教学设计过程与结果的简易性、直观性和深度加工更适合学校教学的特点，适用于目标分析、学习者分析、内容分析及策略选择与评价分析等，在语文教学上的运用具有重大的意义。但在目前的一线教学中，可视化策略还是一个比较新的概念和教学方法，能够很好地运用可视化策略进行语文教学的老师并不多。

---

①顾红.语文老师们这样说[EB/OL].http://www.jxteacher.com/yztf69/column15638/261a6314-ac94-4ae3-822c-20fed74bc060.html,2012.

一、教学困惑

(一)困惑描述

困惑1:可视化策略就是画思维导图吗?

许多教师在教学过程中运用思维可视化时存在一些误区,比如大部分教师只是简单地使用思维导图,认为思维可视化就是画思维导图,认为画图只是为了提高记忆效率,关注点只在可视化,丢了思维。针对这些问题,我们在实际的学习与实践中又应如何解决呢?

困惑2:在可视化策略教学中,老师的角色如何定位?

可视化策略是一种高级阅读方法,主要是把信息从文本中提取出来,再转化成图示,然后对知识进行精加工。在教学过程中,如果一开始就把老师制作好的思维导图呈现在学生面前,可以很好地帮助学生阅读理解,但是会在一定程度上主导了学生的思维;如果让学生在阅读过程中根据自己的理解自行制作思维导图,可以让学生的思维得到很好的锻炼,但是每个人的思维导图都不相同,老师无法了解到每一位学生的思维并及时做出指导。那么,在可视化教学过程中,老师应该如何定位自己的角色才能在有限的课堂时间里,既可以让学生的能力得到锻炼,又可以把文章脉络解释清楚呢?

(二)典型误例

《中国石拱桥》教学片段

师:在《中国石拱桥》里,我们主要学习了说明文语言的准确性。今天,我们主要学习说明文的说明方法及其在文章中的表达作用。

(投影显示)

且学且用:

分析说明文中说明方法的作用。

在学习和生活中,讲究做事的方向,方向不对,努力白费。

老师给大家一个分析说明文方法的方向——三步跨栏法。

分析说明方法的作用。

运用了	下定义 作比较 分类别 列数字 摹状貌 举例子 打比方 画图表 引资料 作诠释	的说明方法，	简明科学 鲜明生动 条理清楚 准确具体 生动形象 具体真切 生动形象 直观形象 充分有力 通俗易懂	地说明了说明对象	概括说明对象特征	。

1.指出说明方法　2.分析说明效果　3.概说对象特征

下定义——简明科学	举例子——具体真切
作比较——鲜明生动	打比方——生动形象
分类别——条理清楚	画图表——直观形象
列数字——准确具体	引资料——充分有力
摹状貌——生动形象	作诠释——通俗易懂

这句（段）话采用了下定义的说明方法，简明科学地说明了……

这句（段）话采用了举例子的说明方法，具体真切地说明了……

这句（段）话采用了作比较的说明方法，鲜明生动地说明了……

……

找出文中的说明方法，并试着用“三步跨栏法”分析其作用。

师：老师给大家举一个例子，请看大屏幕。

（投影显示）

“三步跨栏法”分析范例：

苏州园林与北京园林不同，极少使用彩绘。

这句话采用了作比较的说明方法，鲜明生动地说明了苏州园林极少使用彩绘的特点。

师：（投影北京园林和苏州园林的图片）为了说明苏州园林和北京园林的不同，老师给大家找了两张图片来说明，这相当于列图表；而且，我们还可以打比方，如果说，苏州园林是小家碧玉的话，那么北京园林就是——

生：大家闺秀！

师：对！老师为了让大家更好地体会苏州园林和北京园林的区别，又采用了列图表和打比方这两种说明方法。所有的说明方法都是为了更好地突出说明对象的特征。大家开始吧。

问题指瑕：在上述教学过程中，老师似乎也在运用可视化策略，但只是从文本中挑拣出能简单印证知识点的数字来例证。这暴露了两个问题。

(1)对有效学习原理的无知，可视化教学策略虽然有助于提高记忆效率，但这并非重点，重点在于发展学生的思维能力。老师给出知识的图示，便于学生对知识点进行记忆，但其中并没有师生思维交流的过程，对学生思维能力的发展没有帮助。

(2)教学过程让学生用现象分析验证理论，而非由现象得出结论，易造成学生思维的僵滞，形成思维定式。

二、名师示范

例1

利用思维导图，梳理文章脉络

——以《拿来主义》的教学片段为例

师：作者是主张需要拿来主义还是反对拿来主义？请从原文中找出相关语句。

生：“说道：拿来！”“所以我们要运用脑髓，放出眼光，自己来拿！”“总之，我们要拿来。”

师：接下来我们泛读全文，看作者是用哪些理由和证据证明我们需要拿来主义的。

生：“但我们没有人根据了‘礼尚往来’的仪节，说道：拿来！”

师：对，非常好。所以，我们应该……

生：不能只送去不拿来。

师：对，有什么证据吗？

生：尼采和挖煤的例子。

师：好，请大家把需要拿来主义的理由和证据整理出来。

师板书：

理由1

不能只送去不拿来，要给子孙后代留下东西。

证据：

(1)类比：中国比尼采

(2)例子：挖煤

师：如果我们将这个用流程图展示出来，该怎样呢？

生：……

师：好吧，接下来，就让我们一起试着用流程图分析“证据→理由→结论”这一论证过程，将信息结构化。

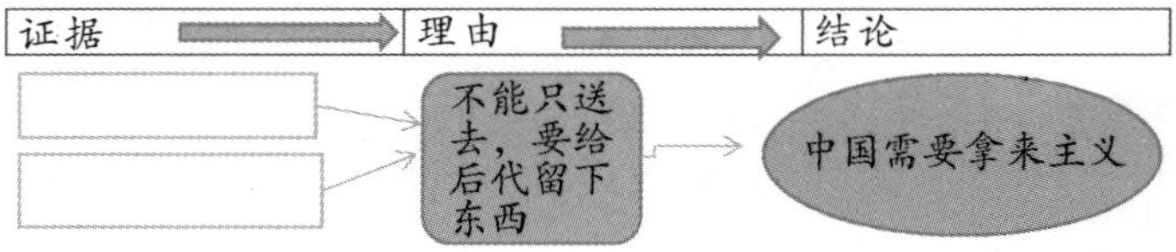

师：好，老师就以此为大家举个例子，接下来，就请大家将其他需要拿来主义的理由也用这种流程图表示出来。

生：好的。

名师教学点拨：该课例中，老师并没有将文本知识强制性地灌输给学生，而是采用了更为灵活可视化的教学策略，通过流程图的形式，将文本思路非常清晰地摆在了学生面前，让学生更加容易理解文本知识。

同时，老师在课堂上扮演了引导者的角色。在分析课文思路后，老师给大家列举了一个思维导图范例，并鼓励学生尝试运用思维导图的形式将其余信息结构化。这不仅可以提高学生的动手实践能力和思考能力，同时还能检验学生是否已经较好地吸收了这一方法。

例2

利用结构草图，展现事物特点
——以赵志祥的《赵州桥》的教学片段为例[①]

师：是呀，没有桥墩，而且三十七米多宽，这么宽却不断，这问题提得有水

①赵志祥《赵州桥》课堂实录[EB/OL]. http://www.ywkt.com/ArticleShow.asp? ArticleID=45904,2013.

平。书上也有答案,动脑筋找。其实这个答案既可以是一句话,又可以是一个词。这个词有一个地方是两个字的,有一个地方是三个字,看谁找得准。如果自己想不出来可以向同学请教,同桌、前后排或小组都可以讨论,开始!找准了!

生读书、找词语。

师:(边巡视边指导)有些同学找"坚固",我先告诉大家肯定不是"坚固"。再好好想一想,这个问题可难了。谁要是先发现了,谁就是智商最高的人。有人已经发现了,两个字,太厉害了!

生逐渐开始自由讨论。

师:给大家一点提示,三个字的词在第一自然段里,两个字的词在第二自然段里。

生(纷纷地):我找到了……

师:对,很多同学已经找到了,三个字的叫作什么?

生:石拱桥。

师:两个字的叫——

生:拱形。

师:对了,它坚固的原因就在这一个字上——

生:拱——!

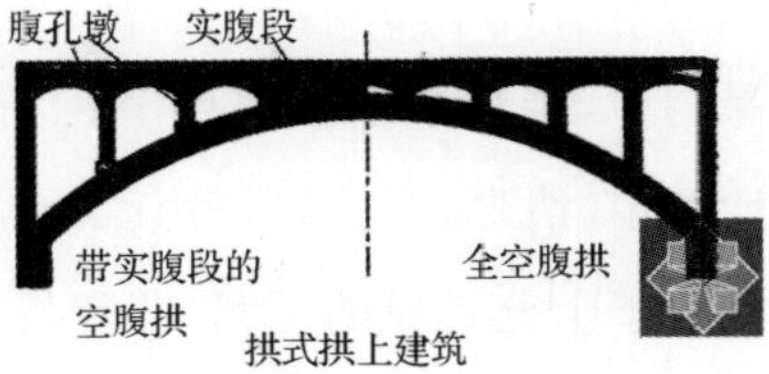

拱式拱上建筑

师:如果有人让我来给赵州桥作一个评价,问,赵老师呀,为什么赵州桥经过 1300 多年依然非常坚固?若我只用一个字回答,是什么?

生:拱。

师:只用两个字——

生:拱形。

师:只用三个字——

生:石拱桥。

师：我回答一句话：“因为它是石拱桥，是拱形的。”

生：那为什么拱形的就这么坚固呢？

师：孩子们，这是一个很复杂的问题，等你上了中学，物理老师就会告诉你为什么拱形的就坚固。现在很多桥都是拱形的，1300多年前一个普通的石匠就能设计出这么厉害的桥，有没有才干？

生：有。

师：智慧是不是超群？

生：是。

师：经历了1300多年，我告诉大家一个信息，就这么一个石拱桥，经历过八次地震，墙倒房塌，而它安然无恙，厉不厉害？

生：厉害。

师：那里面一块钢板也没有，一根铁钉也没有，净是石头。想想，多聪明，多么高的智商，根源就在这一个“拱”字上。我建议大家认认真真地把这个“拱”字写在书上，刻在你的心中，同时也把“李春”这个名字记在你的心中。

生书写“拱”字。

名师教学点拨：该课例中，老师展示了赵州桥的桥梁设计图以及赵州桥的真实图片，前者的设计简单、清晰、明了，后者真实、具体、可感，两幅图片相辅相成，让学生对赵州桥有了十分具象的了解，非常生动以及实用。

同时，老师打破了传统的解说式说明文课堂，采用多学生活动的形式，鼓励学生亲自参与课堂，一步一步探索发现知识点，使一成不变的死知识点瞬间变得鲜活有趣，活跃的课堂氛围自然显现。

例3

利用预设视觉表征，向学生阐释信息
——以黄婷的《〈物种起源〉绪论》教学片段为例①

1.全班讨论：说一说你画出了哪些信息？批注出了哪些关键词？

明确：

第1段：“在1837年我就想到……”“在五年的时间内……”“1844年又把……”“从那时候起，一直到现在……”“我之所以说明这些……”

第2段：“现在(1859年)……”“这也是使我早日发表这个摘要的一个原因……”

第3段：“一定不够完善……”“在这里我只能……”

第4段：“表示谢意……”

第5段：“关于物种起源的问题……”

第6段：“因此……”“我总是发现……”“我愿大胆地表示……”

第7段：“我把本书的第一章”“然后，我将进而讨论”“下一章要讨论”。

第8段：“将在第四章里详加论述”“在第十一章”“在下一章”“在第十二章和第十三章”。

第9段：“我毫无疑虑地认为……”“我完全相信”“我还相信”。

2.全班讨论：你批注出了哪些关键词？请将你画出的信息归类。

①黄婷.《〈物种起源〉绪论》教学设计[J].中学语文：教学大参考(上旬)，2016(12)：61-63.

《〈物种起源〉绪论》全文勾画批注结果

<table>
<tr><th>批注关键词</th><th>勾画关键信息</th><th>所在段落</th><th>逻辑关系</th></tr>
<tr><td>时间，经过</td><td>"1831 年开始环球航行，历时 5 年"
"1836 年回国""1837 年""1844 年"
"1859 年将近结束""1858 年华莱斯的论文写成"</td><td>第一自然段
第二自然段</td><td rowspan="4">写作历程、经过</td></tr>
<tr><td>原因，出版原因</td><td>"是为了表明我并没有草率地做出结论"
"特别导致我这样做的原因"
"这是因为我清楚地认识到"</td><td>第一自然段
第二自然段
第三自然段</td></tr>
<tr><td>摘要说明</td><td>"这个摘要一定不够完善"
"但在这里要这样做是不可能的"</td><td>第三自然段</td></tr>
<tr><td>致谢</td><td>"我不能对他们一一表示谢意"
"表示深切的感谢"</td><td>第四自然段</td></tr>
<tr><td>关于物种起源的问题</td><td>"物种不是被独立创造出来的，而和变种一样，是从其他物种传下来的"
"归因于外界条件，则是十分荒谬的"</td><td>第五自然段</td><td rowspan="2">《物种起源》主要观点</td></tr>
<tr><td>研究问题的方法</td><td>"搞清楚变异和适应的途径是十分重要的"
"研究家养动物和栽培植物""可能提供一个最好的机会"
"也能提供最好的和最可靠的线索"</td><td>第六自然段</td></tr>
<tr><td>章节内容</td><td>"家养下的变异""物种在自然状态下的变异""所有生物之间的生存斗争"
"自然选择的基本问题""复杂的、所知甚少的变异法则""本学说所存在的最明显、最重大的难点""生物在时间上从始至终的地质演替"
"生物在全部空间上的地理分布"
"生物的分类或相互的亲缘关系"
"复述以及简短的结束语"……</td><td>第七自然段
第八自然段</td><td rowspan="3">《物种起源》主要内容</td></tr>
<tr><td>个人主张</td><td>"每一物种都是独立被创造出来的观点——是错误的"
"物种不是不变的，那些所谓同属的物种都是另一个普通已经绝灭的物种的直系后裔"
"自然选择是变异的最重要的虽然不是唯一的途径"</td><td>第九自然段</td></tr>
<tr><td>……</td><td></td><td></td></tr>
</table>

3.全班讨论:比较提取的关键词和勾画出的信息,思考这些信息和关键词之间有什么逻辑关系,并标示出其逻辑关系。(见上表)

4.方法总结:怎样找关键句?

(1)从内容看,中心句是关键句;从结构看,中心句是总结句、总起句及重要的过渡句;从出现的频率看,中心句是反复出现的文句。

(2)找出逻辑关联词。

名师教学点拨:该课例中,老师立足实用类文本的文体特征,根据阐释类信息的理解性阅读和批判性阅读层次,确定文本的教学内容,安排教学过程。教学过程环环相扣,逻辑思维缜密,并且进行了方法总结,锻炼了学生寻找关键信息的能力以及总结概括能力。

同时,老师运用了一张图表对《〈物种起源〉绪论》一课的关键词、关键信息以及逻辑关系进行了梳理,并且对关键信息所对应的段落进行了标注。图表内容简约而具体,搜索信息也十分方便,对课文的逻辑性分析到位,有助于学生理解难懂的实用类文本。

例4

运用"鱼骨分析法",梳理文本结构
——以谭娜的《拿来主义》教学片段为例

首先与学生一起找出文中的重要因素,并进行编号。

①"拿来",文章开篇便提到这个词,也是贯穿全文的一个词,可作为"鱼头"。

②不能只是送出去,还要给后代留下东西。

③中国与尼采的类比。

④举例:中国的煤炭。

⑤不主动"拿来",便可能被"送来"糟粕。

⑥举例:英国的鸦片、德国的废枪炮、法国的香粉等。

⑦只有主动"拿来",才能成为新人,推进新文艺。

⑧穷青年与大宅子的类比。

⑨对"拿来主义"的诠释作为"鱼尾"。

编号完成后，将"鱼骨"进行排列，形成相对完整的鱼骨分析图。（如下）

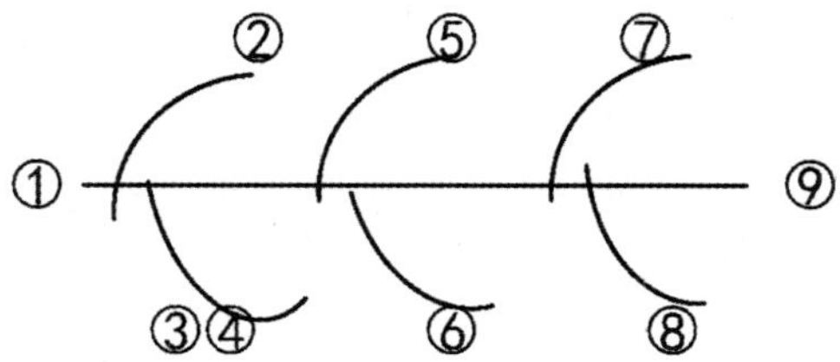

名师教学点拨："鱼骨分析法"，又名因果分析法，是一种发现问题"根本原因"的分析方法，由日本管理大师石川馨先生设计出来，也叫石川法，主要用于工商管理中建立分析模型。其中"鱼头"表示要解决的问题，"主骨头"为主要的原因，"小骨头"则为其他次要原因。

"鱼骨分析法"对于分析事情的原因有比较直观的作用，在此，老师跨学科将其用来分析造成拿来主义的因素，显示出了老师的独创性。这种"鱼骨分析法"简捷实用，让信息得到了充分的整理，学生阅读时能比较直观地了解前因后果。

三、名师支招

（一）叙述类信息的可视化策略

郝彦彧说："图示法将展示'神'统帅材料的特点，即抓住线索，描绘文章的脉络及材料的组织安排。"①

张玉珠说："语文课篇目多、任务重、时间有限。为加快语文学习进程，提高学生语文素质，当前亟待改革课堂教学方法，优化教学过程，找出一条'捷径'。经过不断的实践、总结，通过抓住教学重点，在传统的教法上更新突破，充分发挥直观教学手段优势，实施'一课一图'，将取得良好效果。"②

具体而言，叙述类信息的可视化策略方法包括：先用勾画、批注、摘要找到关键信息点，或概括出单个事件；再用流程图表示事件的经过、次序，用关

①郝彦彧.图示法在语文教学中的应用[J].语文教学通讯，1991(4)：60-61＋45.

②张玉珠.结构图示法在语文教学中的应用[J].河南职业技术师范学院学报（职业教育版），2000(6)：64-65.

系图表示事件的联系，用年表或时间轴表示事件发生的时间，用地图表示事件发生的地点，也可以将以上视觉表征综合运用。

（二）阐释类信息的可视化策略

郑燕芬说：“语文是工具性与人文性的统一，工具性的功能可依靠概念图的方式更好地达到效果。”①

阐释类信息要抓住的重点是作者说明了哪几个问题，每个问题做出了怎样的回答。

方法一，先用勾画批注找到或概括出阐释的问题以及对问题的回答（术语、案例等），再用表格或图形梳理所阐释问题及其回答之间的逻辑结构。

方法二，直接找出所阐释的事物或操作方法的图片，或画出所阐释事物或操作方法的图画。

（三）论辩类信息的可视化策略

唐华镁说：“思维比知识更重要，离开了思维过程，学生学到的也只是一些死知识。因此，在语文教学中，教师可以借助‘思维可视化策略’让学生的阅读学习过程有路可循、有据可依。”②

论辩就是论证，论证就是对以上三个要素逻辑关系的分析，是提出假设、寻找理由和证据，然后用证据证明理由，用理由证明假设，最后得出结论的过程。

论辩类信息理解的关键是“假设→理由→证据→理由→结论”这一论证过程。

（谭诗韵　王艳媚　李永斌　张鹏　马冬姝　吴晓鹏）

①郑燕芬.七年级语文教学中概念图方法的运用[J].快乐阅读，2015(12)：80.

②唐华镁.例谈“思维可视化策略”在阅读教学中的运用[J].华夏教师，2016(2)：79-80.

西南师范大学出版社
《名师工程》系列丛书目录

系列	序号	书名	作者	定价
校本研修系列	1	《让每位教师都成功——“四环二维”校本研修模式的构建与实施》	林文智　豆海湛　王林发	35.00
	2	《校本研修的创新策略》	邱惠群　余利芬　王林发	36.00
	3	《乡村学校校本研修制度构建与实践探索》	谢耀丰　何淑怡　王林发	35.00
名师解码系列	4	《用语文激扬生命——黄麟生与语文教育》	王林发　朱理珠　龚宝瑜	36.00
	5	《教育需要播种温暖——谢文东与儒雅教育》	余　香　陈柔羽　王林发	35.00
	6	《为了未来设计教育——梁哲与探究教育》	冼柳欣　肖东阳　王林发	35.00
	7	《真心是教育的底色——谭永焕与真心教育》	谭永焕　温静瑶　王林发	35.00
	8	《做超越自我的教师——刘海涛与创新教育》	王林发　陈晓凤　欧诗停	35.00
	9	《打造灵动的教育场——张旭与情感教育》	范雪贞　邹小丽　王林发	35.00
国际视野系列	10	《基于学生自主的教育——一位教研员眼中的加拿大教育》	杨延从	36.00
	11	《行走在日本基础教育第一线》	李润华	26.00
	12	《润物细无声——品鉴国外德育智慧》	赵荣荣　张　静	30.00
	13	《不让一个学生掉队——国际视野下的教育均衡实践》	乔　鹤	28.00
	14	《从白桦林到克里姆林宫——俄罗斯中小学教育纪实》	赵　伟	30.00
名课解码系列	15	《教师课堂提问的技巧与策略》	邓胜兴　姚凤娟　王林发	35.00
	16	《绘本教学策略的探索与实践》	邹小丽　范雪贞　王林发	35.00
	17	《教师必备的课堂掌控艺术》	张　旭　豆海湛	35.00
	18	《教师课堂观察的智慧与策略》	谭永焕　郑月桃　王林发	35.00

系列	序号	书名	作者	定价
陕派名师系列	19	《中小学教师师德素养提升80讲》	张军学　曹永川　国晓华	30.00
	20	《让教育走进灵魂深处——一位优秀教师的教育心语》	刘跃红	30.00
	21	《教育与梦想同行——宝鸡“国培计划”项目成果精选》	李春杰	30.00
	22	《轻松突破作文瓶颈——构建范畴思想下的作文思维》	李旭山	35.00
	23	《爱在人生伊始——幼儿教师培训指导手册》	张　昭	35.00
	24	《为儿童终身发展奠基——幼儿教师必备的幼教技能》	靳存安	30.00
	25	《如何成为一名专家型教师》	孙铁龙　党　纳	35.00
教研提升系列	26	《语文教师必备的音韵学素养》	李明孝	30.00
	27	《校本教研的7个关键点》	孙瑞欣	30.00
	28	《教师怎样做小课题研究——高效助力教师专业化成长》	徐世贵　刘恒贺	30.00
	29	《今天我们应怎样评课》	张文质　陈海滨	30.00
	30	《今天我们应怎样进行教学反思》	张文质　刘永席	30.00
	31	《一节好课需要的教育智慧》	张文质　姚春杰	30.00
	32	《语文课堂教学“典型困惑”例析》	徐世贵　刘恒贺	30.00
教育探索者·鲁派名师系列	32	《追问历史教学之道》	钟红军	36.00
	33	《灵动英语课——高效外语教学氛围创设艺术》	邵淑红	30.00
	34	《校园，幸福教育的栖居》	武际金	30.00
	35	《复调语文——尊重生命自我成长的语文教学》	孙云霄	30.00
	36	《智趣数学课——在情感深处激发学生的数学智能》	王冬梅	30.00
	37	《高品位“悦读”——让情感与心灵更愉悦的阅读教学》	马彩清	30.00
	38	《品诵教学——感悟母语神韵的阅读教学》	侯忠彦	30.00
	39	《智趣化学课——在快乐中提升学生的科学素养》	张利平	30.00

系列	序号	书　　名	作者	定价
高效课堂系列	40	《让数学课堂更高效——教研员眼中的教学得失》	朱志明	30.00
	41	《从教会到教慧——小学生数学学习能力的培养艺术》	滕　云	30.00
	42	《用什么提高课堂效率——有效数学课必须关注的10大要素》	赵红婷	30.00
	43	《让作文更轻松——小学作文高效教学36锦囊》	李素环	30.00
	44	《让研究性学习更高效——研究性学习施教指导策略》	欧阳仁宣	30.00
	45	《让母语融入学生心灵——提升学生语文素养的高效施教艺术》	黄桂林	30.00
创新课堂系列	46	《重塑课堂生命力——小学新课堂教改成功之路》	陈华顺	30.00
	47	《小学语文"三环节"阅读教学法——自学、读讲、实践》	薛发武	30.00
	48	《个性化课堂教学艺术：小学语文》	商德远	30.00
	49	《如何实现三维目标——让学生与文本共鸣的诵读教学》	张连元	30.00
	50	《想说　会说　有话可说——突破作文瓶颈的三维教学法》	杨和平	30.00
	51	《综合课的整合创新教学》	周辉兵	30.00
	52	《如何打造学生喜欢的音乐课堂》	张　娟	30.00
	53	《理想课堂的构建与实施——一个教研员眼中的理想课堂》	张玉彬	30.00
	54	《小学语文：决定教学质量的关键策略》	李　楠	30.00
	55	《用〈论语〉思想提升数学教育智慧》	胡爱民	30.00
	56	《童化作文——浸润儿童心灵的作文教学》	吴　勇	30.00
名校系列	57	《人本与生本：管理与德育的双重根基》	广州市广外附设外语学校	30.00
	58	《生本与生成：高效教学的两轮驱动》	广州市广外附设外语学校	30.00
	59	《世界视野与现代意识：校本课程开发的二元思维》	广州市广外附设外语学校	30.00
	60	《让每个生命都精彩——生命教育校本实践策略》	王鹏飞	30.00
	61	《好学校，从关注每个学生开始——石梅小学优质教育多元感悟》	顾　泳　张文质	30.00

系列	序号	书名	作者	定价
思想者系列	62	《回归教育的本色》	马恩来	30.00
	63	《守护教育的本真》	陈道龙	30.00
	64	《教育，倾听心灵的声音》	李荣灿	30.00
	65	《心根课堂——让教育随学生心灵起舞》	刘云生	30.00
	66	《做一个纯粹的教师》	许丽芬	26.00
	67	《率性教书》	夏　昆	26.00
	68	《为爱教书》	马一舜	26.00
	69	《课堂，诗意还在》	赵赵(赵克芳)	26.00
	70	《今日教育之民间立场》	子虚(扈永进)	30.00
	71	《教育，细节的深度反思》	许传利	30.00
	72	《追寻教育的真谛——许锡良教育思考录》	许锡良	30.00
	73	《做爱思考的教师》	杨守菊	30.00
教育探索者·鲁派名校系列	74	《让生命异彩纷呈——差异教育的构建与实施》	张晓琳	30.00
	75	《博弈中的追求——一位中学校长的"零"作业抉择》	李志欣	30.00
	76	《大教育视野下的特色课程构建——海洋教育的开发实施》	白刚勋	30.00
名师教学手记系列	77	《唤醒生命的对话——孙建锋语文教学手记》	孙建锋	30.00
	78	《让作文教学更高效——王学东写作教学手记》	王学东	30.00
名校长核心思想系列	79	《智圆行方——智慧校长的50项管理策略》	胡美山　李绵军	30.0
	80	《做一个智慧的校长》	孙世杰	30.00
	81	《成为有思想的校长》	赵艳然	30.00
创新班主任系列	82	《班主任专业化成长策略》	杨连山	30.00
	83	《班级活动创新与问题应对》	杨连山　杨　照　张国良	30.00
	84	《班集体建设与创新人才培养》	李国汉	30.00
	85	《神奇的教育场——打造特色班级文化创新艺术》	李德善	30.00

系列	序号	书　　名	作者	定价
创新语文教学系列	86	《曹洪彪新概念快速作文》	曹洪彪	30.00
	87	《小学语文:享受对话教学》	孙建锋	30.00
	88	《小学语文:名师教学目标落实艺术》	刘海涛　王林发	30.00
	89	《小学语文:名师魅力教学设计艺术》	刘海涛　王林发	30.00
	90	《小学语文:名师魅力课堂激趣艺术》	刘海涛　豆海湛	30.00
	91	《小学语文:单元整体教学构建艺术》	李怀源	30.00
	92	《小学作文:名师情趣课堂创设艺术》	张化万	30.00
优化教学系列	93	《高效教学组织的优化策略》	赵雪霞	30.00
	94	《高效教学方法的优化策略》	任　辉	30.00
	95	《高效教学过程的优化策略》	韩　锋	30.00
	96	《让教学更生动——激发兴趣让学生快乐认知》	朱良才	30.00
	97	《让教学更高效——策略创新让教学事半功倍》	孙朝仁	30.00
	98	《让教学更开放——拓展延伸让学生触类旁通》	焦祖卿　吕　勤	30.00
	99	《让教学更生活——体验运用让学生内化知识》	强光峰	30.00
	100	《让知识更系统——整合与概括让学生建构体系》	杨向谊	30.00
	101	《让思维更创新——思辨与发散让学生思维活跃》	朱良才	30.00
名师名课系列	102	《名师如何炼就名课》(美术卷)	李力加	35.00
教师成长系列	103	《做会研究的教师》	姚小明	30.00
	104	《学学名师那些事》	孙志毅	30.00
	105	《给新教师的建议》	李镇西	30.00
	106	《教师心灵读本:成为有思想的教师》	肖　川	30.00
	107	《教师心灵读本:教师,做反思的实践者》	肖　川	30.00
幼师提升系列	108	《全国优秀幼儿健康教育活动课例评析》	教育部教育管理信息中心	30.00
	109	《全国优秀幼儿艺术教育活动课例评析》	教育部教育管理信息中心	30.00
	110	《全国优秀幼儿社会教育活动课例评析》	教育部教育管理信息中心	30.00
	111	《全国优秀幼儿语言教育活动课例评析》	教育部教育管理信息中心	30.00
	112	《全国优秀幼儿科学教育活动课例评析》	教育部教育管理信息中心	30.00

系列	序号	书名	作者	定价
教师修炼系列	113	《班主任工作行为八项修炼》	杨连山	30.00
	114	《教师心理健康六项修炼》	李慧生	30.00
	115	《教师专业化五项修炼》	杨连山　田福安	30.00
	116	《课堂教学素养五项修炼》	刘金生　霍克林	30.00
	117	《高效教学技能十项修炼》	欧阳芬　诸葛彪	30.00
	118	《教师新师德六项修炼》	王毓珣　王　颖	30.00
创新数学教学系列	119	《小学数学：名师教学目标落实艺术》	余文森	30.00
	120	《小学数学：名师高效教学设计艺术》	余文森	30.00
	121	《小学数学：名师易错问题针对教学》	余文森	30.00
	122	《小学数学：名师魅力课堂激趣艺术》	余文森	30.00
	123	《小学数学：名师同课异教》	林高明　陈燕香	30.00
	124	《小学数学：名师抽象问题艺术教学》	余文森	30.00
教育心理系列	125	《做最好的心理导师——中学生心理健康咨询手册》	杨　东	30.00
	126	《每天学点教育心理学》	石国兴　白晋荣	30.00
	127	《学生心理拓展训练与指导》	徐岳敏	30.00
	128	《好心态成就好学生——学生心理问题剖析与对症教育》	李韦遴	30.00
教学新突破系列	129	《把教学目标落实到位——名师优质课堂的效率管理》	冯增俊	30.00
	130	《拿什么调动学生——名师生态课堂的情绪管理》	胡　涛	30.00
	131	《零距离施教——名师和谐师生关系的构建艺术》	贺　斌	30.00
	132	《一个都不能落——名师提升学困生的针对教学》	侯一波	30.00
	133	《让学习变得更轻松——名师最能吸引学生的情境设计》	施建平	30.00
	134	《让知识变得更易学——名师改造难学知识的优化艺术》	周维强	30.00

系列	序号	书　　名	作者	定价
教育通识系列	135	《用心做教师——青年教师快速成长的十大定律》	王福强	30.00
	136	《做最受学生欢迎的老师》	赵馨　许俊仪	30.00
	137	《做有策略的校长——经典寓言与学校管理智慧》	宋运来	30.00
	138	《做有策略的教师——经典故事中的教育启示》	孙志毅	30.00
	139	《从学生那里学教书》	严育洪	30.00
	140	《突破平庸——提升教育质量的31个跳板》	严育洪	30.00
	141	《教育,诗意地栖居》	朱华忠	30.00
	142	《好班规打造好班级》	赵　凯	30.00
	143	《做学生成长的引领者——学生终身成长的素质培养》	田祥珍	30.00
	144	《如何管出好班级——突破班级管理的四大瓶颈》	刘令军	30.00
	145	《青春期性教育教师实用手册》	闵乐夫	30.00
高中新课程系列	146	《高中新课程:教师角色转变细节》	缪水娟	30.00
	147	《高中新课程:班主任新兵法细节》	李国汉　杨连山	30.00
	148	《高中新课程:教学管理创新细节》	陈　文	30.00
	149	《高中新课程:更有效的评价细节》	李淑华	30.00
名师讲述系列	150	《施教先施爱——名师讲述班主任的核心教导力》	杨连山　魏永田	30.00
	151	《在欢乐中成长——名师讲述最具活力的课堂愉快教学》	王斌兴	30.00
	152	《让学生做自己的老师——名师讲述如何提升学生自主学习能力》	徐学福　房　慧	30.00
	153	《引领学生高效学习——名师讲述如何提高学生课堂学习效率》	刘世斌	30.00
	154	《教育从心灵开始——名师讲述最能感动学生的心灵教育》	张文质	30.00

系列	序号	书　　名	作者	定价
教育管理力系列	155	《名校激励管理促进力》	周　兵	30.00
	156	《名校安全管理执行力》	袁先潋	30.00
	157	《名校师资团队建设力》	赵圣华	30.00
	158	《名校危机管理应对力》	李明汉	30.00
	159	《名校校本研究创新力》	李春华	30.00
	160	《学校文化力建设策略》	袁先潋	30.00
	161	《名校长核心教育力》	陶继新	30.00
	162	《名校长高绩效领导力》	周辉兵	30.00
教育管理力系列	163	《名校行政管理细节力》	杨少春	30.00
	164	《名校教学管理提升力》	张　韬　戴诗银	30.00
	165	《名校学生管理教导力》	田福安	30.00
	166	《名校校园文化构建力》	岳春峰	30.00
大师讲坛系列	167	《大师谈教育心理》	肖　川	30.00
	168	《大师谈教育激励》	肖　川	30.00
	169	《大师谈教育沟通》	王斌兴　吴杰明	30.00
	170	《大师谈启蒙教育》	周　宏	30.00
	171	《大师谈教育管理》	樊　雁	30.00
	172	《大师谈儿童人格塑造》	齐　欣	30.00
	173	《大师谈儿童习惯培养》	唐西胜	30.00
	174	《大师谈儿童能力培养》	张启福	30.00
	175	《大师谈早恋与性教育》	闵乐夫	30.00
	176	《大师谈儿童情感教育》	张光林　张　静	30.00

系列	序号	书　　名	作者	定价
教育细节系列	177	《名师最具渲染力的口才细节》	高万祥	30.00
	178	《名师最有效的沟通细节》	李　燕　徐　波	30.00
	179	《名师最有效的激励细节》	张　利　李　波	30.00
	180	《名师培养学生好习惯的高效细节》	李文娟　郭香萍	30.00
	181	《名师人格教育的经典细节》	齐　欣	30.00
	182	《名师营造课堂氛围的经典细节》	高　帆　李秀华	30.00
	183	《名师最有效的赏识教育细节》	李慧军	30.00
	184	《名师最有效的批评细节》	沈　旎	30.00
教学提升系列	185	《方法总比问题多——名师转变棘手学生的施教艺术》	杨志军	30.00
	186	《用特色吸引学生——名师最受欢迎的特色教学艺术》	卞金祥	30.00
	187	《让学生爱上课堂——名师高效课堂的引导艺术》	邓　涛	30.00
	188	《拿什么打开思路——名师最吸引学生的课堂切入点》	马友文	30.00
	189	《没有记不牢的知识——名师最能提升学生记忆效果的秘诀》	谢定兰	30.00
	190	《让学生的思维活起来——名师最激发潜能的课堂提问艺术》	严永金	30.00